EDUCATIONAL SUPERVISION PROMOTING
THE CONSTRUCTION OF HIGH-QUALITY COUNTRY LEVEL
EDUCATIONAL SYSTEM

教育督导助力
县域高质量教育体系建设

福建省“两项督导”研究

A STUDY ON "TWO TYPES OF SUPERVISION" IN FUJIAN PROVINCE

吴彬镪　等　编著

社会科学文献出版社
SOCIAL SCIENCES ACADEMIC PRESS (CHINA)

编委会

序

正当我们以实际行动迎接党的二十大胜利召开之际，《教育督导助力县域高质量教育体系建设——福建省“两项督导”研究》一书即将付梓，为我国教育督导增添一份丰收硕果。

教育督导是国家法定的一项基本教育制度。1977 年 9 月 19 日，邓小平同志发表了关于恢复重建教育督导制度的谈话，从那一天算起，我国教育督导制度建设历程已经走过 45 年。1990 年 3 月 26 日，时任宁德地委书记的习近平同志主持召开地委办公会议，围绕“强化政府对教育的宏观管理”主题，谋划教育督导制度建设，这一重要历史时刻，堪为新时代中国特色社会主义教育督导体制机制建设的初心源头。1995 年 3 月 18 日，全国人大通过《中华人民共和国教育法》，赋予了教育督导这一法定地位。

党的十八大以来，新时代教育督导沿着习近平总书记亲自擘画的宏伟蓝图阔步迈进、走向辉煌。党的十八届三中全会提出，“强化国家教育督导”。党的十八届五中全会提出，“完善教育督导，加强社会监督”。习近平总书记多次主持召开会议，研究谋划教育督导工作，亲自审定关于教育评价、学前教育、义务教育、高中阶段教育、职业教育、高等教育、教师队伍、民办教育、特殊教育等一系列重要文件，涉及教育督导的文件有 40 多份。教育部与中组部、发改委、财政部等联合印发的各类教育文件中，涉及教育督导的有 70 多份。2020 年 2 月，中共中央办公厅、国务院办公厅印发了《关于深化新时代教育督导体制机制改革的意见》，这在中国教育督导制度建设史上具有里程碑意义和划时代影响。从“一句话”到“一段话”，再到“一系列法规政策”，这就是党的十八大以来，党中央、国务院对教育督导的重视程度、推进力度、理论深度、涵盖广度的形象描述。

福建素来崇文重教，历届省委、省政府都把教育摆在优先发展战略地位。作为习近平新时代中国特色社会主义思想的重要孕育地和实践地，福建牢记习近平总书记“福建没有理由不把教育办好”的谆谆重托，追寻习近平总书记在闽工作期间关于教育督导的重大理念和重要实践，赓续传统、守正创新，不断健全完善教育督导制度，制定出台《关于深化新时代教育督导体制机制改革的实施意见》，落实督导评估、检查验收、质量监测的法定职责，初步形成了督政、督学、评估监测三位一体的教育督导体系，不断提高教育督导的权威性和实效性，谱写了新时代福建教育督导体制机制改革新篇章。

督政是对政府履行教育职责的督导，是教育督导的关键职能。对县级政府履行教育职责督导评估和对县级党政主要领导干部抓教育工作督导考核（简称对县“两项督导”），是福建教育督导的品牌项目，截至 2020 年已实施了三轮，历时十五年，有效发挥了教育督导“利剑”作用，极大推动了全省县域教育高质量发展。按照分级督政的新任务新要求，2021 年起，原由省级为主实施的对县“两项督导”调整为由市级为主实施，这标志着对县“两项督导”进入新的历史阶段。以史鉴今，方可砥砺前行。将前十五年所取得的实践经验和制度成果进行梳理总结，对今后更好开展对县“两项督导”工作，无疑具有重要的现实意义和政策价值。鉴于此，福建省教育厅、福建省人民政府教育督导办公室委托福建省教育督导智库建设单位闽南师范大学教育督导研究院编写了这本书。

希望各级教育督导机构、广大督学和专家学者认真学习宣传和贯彻落实党的二十大精神，结合今年国务院《教育督导条例》颁布实施十周年和《福建省教育督导条例》颁布实施五周年等重要节点，发扬敬业作风、专业精神，围绕教育督导制度建设课题，有组织地开展深入系统研究，多提改进完善建议，多做新贡献，共同赋予教育督导更健全的管理体制、更规范的运行机制、更专业的督学队伍、更有效的结果运用，以更高质量的教育督导保障护航更高质量的教育。

本书编委会

2022 年 9 月 19 日

目　录

第一章　绪论

教育督导是我国一项基本教育制度，也是现代教育治理体系的重要组成部分。本章节主要概述教育督导的概念，在此基础上，梳理我国教育督导的发展历程及各个阶段的精彩亮点，最后重点分析福建省教育督导的发展历程。

第一节　教育督导概述

本节从教育督导概念的溯源开始，系统分析和总结了我国教育督导的内涵与外延。

一　教育督导的概念

（一）教育督导概念溯源

关于教育督导的概念，从字义上不难理解。在中文中，《现代汉语词典》对“教育”的解释是“主要指学校对儿童、少年、青年进行培养的过程”；对“督导”的解释为“监督和指导”。另外，我国《辞海》中虽没有“督导”这一词条，但对“督学”进行了说明，指出督学或学政是督促或检查教育的官员，“督”指“监督；考察；查看；中央；中间”①。教育督导在英语中为“education supervision”，有时也译作“教育视导”“教学视导”。在西方，关于“supervision”的职能有着不同的理解，不同的学者通过对“supervision”概念的不同方面进行不同的定义。② Sullivan 和 Glanz 认为，

① 《辞海》编辑委员会．《辞海》（1989 年版）缩印本［M］．上海：上海辞书出版社，2000：2017.

② Saadet Kuru Cetin. Alternative Observation Tools for the Scope of Contemporary Education Supervision: An Action Research［J］. European Journal of Educational Research，2018（2）.

“supervision” 更多的是一种教学过程，并将 “supervision” 定义为教师关注教学以改善学习和促进学生成功的过程。[①] Kurum 认为 “supervision” 可能不再是一个确定不足和随后对其进行批判的过程，而是一个旨在发展的互动过程。[②] 由此可以看出，所谓教育督导在字面上的含义即对学校教育工作的监督和指导。但这只是字义上的理解，其内涵还远不止如此。

国务院在 2012 年颁布实施的《教育督导条例》（中华人民共和国国务院令第 624 号，2012）以法规条文的形式明确了教育督导的内容。《教育督导条例》第一章第二条规定，教育督导的内容包括“县级以上人民政府对下级人民政府落实教育法律、法规、规章和国家教育方针、政策的督导”，“县级以上人民政府对本行政区域内的学校和其他教育机构教育教学工作的督导”。[③] 在此之前，我国地方各级政府也曾以法规条文的形式对教育督导的内容进行说明，比如，广东省 2002 年颁发的《广东省教育督导规定》将教育督导定义为“县级以上人民政府依法对本级人民政府有关职能部门、下级人民政府及其教育行政部门领导管理教育工作、中等及中等以下各级各类学校和其他教育机构的教育工作进行监督、检查、评估、指导的行政行为”。上海市 2000 年颁发的《上海市教育督导规定》把教育督导定义为“市和区、县人民政府依法对本辖区内教育工作进行监督、检查、评估、指导等行动”[④]。从政策法规的角度来理解教育督导不难发现，我国的教育督导评价首先是一种价值判断，其判断的依据是教育法律、法规、规章和国家教育方针、政策；其次，教育督导不仅督导学校及其有关部门的教育工作，而且督导政府及其教育行政部门的教育工作。可谓是教育督导的“中国特色”。

（二）不同视角的教育督导概念探析

对教育督导概念的理解因人而异，各学者在教育督导概念的理解上各抒己见，概括起来主要包含三个视角——监督的视角、指导的视角、监督

① Sullivan, S. &Glanz, J. Supervision That Improves Teaching. : Strategies And Technics. Foreword By JoBlase. California. Corwin Press. Second Edition, 2005.

② G. Kurum, Ş. Çınkır. Marriage Made in Hell: Views of Education Supervisors on the Unification of Education Supervision in Turkey [J]. Education and Science, 2017.

③ 何秀超. 强化教育督导护航教育事业优先发展 [J]. 中国高等教育, 2018 (18): 23-26.

④ 凌静. 教学督导与教育督导概念之比较 [C]. //扶名福. 全国高校教学督导论文集. 南昌: 江西人民出版社, 2006: 9.

与指导并重的视角。

从监督的视角来看，教育督导是教育行政管理的一个环节，督导的本质是监督与控制，强调国家对教育事业的管理，保证有关教育的法律、法规和方针、政策的贯彻执行以及教育决策和教育目标的实现。[①] 有的学者甚至直接将教育督导视为一种对教育活动的控制行为，如徐荣强认为，教育督导是为了实现我们的教育目的、完成教育任务而采取的教育价值判断的手段，是对各级教育行政部门和学校进行的一种控制活动。[②]

从指导的视角来看，教育督导是把督学作为督导的主要内容，认为教育督导是围绕改善教师教育行为，提高教育教学质量而开展的督导活动。加曼（Garman）认为，教育督导是学校制度内所提供的专业上及教学上的服务，以协助教师改进课程及教学与学习的情境。古德文（Goodwin）认为，教育督导是在教育组织内所设计的用以改进教学的一种行为体系。[③]

从监督与指导并重的视角来看，教育督导既强调在督导活动中对教育工作进行的视察、评估和监督，也重视对教育的指导与服务，以促进教育工作的不断改进与发展，教育教学质量的提升与进步。黄崴认为，教育督导是对教育工作进行视察、评估、监督和指导，以期不断促进政府改进教育行政，促进学校改进办学，促进教师改进教学，推进教育持续、高质量发展的过程。[④] 苏君阳等同样认为，教育督导是国家为了实现一定的教育目的与目标，依据相关法律法规要求，由教育督导部门依法实施的对下级政府的教育工作以及学校内部的教育、教学等各方面进行监督、检查与指导的一种活动。[⑤] 徐文涛等则在2012年颁布实施的《教育督导条例》的基础上指出，教育督导是县级以上人民政府教育督导机构根据国家的法律规定对下级人民政府、学校以及其他教育机构落实教育法律法规和党的方针、政策以及开展的教育教学情况进行监督、检查、评估、指导的活动。[⑥]

综上可以看出，关于教育督导的含义，不同学者虽然有不同的理解，

---

① 陶西平．教育评价辞典［M］．北京：北京师范大学出版社，1998：534.

② 徐荣强．教育督导是对我国教育事业健康发展的定向控制［J］．现代中小学教育，1988（4）：10-12.

③ 朱琦等．问题与探析：当代教育督导研究［M］．天津：天津教育出版社，2006：2.

④ 黄崴．教育督导学［M］．北京：中国人民大学出版社，2011：5.

⑤ 苏君阳，杨颖秀，李帅军．教育督导学［M］．北京：北京师范大学出版社，2012：5.

⑥ 徐文涛，刘东，吉文昌．教育督导新论［M］．北京：人民教育出版社，2015：2.

但大部分学者倾向于从监督与指导并重的视角来解释教育督导。事实上，关于教育督导概念的理解是随着社会发展而不断变化着的，对其概念的界定需要考虑社会因素和国家对其赋予的职能。就当前来说，国内学者大多是遵循国务院《教育督导条例》的界定，将教育督导定义为，教育督导机构和人员，根据国家的有关方针、政策、法规，依法对教育工作进行的监督、检查、评估和指导。

（三）“两项督导”概念

本研究中的“两项督导”是指福建省的“对县级人民政府履行教育职责督导评估”（简称“对县督导”）和“对县（市、区）党政主要领导干部抓教育工作督导考核”（简称“督导考核”）。“对县督导”和“督导考核”合称“两项督导”，就其督导的对象、内容等，以监督为主，指导为辅，较好地实现了监督与指导并举的功能。

二　教育督导的内涵

从对教育督导概念的溯源及界定来看，现代教育督导的内涵比其字面上的含义要丰富、深刻得多。不同时代的教育督导有不同的含义，不同的国家对教育督导也有不同的认识。虽然 19 世纪以来，法、英、德、美、日等国家的教育督导职能主要是督学，但都离不开监督、指导、服务等内涵。教育督导的内涵问题，涉及很多方面，主要有教育督导中的“督”与“导”；教育督导中的督政与督学；教育督导的基本职能。

（一）教育督导中的“督”与“导”

教育督导的内涵非常丰富，先说说“督导”的含义。我国有两千年左右的“视学”史。民国时期，以“督学”代替了“视学”。改革开放后，也一度使用过“视导”一词。到 1983 年出台《建立普通教育督导制度的意见》，开始使用“督导”一词。从“视学”到“督学”，再到“视导”“督导”等用词上的变化，反映出“督”和“导”的成分在演变过程中地位的不断变化。从字面上看，“视学”中的“视”，为考察之意。“视”的结果，所形成的应是对呈现的客观现象的印象、概念和对质的判断与评价。换句话说，在古代“视”的阶段，存在两个功能：察看和评价。到民国“督”

的出现，其功能又增加了。“督学”除了察看和评价之外，具有了监督、催促功能。它在巡视的基础上，经过评价、衡量做出判断，还要对“不到位”，促其到位；对“偏离”予以矫正，使其步入正确轨道。“督”的结果，是变化，是使之达到合乎规范的要求。也就是说，在考察、评价的基础上，对所发现的偏差与不足，促其改正错误、弥补不足，即修正“视”所发现的不规范问题，以实现既定的要求。至此，“督导”的概念增至四个：检查、评估、反馈、监督。改革开放后“导”的出现，又增加了通过引导、指导、指引等指明方向，并通过辅导、帮助，使“导”的对象具有提高的功能。因此，督导具有了今天所说的“监督、检查、评估、反馈和指导、帮助”等职能。①

把督导划分为两个层面，有助于理解“导”的含义。一方面针对的是已形成的明确目标和规范要求。督导的任务是解决所发现的问题，对不达标、不到位、偏离轨道者，促其达标、到位、合乎规范。其方式主要是“督”。由于目标和规范是清晰而明确的，所以基本不需要“导”，主要任务也不是“导”。另一方面针对的是只有明确的目的和方向，但并无既定而清晰的目标、途径、方法，也没有将之列入规范要求。被督导者已经达到既定的要求，督导者不需要再对其实施“督促”“矫正”，对其之后的发展提升，虽有明确的目的、方向，但无清晰的目标和方法、途径与具体要求。在这种状况下，督导工作是以“导”为主，指导、建议并共同商谈进一步提高的途径。无论是从哪个方面来理解督导中的“导”，其核心都是引导性、帮助性的指导和辅导。

综上，是以“督”为主，还是以“导”为主，在不同的教育督导项目、对象中有着不同的体现。

（二）教育督导中的督政与督学

现阶段我国的教育督导既督政又督学，不仅督导学校的教育教学工作，而且督导政府的教育工作和其他行政部门履行教育工作的职责，其职能不单是监督、指导，还包括检查、评估、反馈、协调和服务。我国教育督导的对象、职能是由我国的国情和教育管理体制决定的。因为《中华人民共

---

① 贾剑方．职业教育教学督导的内涵与外延：20 年再审视［J］．广东技术师范学院学报，2018（1）：7-13.

和国教育法》（2021 年修订）（以下简称“《教育法》”）第十四条规定：“国务院和地方各级人民政府根据分级管理、分工负责的原则，领导和管理教育工作。”这明晰了各级政府在教育事业上的法律责任。[①] 而落实教育优先发展的战略地位的政府行为是重中之重。

1. 督政

1985 年开始的“一无两有”督导，即无危房、有教室、有课桌椅，当时农村孩子许多还在庙里、祠堂里或群众的家里上课，几张四方桌、几条破板凳，有学校也基本是危房，教育督导就是从督查“一无两有”开始的。1986 年国家教委督导团建立以后就面临着如何进行工作的问题。时任国家教委主任李铁映批示：要加强执法监督，强化教育督导制度，不仅“督学”，而且要“督政”；当前国家教委督导工作的重点是对下级政府教育的督导。[②] 当时正是强调法治的时期，李铁映的意见也是着眼于此。他期望“依法促教，依法办学”，因此，在 1991 年 4 月 26 日公布的《教育督导暂行规定》（国家教委令 15 号）中明确规定：“教育督导的任务是对下级人民政府的教育工作、下级教育行政部门和学校工作进行监督、检查、评估、指导，保证国家有关教育的方针、政策、法规的贯彻执行和教育目标的实现。”[③] 按此规定，教育督导对象有下级政府、下级教育行政部门和学校。教育督导要“督政”，要对下级政府进行监督、检查、评估、指导，这是由我国的特殊国情决定的。1986 年在第六届全国人大第四次会议上通过了《中华人民共和国义务教育法》（以下简称“《义务教育法》”），普及九年制义务教育成了全国教育界的大事，是“重中之重”。保证“普九”任务的完成，自然成了新成立的教育督导司的主要任务。“普九”主要是政府行为，需要各级政府切实地承担起责任来，而当时“普九”中存在的各种困难也急需政府来解决。当时推动这项工作面临的主要困难有以下五项：（1）教育观念滞后，“普九”未能提上省、市、县的重要议事日程；（2）教育经费严重不足，“普

---

① 中华人民共和国教育法［EB/OL］（2021-07-30）［2022-05-01］http：//www.moe. gov.cn/jyb_sjzl/sjzl_zcfg/zcfg_jyfl/202107/t20210730_547843.html.

② 金一鸣．“督政”与“督学”相结合——具有中国特色的我国教育督导制度［J］．徐州师范大学学报，2004（2）：120-124.

③ 国家教委．教育督导暂行规定（教育委员会令第 15 号）［EB/OL］（1991-04-26）［2022-5-01］http：//www.moe.gov.cn/srcsite/A02/s5911/moe_621/199104/t19910426_81931.html.

九”缺乏经济上的保障；（3）教师的社会地位不高，工资太低，教师队伍不稳；（4）不入学的、入学后辍学的青少年人数相当多；（5）办学条件严重不足。中小学生均校园面积、校舍面积、基本的设施设备，图书、实验器材，体育场地跑道设施、音乐美术器材欠缺严重。以上这些问题需要依靠各级政府解决。教育督导司要想在“普九”中发挥作用就必须对各级政府进行监督，这就是我们所说的“督政”的由来。

“督政”的职能可以通过两种形式来实现。第一种形式是配合全国人大对有关的教育法律的执法情况进行监督、检查。例如，1986 年和 1988 年，配合全国人大先后在江苏等六个省份检查《义务教育法》贯彻执行情况；1991～1992 年，配合全国人大教科文卫委员会对全国 29 个省（自治区、直辖市）贯彻实施《义务教育法》情况进行检查；1996 年根据全国人大对《教育法》进行检查的决定，对部分省份进行了执法检查等。这种检查是以人大为主的，教育督导机构处于配合的地位。第二种形式是教育督导单独进行。教育督导机构根据上级工作要求或受本级政府的委托，根据教育法律、教育政策以及教育事业的规划等对本级政府相关部门、下级政府及其教育行政部门的执行情况进行检查、监督。这种检查因是上级要求或受政府委托进行的，因而带有很强的权威性、专业性、针对性，其督导指标具有一定的超前性，因而有导向的作用。

国家教育督导团（原国家教委督导团）成立后进行的两项重要活动具有特别重要的意义。

第一项是对全国中小学教育工作开展“五项督导检查”（即“五查”）。1989 年初，受国务院委托，由国家教委牵头，有关部委参加，对各省（自治区、直辖市）的中小学教育工作进行五项督导检查。这次检查有很强的针对性，主要是针对当时中小学存在的问题。北京市人民政府办公厅颁布的《关于对中小学教育工作开展五项督导、检查的通知》（京政办发〔1989〕52 号）中将其归结为“五查”：（1）查教育经费增长政策和教师经济待遇的落实情况；（2）查校舍中危房的改造情况；（3）查中小学学生流失的制止情况；（4）查乱收费现象的纠正情况；（5）查《中共中央关于改革和加强中小学德育工作的通知》（1988 年 12 月 25 日）初步贯彻情况。这次检查是中央对省级政府的督导、检查，也推动省级政府对下级政府进行督导和检查，是教育督导“督政”的一项实验。各级政府对此十分重视。

“督政”的效果也很好。各级政府集中解决了一批问题，为完成“普九”任务奠定了较好的经济、物质和制度方面的基础。

第二项是开展基本普及九年义务教育和基本扫除青壮年文盲（简称“两基”）的评估验收。“两基”督导开始后，群众办学积极性空前高涨，农村群众献土地、献木材、献石料，出钱、出工、出力，村村盖学校，政府没有补助。待各乡镇可以收教育附加费后，县里统筹一部分，剩下的全部盖学校来改善办学条件，90%以上的村学校由群众自办，群众办学的积极性得到充分肯定，当时有句口号叫“人民教育人民办，办好教育为人民”，后来改为“人民教育政府办，办好教育为人民”。按照国家计划，我国要在20世纪末实现“两基”。为了检查目标的达成度，需要有一个评价的标准和验收的制度。国家教育督导团在这个方面发挥了重要作用，先拟定标准，确定验收的制度，最后发布已经验收通过的名单。经过几年的验收，截至2000年底，全国共有2541个县（市、区）及行政区划单位实现“两基”，有243个县（市、区）及行政区划单位基本普及初等义务教育和按要求扫除青少年文盲。① 北京、天津、上海、江苏、广东、浙江、辽宁、吉林和福建9个省份全部实现了“两基”。20世纪末，我国庄严宣布已基本完成了“普九”的任务。

国家实施教育督导的经验证明：第一，教育督导要“督政”是一项重要制度安排。教育发展与教育改革离不开各级政府的领导与支持。监督各级政府履行其职责，有效领导教育事业的发展和教育改革是十分必要的。我国是在中央政府集中领导下的地方分权，中央政府在全国有着极高的权威性。教育督导受同级政府的委托对下级政府的教育行为进行监督是顺理成章的，也是为各级政府所接受的。第二，教育督导的“督政”要贯穿于教育改革与教育发展的全过程，特别要抓好两头。教育法律、法令、政策一旦颁布实施，制订了新的教育事业发展规划和教育改革方案，教育督导部门就要拟订出相应的可以测定的行为目标，监督下级政府采取相应的行动，克服教育发展与教育改革中的障碍，以保障法律、法令、政策、规划的实现。后期则应将预期达到的目标具体化，列出分项的测定目标，并以此为标准检查实际完成目标的广度、深度，以保证目标的彻底实现。教育事业的改革与教育发展是一项长期的任务。原有的目标实现了，就要拟定

---

① 金一鸣等．中国素质教育政策研究［M］．济南：山东教育出版社，2004：375.

新的目标。教育督导则要不断地跟进。“督政”是我国教育督导工作长期坚持的重要职能。

2. 督学

（1）与督政相对应的督学

各国的督导都是把督学作为基本任务。我国的教育督导也必然要承担起“督学”任务。“督政”与“督学”是中国教育督导的两项工作，要把这两个方面结合起来，与督政职能相对应的督学内涵主要是指其督学职能。

督政与督学不可偏废，二者各自对不同利益相关者予以规范：督政强调各级政府的职责与担当，督学重视学校组织的责任与使命。督政是指教育督导机构对本级和下级政府及其相关部门的教育工作进行监督、检查、评估和指导；督学是指教育督导机构对各级各类学校及其他教育机构的各项工作进行监督、检查、评估和指导。督政重在落实政府优先发展教育的责任，确保教育法规和政策落实到位，办好每一所学校；督学重在规范办学行为，推进素质教育，帮助学校不断挖掘其发展潜力。“督政”是中国教育督导制度的特色体现，也正是这一特色决定了我国教育督导不同于其他国家的教育督导。

（2）教育督导工作队伍中的“督学”

在教育督导方面，“督学”又指行使教育督导职权、执行教育督导任务的人员的总称。教育部在2006年制定的《国家督学聘任管理办法（暂行）》（教督〔2006〕4号）中明确规定，“国家督学是由教育部聘任的依法执行教育督导公务的人员”[①]。《教育督导条例》规定，“县级以上人民政府根据教育督导工作需要，为教育督导机构配备专职督学。教育督导机构可以根据教育督导工作需要聘任兼职督学”[②]。《福建省教育督导条例》规定，“督学包括专职督学、兼职督学。专职督学由县级以上地方人民政府任命。兼职督学由教育督导机构聘任”[③]。

---

① 教育部．关于印发《国家督学聘任管理办法（暂行）》的通知（教督〔2006〕4号）[EB/OL]（2006-07-19）[2022-05-01] http://www.moe.gov.cn/srcsite/A11/s8390/200607/t20060719_178994.html.

② 国务院．教育督导条例（中华人民共和国国务院令第624号）[EB/OL]（2012-09-18）[2022-05-01] http://www.moj.gov.cn/pub/sfbgw/flfggz/flfggzxzfg/201209/t20120918_350572.html.

③ 福建省人民代表大会常务委员会．福建省教育督导条例[EB/OL]（2017-04-13）[2022-05-01] https://www.fujian.gov.cn/zwgk/flfg/dfxfg/201712/t20171203_1200369.htm.

2012年，我国《教育督导条例》颁布，对督学的职能范围、督学聘任、督导实施及法律责任等进行规范。教育部印发的《督学管理暂行办法》（教督〔2016〕2号）提出，加强督学队伍建设，要建设一支高水平、专业化、适应教育督导工作新形势的督学队伍。① 2020年，中共中央办公厅、国务院办公厅（以下简称中办、国办）下发的《关于深化新时代教育督导体制机制改革的意见》指出，提高督学专业化水平，着力建设一支数量充足、结构合理、业务精湛、廉洁高效、专兼结合的督学队伍。② 随着教育改革的深入推进，教育督导工作越来越复杂，给督学队伍建设带来了极大挑战。为做好督导工作，督学必须具有较高的政策水平、良好的思想品德修养和心理素养、较高的文化水平和较强的业务能力、扎实的现代教育理论基础、强烈的事业心和务实的工作作风等基本职业素养。③

严格区分督政与督学的内涵，便于统一对督导的性质与任务的认识，使督导工作的方向目标更为明确，使督导的原则、方法更为科学，从而保证督导工作卓有成效。当前有一些文件或提法中往往将“督导”“督学”等概念混杂在一起使用，这种概念上的模糊性可能引起行动上的混乱，不利于统一教育督导界的想法，有碍教育督导工作的健康发展。因此，在建立和实施教育督导制度之初，有必要对督导与督学在概念上的差异加以辨析。

（三）教育督导的基本职能

教育督导的基本职能主要有监督和指导，下面对以监督为主和以指导为主的教育督导职能进行论述。

“督导”一词的字面含义即监督和指导。若进一步分析督导的内涵，我们可以认为，监督具有观察、检查、调查、访问、监察、考核、督促等作用。指导具有指示、引导、辅导、帮助、鼓励、启发等作用。监督是指导的基础，指导应与监督的对象相互交流、对话，两者是相互合作的关系。

---

① 教育部．关于印发《督学管理暂行办法》的通知［EB/OL］（2016-08-02）［2022-05-01］http：//www.moe.gov.cn/srcsite/A11/s8390/201608/t20160805_274102.html.

② 中共中央办公厅 国务院办公厅印发关于深化新时代教育督导体制机制改革的意见［EB/OL］（2020-02-19）［2022-05-01］http：//www.moe.gov.cn/jyb_xwfb/s5989/202002/t20200219_422406.html.

③ 穆岚．教育督导人员的职业性质与职业素养［J］．教育探索，2007（4）：18-19.

由此推断，我们可以说，监督和指导是组织化、制度化了的教育督导活动两个基本的或者说主要的职能活动。教育督导的职能是教育督导活动本身所具有的能力和作用，以及教育督导机构及其工作人员在执行督导任务中的职责，是教育督导机构及其人员的能力、作用和职责的统一。

1. 以监督为主的教育督导职能

我们可以从我国教育督导职能的建立与发展，来看教育督导监督职能的演变与发展。从教育督导的主要任务要求、督导对象、类型、层级、督导队伍专业化水平的影响方面，可以看出教育督导的监督职能在不同国家、不同时期具有不同的选择。我国的教育督导制度始于近代的视学制度，20世纪初，我国近代教育督导制度才初具规模。1918年4月，我国最早统一的地方视学规程《省视学规程》和《县视学规程》发布，按中央、省（市）、县三级分别设置视学机构，逐步建立起三级视学网。可以看出，早在民国时期我国的教育督导制度就已经初具规模，各级督导组织较为完善，主要行使的是监督职能。

自20世纪80年代至今，我国教育督导可分为两个阶段：一是以《教育督导暂行规定》为主要遵循的以行政监督为主的阶段；二是以《教育督导条例》为主要遵循的监督、指导并重的阶段。不同教育发展时期的教育督导任务不同，决定了督导职能中监督和指导的侧重表现不同。

从我国的教育督导的建立和发展来看，建立伊始，为了防止和纠正法规、政策的实施不当及权力滥用，有效推动教育督导正常运作，保证行政管理日常进行，教育督导就纳入了制度化轨道。在建立初期，随着社会经济政治的发展，从某种意义上来说，教育督导就是行政监督，其监督行为主要凭借权威和纪律来对下级组织及人员进行考察、考核。在监督的内容方面，主要是对下级组织及人员在有关法规及政策的实施上进行监督，并且这种监督行为只对上级负责，即检查结果只向上级汇报。这种状况一直持续到20世纪上半叶。随着社会政治经济的发展变化，从20世纪80年代末起，现代教育督导活动开始由察看、监督、考核逐步走向评价、反馈、协调、控制。为了适应社会政治经济的发展，逐步扩大了教育督导的监督职能和指导职能的内涵。福建省的“两项督导”即属于以监督为主的教育督导职能。

2. 以指导为主的教育督导职能

西方发达国家的教育督导职能以指导为主。“二战”之后，世界上许多国家特别是发达国家的教育督导职能活动呈现改善监督职能，强调、强化、扩大其指导职能的变化趋势。所谓改善监督职能，主要意味着尽可能减少督导职能活动中的直接的监督命令行为，突出监督不是以考核为终极目标，要为指导提供信息。

在日本、法国、德国等国家，对以上督导职能活动进行改革的基本方向，就是强调、强化、扩大教育督导制度的指导职能，即强调在现代教育督导职能活动中应以指导性活动为主，通过减少、限制督导活动中的直接的、消极的监督和命令行为以加强指导性职能，并不断扩大指导性职能活动的范围，改革指导活动的方式。这一变化趋势的具体内容可以归纳如下。（1）以改革、发展教育为根本目的，从单纯对下级教育行政部门及学校对上级教育政策执行情况的视察考核转向在视察考核的基础上，开展积极的建议活动；（2）从直接或间接地插手影响教师人事管理转向对提高教师专门职业能力的各种活动的组织与协助；（3）以指导学校的教育教学，特别是教师的具体教学的专业性活动为指导职能活动的中心内容；（4）改善以上下级从属为前提的督学与被督导者的关系，代之以平等合作的关系；改善监视、命令的督导方式，代之以协商、激励的方式。在世界教育督导职能活动的发展中，日本指导主事制度的建立，英国开展的督学人员的“教师商谈者、学校职员协作者”活动，联邦德国重视督导人员的情报提供、建议、激励作用的发挥，法国教育活化、督导活动活化等实践活动都是这种变化的反映。①

可以看出，世界发达国家的教育督导职能主要以指导为主，并逐步调整督导人员的组成与结构。我国发展较晚，是自 20 世纪 90 年代以来，教育督导的指导职能日益增强，随着国家教育改革的不断深化，在督政和督学方面，我国进行了很多的改革。如督导对象是学校时，一方面要强调学校依法依规办学；另一方面，重点强调督导学校的教育教学质量，促进学校健康发展，深入学校课堂教学，关注学生学习。因此，必须重点发挥督导职能的专业性，强调督导的指导职能。加强督学队伍专业化水平的提高和结构优化，在规范的、科学的评价标准和指标体系及规范框架下，开展经常性的督导，发挥教育督导的指导职能。2020 年，中共中央办公厅、国务

---

① 刘淑兰．国外教育督导制度职能的演变［J］．比较教育研究，1995（1）：29.

院办公厅下发的《关于深化新时代教育督导体制机制改革的意见》中指出，促进教育督导机构独立行使职能，落实指导评估、检查验收、质量监测的法定职责。推动有关部门、地方各级政府、各级各类学校和其他教育机构（以下统称学校）切实履行教育职责。到2022年，基本建成全面覆盖、运转高效、结果权威、问责有力的中国特色社会主义教育督导体制机制。提出督政、督学、评估监测三个教育督导的职能，将教育督导的职能引申到建立教育督导体制机制的高度。[①]

三　教育督导的外延

教育督导内涵丰富，因而其外延广泛，主要有以下三个方面。

（一）教育督导与教学督导

从教育督导与教学督导的关系来看，教育督导的概念外延更大，内容更丰富。两者是既相互区别又相互联系的。在它们的关系中，教学督导是教育督导的衍生概念，前者包含于后者，两者是有联系的。另外，教学督导和教育督导都是一个质量控制的过程，两者同属于教育控制范畴，意义相近，目标相似，从根本上讲，两者在教育控制的功能上是相同的。但是，作为两个内涵不同的概念，两者有明显的区别。第一，机制性质不同。教育督导属于政府监督范畴，是一种行政监督机制，具有行政指令性、执法严肃性和专家督察权威性，它的目标更侧重于规范发展教育。教学督导属于学校的非行政监督范畴，是一种内部自我监督行为，具有专家督察权威性，它的目的在于提高教学质量。第二，机构及人员职业性质不同。比如，高校教学督导机构是学校教学质量监控的非行政机构，由主管教学的校长直接领导，没有隶属上级主管单位，教学督导人员大多数是聘请有教学管理经验的退休正、副教授担任，也有由在职管理人员和退休老师混合组成的。而履行教育督导职能的教育督导机构同行政体制一致，具有行政权力，形成了完整的中央、省、地市、县四级垂直领导的教育督导组织体系，教

---

① 中共中央办公厅、国务院办公厅印发关于深化新时代教育督导体制机制改革的意见［EB/OL］（2020-02-19）［2022-05-01］http：//www.moe.gov.cn/jyb_xwfb/s5989/202002/t20200219_422406.html.

育督导人员不单纯是以教师为主体，也包括了各种不同身份的资深教育行政干部、专家。第三，范围、对象不同。比如，高校教学督导范围仅限于学校自身的教学工作，对象主要是教与学双方及教学管理职能部门，以课堂教学质量监控为主。教育督导的范围是政府及其有关部门、各级各类学校，既督学校，又督政府。第四，方式、内容不同。比如，高校教学督导的基本形式有全面督导、专项督导、定期督导等，但它侧重连续性的常规督导，即通过日常巡视、听课评课、检查教案、抽查作业或考卷、召开座谈收集意见等形式完成常规督导。教学督导内容主要有三个方面：一是教学管理，二是教学过程，三是教学质量。教育督导的基本方式有综合督导、专项督导、经常性督导等。督导内容涵盖政府和学校的教育工作。

（二）教育督导与教育评价

1. 有关概念界定

教育评价、教育评估是与教育督导最紧密相关的概念。评价是判断、衡量人和事的作用、价值和质量。教育评价就是依据一定的教育目标，运用可行的科学手段，对其实现教育目标程度所做的评定和估量，从而使教育活动趋向最优化。教育评价是对教育质量的社会价值做出判断的过程。因为教育活动是一种客观的社会活动，它的结果是满足一定社会的政治、经济、文化等发展的需要，构成了教育的政治价值、经济价值和文化价值。这些价值的总和，构成了教育的社会价值。教育评价就是对这一社会价值做出判断，以推动教育事业的发展，为行政部门决策提供依据。陈玉锟提出的教育评价的概念：教育评价是对教育活动满足社会与个体需要的程度做出判断的活动，是对教育活动现实的（已经取得的）或潜在的（还未取得，但有可能取得的）价值做出判断，以期达到教育价值增值的过程。① 陈玉锟大致总结了教育评价的范围：学生评价、课程评价、学校评价、大群体评价、特殊方案与项目评价、人事评价等，他甚至认为教育督导评价、教育政策评价也是教育评价的类型。②

专家认为，把与教育评价相关的概念，如“评定”这个词用于对学生

① 陈玉锟．教育评价学［M］．北京：人民教育出版社，1999：7.
② 陈玉锟．教育评价学［M］．北京：人民教育出版社，1999：22-23.

个体的评价，“考评”这个词用于对教育者（教师和教育管理人员）个体的评价，“评估”这个词用于对教育机构和教育方案的评价（具体如图 1-1 所示）。由于评估的对象涉及的因素较多，复杂程度较高，因此，对它们的评价按严格、精确的方法进行还有困难。评估是一种模糊定量的评价，是估计、估量的意思，也就是说，对一些教育现象，使用严格、精确的定量分析方法有困难，主要依靠定性与定量相结合、客观统计资料与主观描述资料并重的手段。评估这个词反映了这一事实。[①]

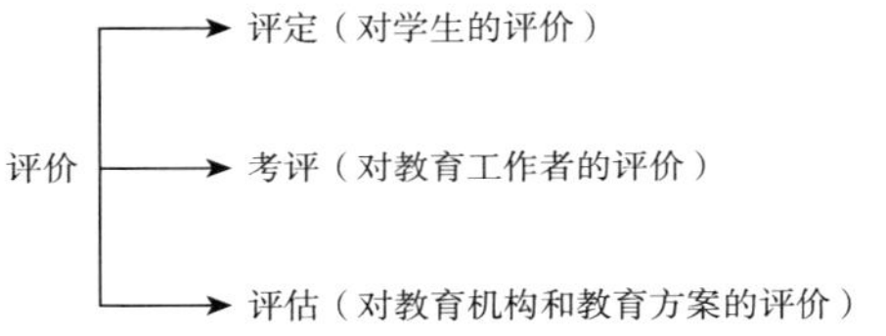

图 1-1　教育评价相关概念区别

从语言学上来说，评价是一个动宾结构的词，它作为一个总合的概念是恰当的。评定、考评和评估作为并列结构的词，用它们来界定相应的评价对象也比较妥当。因此，下文主要论述教育督导与教育评价的关系。

教育督导是一个教育管理环节，教育评价是一种教育督导手段，教育评价是教育管理环节中的手段。教育评价应以教育督导为理论指导，以国家颁布的方针、政策、法令、指示为标准，运用科学的技术方法开展工作。教育评价的类型一般分为：总结性评价，其目的是对被评对象达到目标程度做出鉴定、区分等级，预言被评对象未来发展的可能性；形成性评价，目的是获取改进工作的依据，研究达到目标的过程；诊断性评价，目的是对问题或成绩进行辨认、确定，提出改进意见或总结正面典型经验。在教育评价中，要根据教育督导理论处理好督、评、导、帮的关系。斯塔夫比姆强调，“评价最重要的目的不是证明，而是改进”[②]。据此观点，督、评、导、帮的关系是，督、评的目的是导、帮，督、评的作用在于引导，帮助提供依据和基础，导、帮渗透于督、评之中。

① 陈玉锟．教育评价学［M］．北京：人民教育出版社，1999：25-26.
② 陈玉锟．教育评价学［M］．北京：人民教育出版社，1999：16.

2. 教育督导与教育评价的关系

教育评价历来是与教育督导并存的概念。认识两者之间的关系可以从以下方面进行分析。[①]

（1）从我国的教育法律制度来看

《中华人民共和国教育法》第二章第二十五条规定："国家实行教育督导制度和学校及其他教育机构教育评估制度。"[②] 因此，在法律规定上，教育督导制度和教育评价制度是并列关系。

（2）从性质上看

教育督导是政府对教育工作实施的行政监督，即教育督导属于行政监督的性质。在对被督导对象进行监督、检查、评估、指导时，教育督导机构和督学做出的判断、获得的结论以及提出的指导性建议，可以说是政府意志、国家意志的体现，具有鲜明的法律权威性和行政指令性。相比之下，教育评价在性质上则更倾向于学术研究性、技术操作性等特点。单纯的教育评价活动不具有行政监督性和行政指令性，只有当教育评价为教育督导所采纳时，教育评价才具有行政效力。

（3）从实施主体上看

教育督导的实施主体必须是经政府授权的教育督导机构及督导人员（督学），这是由法律明确规定的，同时也是为了保证督导的权威性和体现政府行政监督的性质。教育评价的实施主体可以是任何与教育有关的部门、团体及教育研究人员等。

（4）从实施方式上看

教育督导具有政府行政监督的性质，它必须是以国家法律法规和政府的重大决议为依据，采用行使国家的强制力和约束力的实施方式，保证国家意志和战略目标的实现，是典型的依法监督、依法治教。一般的教育评价活动，也要遵循国家法律和政府的各项政策规定，其实施并不依赖国家法律或政府行政的强制力，更多的还是以学术研究、实验等方式进行，在强制力上不及教育督导。

---

① 朱琦，杨辛，蔡文卿．问题与探析：当代教育督导研究［M］. 天津：天津教育出版社，2006：7-13.

② 中华人民共和国教育法［EB/OL］（2021-07-30）［2022-05-01］http：//www.moe.gov.cn/jyb_sjzl/sjzl_zcfg/zcfg_jyfl/202107/t20210730_547843.html.

（5）从实施手段上看

教育评价是教育督导机构和督学开展工作的基本手段，也是教育督导担负的基本职能，但督导机构和督学并不以教育评价为唯一手段，也不以履行教育评价为唯一职能。教育评价依靠各种科学原理、评价测量技术和方法。

（6）从适用对象和范围上看

国务院颁布的《教育督导条例》中规定教育督导包括以下内容："县级以上人民政府对下级人民政府落实教育法律、法规、规章和国家教育方针、政策的督导；县级以上地方人民政府对本行政区域内的学校和其他教育机构（以下统称学校）教育教学工作的督导。"① "对法律、法规规定范围的各级各类教育实施教育督导"明确把各级各类教育纳入督导范围，督导对象扩展到下级政府及其职能部门、各级各类学校和其他教育机构，实现了全覆盖。教育督导队伍是一支特殊的教育行政监督队伍，督学是既熟悉掌握有关的法律、法规、规章和方针、政策，又具有教育行政管理和教育教学经验的人员。这是由我国教育督导既"督政"又"督学"的任务决定的。《教育督导条例》明确规定了督学的身份、职责、职权、义务，突出了督学在督导工作中的重要地位和作用。教育评价的适用范围更广泛，其广泛地存在于一切教育活动中，适用于一切参与教育评价的部门和人群。

（7）从两者具备的功能和发挥的作用看

教育督导的功能主要是对被督导对象进行行政监督、检查及评估、指导等。无论是督导评估方案还是最终的督导结论，首要的是发挥行政执法监督的作用，具有一定的导向、反馈、激励等多方面的作用。教育评价通过对被评价对象的综合判断来体现其鉴定、导向、激励、改进等作用，只有教育评价的结论为教育督导所采用，教育评价才具有行政监督上的效用。

（8）从两者隶属的范畴看

从教育的计划、组织、实施到最终的监督，构成了教育管理过程的完

① 国务院．教育督导条例（中华人民共和国国务院令第 624 号）［EB/OL］（2012-09-18）［2022-05-01］http：//www.moj.gov.cn/pub/sfbgw/flfggz/flfggzxzfg/201209/t20120918_350572.html.

整环路，因此教育督导是教育管理中的不可或缺的环节。教育评价则是在教育管理过程中被普遍采用的一种方法、技术和手段，可以用来对教育管理的各个环节进行评价，因此，教育评价是现代教育科学研究的一个领域，而不直接构成教育管理活动的环节。

（三）教育督导与教育质量监测

国务院教育督导委员会办公室在《深化教育督导改革转变教育管理方式的意见》（国教督办〔2014〕3号）中指出，要“形成督政、督学、评估监测三位一体的教育督导体系”，明确将评估监测作为教育督导的三项职能之一。[①] 在该文件中，明确了“评估监测”与“教育质量监测”的关系，监测是手段而不是目的，实施教育质量监测的最终目的是提升教育教学质量。因此，重视监测工作的实施及监测结果的有效运用，有利于教育质量监测在教育督导评估体系改革中发挥积极的作用。教育督导三项职能为督政、督学、评估监测，此处的评估监测是指广义的评估、监测，而不能等同于教育质量监测，教育质量监测只是评估监测的一部分。

2007年，我国成立了教育部基础教育质量监测中心。2007～2014年开展了义务教育质量监测试点工作。经过八年的试点监测，2015年我国正式启动了国家义务教育质量监测工作。随着国家监测工作的实施，各地教育部门纷纷成立了教育质量监测机构，在完成国家监测工作的同时，积极探索区域基础教育质量监测的有效策略与模式。教育质量监测有别于“中考”“高考”等传统考试，它侧重于诊断、指导和改进，关注的是一个区域或群体的教育质量状况；监测的对象包括学生、教师、校长；监测工具不仅包括试卷和问卷；监测的内容不仅包括学生的学业水平状况，还包括学生的身心发展状况以及影响学生学业质量的相关因素；监测结果不仅描述一个区域、一所学校或一个班级的学生学业水平情况、学生的身心发展状况，还用来分析和描述这个区域或群体内学生学业质量的均衡状况、教育质量的发展情况。目前，教育质量监测已经成为许多国家提升教育质量的重要

---

① 国务院教育督导委员会办公室．国务院教育督导委员会办公室关于印发深化教育督导改革转变教育管理方式意见的通知（国教督办〔2014〕3号）［EB/OL］（2014-02-07）［2022-05-01］http：//www.moe.gov.cn/srcsite/A11/s7057/201402/t20140207_163918.html.

战略举措，在我国也被视为检验教育质量与教育公平的“体检仪”，促进学生全面发展的新的“指挥棒”。

在八年试点工作的基础上，国务院教育督导委员会办公室于2015年4月正式印发了《国家义务教育质量监测实施方案》，确定每年5月最后一周的星期四为国家义务教育质量监测日。监测的目的是科学评估全国义务教育质量总体水平，客观反映义务教育质量相关因素基本情况，系统监测国家课程标准和相关政策规定执行情况，为改进学校教育教学、完善教育政策提供依据和参考。监测内容为数学、体育与健康、语文、艺术、科学、思想品德6个学科领域的学业质量及相关影响因素，每年两个学科领域，三年一个周期。2017年完成了第一轮6个学科领域的监测工作。2021年启动了新一轮的监测，监测的学科领域是数学、体育与健康，全国32个省（自治区、直辖市）的331个县区、6680所学校、约19万名学生参加了此次监测。2018年7月，教育部基础教育质量监测中心作为第三方评估机构，发布了《中国义务教育质量监测报告》，这是我国首份国家义务教育质量监测报告。报告基于2015~2017年第一轮国家监测，从学生德育、学生学业、学生体育与健康、学生艺术、学生课业负担、学校课程教学、教师队伍、学校氛围、学校资源配备和使用、家庭教育十个方面，对我国义务教育阶段学生德、智、体、美、劳和学校教育教学等进行了客观呈现。《中国义务教育质量监测报告》发现的主要问题有：学生综合运用能力较弱；学生肥胖、近视和睡眠不足问题较为突出；学生家庭作业时间过长，参加校外学业类辅导班比例较高，学习压力较大；学校教学资源配备较为充足，资源使用率有待提高；家长普遍关注孩子的学习情况，在亲子沟通、教育方式上有待改进等。国家监测除国家报告外，还有省级报告及各样本县报告。报告用大数据客观呈现了各省及样本县区的区域内学生学科学业水平状况；影响学生学业水平的学校、教师、家庭等相关因素的情况，如学校管理、教师职业倦怠、家庭相关教育资源、学生作业量及睡眠时间等；呈现了区域内的教育均衡状况。监测报告全方位地反映了区域教育教学质量状况，描述了相关指标本省在全国的位置，样本县在本省的位置，不综合排名，不做纵向比较。我国义务教育质量监测工作对引领全社会树立科学正确的教育质量观，发现教育教学中存在的真问题，帮助教育行政部门进行科学决策、教研部门有针对性地开展教研活动起到了积极的作用。

因此，教育质量监测是教育督导的重要组成部分，也是新时代教育督导体系的重要组成部分。首先，教育质量监测积累的监测数据用来建立监测数据库，通过连续几年监测所呈现的各项指标的数据比较，观察一个地区或一所学校的教育质量发展状况，以发展为指标建立科学评估体系，实施增值评价，突破“生源质量决定教育质量”的学校评价的瓶颈，使督导评估更具科学性、客观性、权威性，有利于进一步提升督导评估工作的公信力。其次，根据监测报告梳理问题清单，分析发现教育教学中存在的突出问题。针对问题研制督导方案，确定阶段性重点督导项目，实施专项督导。再次，基于教育质量监测，建立专项督导制度，可以使督导评估工作基于真问题而更具针对性，有利于进一步发挥“以评促建”的作用，提高督导评估工作的效度。最后，教育质量监测的科学性决定了其监测结果的客观性，通过监测为教育决策提供依据，为学校管理提供实证，为有效教研活动设计提供支撑，在监测数据中寻找规律、发现典型、推广经验。科学运用监测报告，依据监测结果“找位置”“找路子”“找突破的口子”，有利于提高指导的精准度，让督导为政府、学校、教研、教学提供更为有效的服务与指导。新时期督导工作，应用好教育质量监测，科学运用监测结果调整教育教学决策和开展问题整改工作，使其成为推动提高区域和学校教育教学质量的“助推器”。

第二节　全国和福建省教育督导概况

福建省教育督导的发展与演变过程，与我国教育督导的发展历程息息相关。本节先阐述我国教育督导的发展与精彩亮点，然后详细论述福建省教育督导的发展阶段及“两项督导”产生的历史背景。

一　全国教育督导概况

教育督导是我国一项基本教育制度，也是现代教育治理体系的重要组成部分。现代教育督导制度是在清末废科举、办新学的同时，从西方借鉴并引入我国的。我国具有崇文重教的传统，相当重视通过视察巡查推动教育事业的发展。类似教育督导的实践，可追溯到西周的天子“视学”、隋朝的学官“督学”。[①] 我国的教育督导制度始于近代的视学制度。20 世纪纪初，我国近代教育督导制度才初具规模。辛亥革命后国体改制，改学部为教育部。1913 年，民国政府教育部发布《视学规程》等文件。1918 年我国逐步建立起中央、省（市）、县三级视学网。1926 年，国民政府成立教育行政委员会，内设行政事务厅，厅内拟设“督学处”，后因故未能实现。视学人员从此正式称名为“督学”，“督学”一词由此开始正式使用。1927 年，以大学院制代替教育部，督学一度被取消。1929 年又重新恢复和建立督学机构和制度。1929~1931 年，国民政府先后公布《督学规程》和《督学办事细则》，逐渐形成了一套相对完整的督学制度。新中国成立后，党和政府十分重视教育督导工作，1949 年，中央人民政府教育部随即成立，内部设立办公厅、高等教育司、中等教育司、初等教育司、社会教育司，同时还设立了视导司，专门履行教育督导职能。当时视导司的主要任务集中在检查中央政府教育政策的执行、视察各级各类学校的教学工作以及研究教育政策、制定有关教育法规等方面。与此同时，在各大区和省、市、县各级教育行政部门也专设视导机构——监学室或视学室（科、组）。可以说，伴随新中国的诞生，共和国教育督导制度初步创立。[②]

1955 年 4 月，教育部曾发出了关于加强视导工作的通知。但是，受政治的干扰和“文化大革命”时期“左”倾思想的影响，教育督导工作一度被削弱甚至取消。

改革开放以来，我国教育事业得到长足发展，教育优先发展的战略地位逐步确认，学前教育加快发展，义务教育均衡发展，现代职业教育体系逐步建立，高等教育步入大众化发展阶段，我国正从人口大国向人力资源大国、人力资源强国发展。教育督导在教育事业的健康持续发展过程中发挥了重要作用，教育督导为国家普及九年义务教育、教育公平、新课程改革、教育质量监测、教育管办评分离改革等国家和地方的重大教育改革项目保驾护航。在这一过程中，从 1991 年原国家教育委员会颁布《教育督导暂行规定》，到 1995 年《中华人民共和国教育法》对教育督导制度作为国

---

① 田祖荫．共和国 70 年教育督导的五个精彩瞬间［J］. 转引自“中国教育督导”微信公众号［2020-02-21］.

② 田祖荫．共和国 70 年教育督导的五个精彩瞬间［J］. 转引自“中国教育督导”微信公众号［2020-02-21］.

家基本教育制度的确定，再到 2012 年 9 月国务院正式颁布我国首部教育督导法规《教育督导条例》，我国教育发展方式和管理模式不断发生深刻的变化，教育管理过程中的“重决策、轻落实，重执行、轻监督”现象逐步得以改善，与教育决策、执行相协调的教育督导制度不断完备，教育督导的工作范围逐步拓展，覆盖各级各类教育，构建了督政、督学、评估监测三位一体的教育督导制度，教育督导逐步走向法治化轨道。教育督导发展的历史背景分为不同的发展阶段。这期间经历了一个曲折的过程，大致可分为以下四个阶段。

（一）教育督导制度恢复阶段（1978~1985 年）

1978 年 12 月党的十一届三中全会召开后，我国经济、政治形势逐渐好转，教育体制得以恢复和发展，越来越多的教育管理者认识到恢复教育督导制度的重要性。1977 年 9 月，邓小平在与教育部主要负责同志谈话时就明确地提出：“要健全教育部的机构。……要像下连队当兵一样，下去当‘学生’，到班里听听课，了解情况，监督计划、政策等的执行，然后回来报告。这样才能使情况反映得快，问题解决得快。”[①] 从中可以得知，这一时期教育督导的内容在于督政。为贯彻落实小平同志的指示，1978 年初，在时任副总理王震的推荐下，王季青、苏灵扬、姚文、杨滨四位老同志到教育部任视导员，由教育部部长直接领导。这时的视导部门设在普教的主管司、处、科内，开展了一些教育视导工作。同时，仅在中央设立视导人员，人数、地域的限制使工作的效率不高，无法对其他省、市、县的教育工作进行全面的考察。为进一步推进教育督导制度的恢复和建设，1983 年 7 月在全国普通教育工作会议上，教育部提出《建立普通教育督导制度的意见》，并要求县以上各级教育行政部门设立督导机构，先行试点而后逐步实行。1984~1985 年，广州、甘肃、沈阳、重庆、南京等省市相继建立或恢复了视（督）导室，也开展了一些视（督）导工作。这一时期邓小平同志为教育督导制度的恢复助威呐喊，是有中国特色的教育督导制度的奠基者，正如田祖荫所说：“小平同志朴实的话语，如同黑暗中的启明

① 杨文杰，范国睿．教育督导制度改革：1977—2020——改革开放以来我国教育督导改革的回顾与展望［J］．教育发展研究，2017（2）：1-15+23.

星，为教育督导工作的恢复发展指明了方向。”邓小平同志恢复教育督导的设想朴实而具体，直接讲措施，不讲空话，处处体现了督导工作要接地气，督导人员要俯下身子、深入基层的要求。强调督导工作最主要的任务就是掌握教育真实情况，聚焦解决突出问题，形成了我国教育督导工作求真务实的优良作风。① 这一阶段主要着眼于恢复性工作，在舆论和政治上为建立有中国特色的教育督导制度做了必要的准备，奠定了教育督导制度重建的基础。

（二）教育督导制度的重建阶段（1986~1991年）

在恢复教育视导制度的基础上，根据我国社会主义教育制度建设和教育事业的发展需要，重建教育督导制度。1986年到1991年的五年间，教育督导司成立，出台了教育督导制度重建后的第一部部门法规文件——《教育督导暂行规定》，提出建设督学队伍。1986年9月，国务院办公厅批转国家教育委员会、国家计划委员会、财政部、劳动人事部《关于实施〈义务教育法〉若干问题的意见》，其中明确指出要“逐步建立基础教育督学（视导）制度”，并进一步规定：“国家和地方逐步建立基础教育督学（视导）机构，负责对全国或本地区范围内义务教育的实施进行全面的视察、督促和指导，并协同当地人民政府处理有关实施义务教育的各项问题。”10月，国务院批准视导室更名为国家教育督导司，标志着我国的教育督导制度开始正式重建。1986年底，国家教委召开督导工作座谈会，并发布了（教督字〔87〕001号）文件，明确提出当前的主要任务是推动全国教育系统督导制度的建立，同时详细规定了督导机构的性质、任务、督导聘任的条件、各项督导人员的职权以及各级督导机构建立的步骤、督导人员的培训等工作内容。1988年9月，国家教委、人事部联合发出《关于建立教育督导机构问题的通知》，要求各县级以上人民政府应在其教育行政部门内建立教育督导机构或配备专职教育督导人员，并对解决教育督导机构编制的办法做了相应的规定。以上下发的两个重要文件，加深了各地对于教育督导工作的认识，促进了各级教育督导机构的建立以及督导工作的开展。为确保教

① 田祖荫．共和国70年教育督导的五个精彩瞬间［J］．转引自“中国教育督导”微信公众号［2020-02-21］．

育督导工作有法可依、有章可循，推动教育督导的法制化建设，1991 年 4 月，国家教委发布《教育督导暂行规定》（以下称《暂行规定》），作为新中国第一个关于教育督导制度的法规文件，《暂行规定》明确了教育督导的本质属性是对教育工作的行政监督，统一和提高了各级政府、教育行政部门、学校对督导工作的认识。[①]

（三）中国特色教育督导制度的初步形成阶段（1992~2000 年）

20 世纪 90 年代后，随着政府公共职能的转变以及人民群众对教育教学质量的日益关注，以建立“两基”和全面提高普及九年义务教育和全面提高义务教育质量的“两全”督导评估机制为标志，这一阶段的教育督导制度建设是自改革开放以来极富成效、社会影响最为广泛的时期，是教育督导机构和队伍建设不断发展壮大的关键时期，也是具有中国特色社会主义教育督导制度建设的关键时期。1993 年 2 月，中共中央、国务院印发《中国教育改革和发展纲要》（中发〔1993〕3 号），提出：“各级政府要认真贯彻执行《中华人民共和国义务教育法》及其细则，建立检查、监督和奖惩制度，确保义务教育法的贯彻执行。各级教育行政部门要把检查评估学校质量作为一项经常性任务。要加强督导队伍、完善督导制度，加强对中小学校工作和教育质量的检查和指导。”这一时期教育督导以配合“人大”检查《义务教育法》的实施情况为基准，针对全国义务教育存在的问题以及农村义务教育教师待遇、贫困家庭子女入学费用、教育经费保障情况等问题进行检查，作为其中的一员，督导发挥了重要作用。1993 年，国务院进行机构改革，批准建立国家教委教育督导团，下设教育督导团办公室，挂靠于基础教育司。1994 年，经中央编制委员会审核、国务院批准，正式建立国家教委教育督导团，加强对各地区、各部门教育工作的宏观管理和督导，教育督导工作的地位不断提升。1998 年 7 月，国务院办公厅批准印发《教育部职能配置、内设机构和人员编制规定》（国办发〔1998〕108 号文件），批准教育部设立独立的教育督导团办公室，位列教育部 18 个职能司之一。到 1998 年，我国基本形成了覆盖中央、省、市、县四级教育督导网络体系，专职和兼职相结合的教育督导队伍，揭开了我国教育督导制度建

---

① 涂文涛．教育督导新论［M］．北京：人民教育出版社，2015：57.

设的新华章。1994年起，全国各级教育督导机构统一为××省（市）人民政府教育督导室（办公室）。

（四）全面构建新时代中国特色社会主义教育督导制度阶段（2001年至今）

进入21世纪后，国家重视基础教育改革与发展，要求加强和完善教育督导制度，教育督导进入全新的发展阶段。尤其是2012年10月，国家实施了《教育督导条例》，充分体现了“强国必强教，强国先强教”，优先发展教育的国家意志和深化教育体制改革、推进依法治教的决心，标志着有中国特色的教育督导制度建设登上一个新的高度。《教育督导条例》的颁布，使我国教育督导制度与组织建设取得了里程碑式的突破，教育督导从此提升到“国家级”层面。条例的颁布使教育督导的工作依据上升为国家行政规章，具有了法律法规的强制性，教育督导的权威性大大提升。同年成立的国务院教育督导委员会，由分管教育的国务院领导同志担任主任，教育部部长和国务院协助分管教育的副秘书长担任副主任，级别之高，前所未有，国际少有，充分体现了党中央、国务院对教育事业的高度重视和办好中国特色、世界水平教育的决心。①

2000年1月，中编办批准将原国家教委教育督导团更名为国家教育督导团。从教育督导机构的设置及其改革入手，对督导机构的性质、督导人员的职能等进行了细致的规定。2004年1月17日，国务院办公厅转发了《教育部关于建立对县级人民政府教育督导评估制度的意见》（国办发〔2004〕8号），明确了县级人民政府教育督导评估内容、程序以及相关部门的职责，标志着县级教育督导评估制度的建立。2006年7月，《国家督学聘任管理办法（暂行）》修订，对国家督学的聘任、职责、权利和义务等做出详细规定，进一步增强了我国督导人员的专业化。同时，建立和完善督政、督学、评估监测三位一体的教育督导体系。2014年，国务院教育督导委员会办公室印发《深化教育督导改革转变教育管理方式的意见》（国教督办〔2014〕3号），在教育督导督政、督学的基础上，明确提出了教育督导

---

① 田祖荫．共和国70年教育督导的五个精彩瞬间［J］．转引自“中国教育督导”微信公众号［2020-02-21］．

的另外一个工作内容——评估监测，要求建立教育督导部门归口管理、专业机构提供服务、社会组织多方参与的专业化教育质量评估监测体系，对各级各类教育进行科学、系统、权威的评估监测，为改进教育教学、管理、决策提供依据和支撑。2017 年，国务院印发《国家教育事业发展“十三五”规划的通知》（国发〔2017〕4 号）、《对省级人民政府履行教育职责的评价办法的通知》（国办发〔2017〕49 号），进一步提出了对于评估监测制度体系的完善。由此，教育评估监测作为教育督导的“一员”，成为教育督导体系的有机组成部分。目前，我国已形成了中央、省、市、县四级教育督导网络，1.75 万名专职督学、10.37 万名兼职督学和 1.45 万名督导行政人员，督导职能逐步完善，统领各个阶段的教育工作，以督政、督学和评估监测三大体系为框架的教育督导制度。①

2017 年 4 月 18 日，习近平总书记主持召开中央全面深化改革领导小组第 34 次会议，审议通过了《对省级人民政府履行教育职责的评价办法》。随后，国务院办公厅印发了该评价办法。这项工作于 2018 年开始探索，2019 年做了完善，已连续开展 4 年。按照目前方案，国务院教育督导委员会办公室每年对各地有关教育发展指标进行监测，部署各地自查自评；同时，在材料审核基础上，综合考虑地域分布、工作实际、减轻负担等因素，选择若干省份开展入驻式督查，5 年一个周期，覆盖所有省份。

2020 年 2 月 14 日，中共中央办公厅、国务院办公厅下发《关于深化新时代教育督导体制机制改革的意见》（以下简称《意见》），指出了新时代教育督导的指导思想：以习近平新时代中国特色社会主义思想为指导，全面贯彻党的十九大和全国教育大会精神，紧紧围绕确保教育优先发展、落实立德树人根本任务，以优化管理体制、完善运行机制、强化结果运用为突破口，不断提高教育督导质量和水平，推动有关部门、地方各级政府、各级各类学校和其他教育机构（以下统称学校）切实履行教育职责。明确提出深化教育督导运行机制改革，建立健全督政、督学、评估监测“三位一体”的中国特色社会主义教育督导体系，进一步加强对地方政府履行教育职责的督导，加强对各级各类学校的督导，加强和改进教育评估监测，改进教

① 杨文杰，范国睿．教育督导制度改革：1977—2020——改革开放以来我国教育督导改革的回顾与展望［J］．教育发展研究，2017（2）：1-15+23.

育督导方式方法。通过这次深化教育督导体制机制改革形成的督导制度安排，可以认为是“教育督导 2.0”，这是教育督导体系的自我更新和完善，最大亮点是“长牙齿”。[①] “长牙齿”是中央领导同志对教育督导工作提出的新要求，也是教育督导发挥实效、推动解决教育领域积累问题的根本之策。《意见》着眼于教育督导“长牙齿”，从管理体制、运行机制、问责机制、督学聘用管理和保障机制五大方面提出了 24 条改革举措，都是真招实招。

二　福建省教育督导概况

福建的学校教育始于南朝，经历了漫长的发展过程，教育督导在学校教育发展的基础上应运而生，教育督导的产生和发展与学校教育具有密不可分的关系。福建省的教育发展起步较晚，但后来居上，除了福建省教育自身发展的特点以外，教育督导起到了非常重要的作用。[②] 以下按照历史发展的脉络分析福建省教育督导概况。

（一）古代福建教育的发展与督学

始于南朝的福建学校教育，有史籍可考的是刘宋时期的晋安太守阮弥之、虞愿，他们先后在福州立学堂，教授子弟。唐朝建立后，到唐玄宗开元、天宝年间，福建各地州、县官学普遍设立。到开元二十四年（736），随着汀州的设置，福建境内已设有福州、泉州、建州、汀州、漳州五个州，其中福州、漳州设有州学。五代时期，王潮、王审知兄弟在福州兴办“四门义学”，具有强烈的平民色彩，对福建基础教育的督促与发展起了重大的推动作用。唐后期，福建曾有过两次兴学活动，一次是李椅的福州兴学，另一次是常衮的福建兴学，这两次兴学活动标志着福建重教观念的萌发，逐渐改变了闽人乐土畏迁、淡于仕宦的习俗，奠定了福建基础教育发展的基础。从侧面反映出地方教育事业的管理和监督均委托地方行政长官监管的现象，既对地方教育起到促进作用，又对建立教育督导制度具有一定的借鉴作用。宋时福建共设立了 56 所官学，表明学校教育的发展在全国范围

---

① 田祖荫．共和国 70 年教育督导的五个精彩瞬间［J］．转引自“中国教育督导”微信公众号［2020-02-21］．

② 雷竞．福建省基础教育督导的现实困境与优化策略［D］．福州：福建师范大学，2020：13.

内是很突出的。到了宋徽宗时期，在各路设置具有教育督导意义的提举学事司，其主要职责是考察、审批地方官学的教官，统计辖区内在学的实际人数，对地方官学提出改进建议等。元代设置了儒学提举司，由其统一管理、监督各路学、府学、州学、县学的学校祭祀、教学、经费以及审核地方士人的著作并上呈朝廷，福建的教育情况也在其监察之列。相比之前的朝代，清代对于地方官学的管理和监察，实施了很多新规定和举措，在一定程度上推动了福建教育督导的完善和发展。福建教育主要由官学、书院、社学等构成，与中原地区相比，福建教育起步较晚。古代福建对教育的监管随着福建教育的发展起起落落，从地方的教育事业的管理和监督均委托地方行政长官到有独立的正式机构，经历了漫长的发展过程。总的来说，从宋、元、明、清各代督学官的职责来看，主要是督察“风纪”，传布“教化”。在督学制运行的过程中，进行由上而下的督察，加强了中央集权，有利于统筹教育安排和贯彻教育政策；另外，作为地方与地方联系的巡察视导，加强地方之间教育信息的交流，在一定程度上推动了地方教育的发展。①

（二）近代福建教育视导制度

1905 年，清政府设立了学部，统辖全国教育，仿照日本的视学制度设立了视学官。1906 年，福建省依据学部颁发的《劝学所章程》开始建立省、县视导制度。5 月，设立了提学使司并设置省视学 6 人，主要职责是巡视各厅、州、县的学务。同时还在各厅、州、县设劝学所并设置视学 1 人，由其掌管地方教育行政，自行处理各地方上的学务。从发展来看，福建省与全国其他各省一样，仅有视学官的设立和对其工作范围的大致规定，而对于视察工作并未认真贯彻实施。清末的视学制度只是近代教育视导制度创立的开端。

1911 年，中华民国南京临时政府成立，还成立了教育部，制定新学制，相继颁布与各级各类教育相关的新法规。这个时期，从全国到福建省，主要是以教育视导制度来规范和督导基础教育。教育视导的基本职能是监督、指导各级各类教育机关执行国家的教育政策和法规，包括视察与辅导两个

---

① 雷竞．福建省基础教育督导的现实困境与优化策略［D］．福州：福建师范大学，2020：13-14.

方面。视学每到一地、一校视察，即将改进意见直接指示该地、该校的教育主管人员，各级视学还负有随时向本级行政长官报告视察结果和改进意见的责任。1927 年 1 月，福建省成立临时政府（政治会议），另设教育科，教育科为掌理全省教育的行政机关，设督学室，下分中等、国民、社会教育三股，督学室设督学兼主任 1 人及督学 4 人、视导员 20 人，办理教育视导事务。①

1927 年，国民党领导的国民政府在南京成立（1927~1948 年）。福建省恢复教育厅设置，隶属福建省政府。在福建教育厅内只设厅长 1 人，总理全省教育行政。下属各级办事机构比较精练，包括秘书室、督学处及第一科、第二科、第三科。其中督学处设督学 6 人，负责视察指导地方学务。1928 年 8 月，福建省政府第一次改组，在省教育厅下设督学 6 人，掌管全省教育视察事宜。同年，省教育厅组织全体督学到 6 个专区 44 个县进行视察，撰写《视导报告》，使省教育厅得以了解全省教育情况，并据此制订了整顿福建省教育计划。可以看出，这一时期的福建教育督导对全省的基础教育起到了一定程度的监督和促进作用，进而促进了福建地方教育的发展。②

（三）新中国成立后的福建省基础教育督导

新中国成立后，福建省按照中央政府的决策部署，稳步推进教育督导工作。在国家出台相关法规文件的背景下，福建省的教育督导制度也随之建立起来，并开展了一系列的督导工作，为福建基础教育事业的发展做出了贡献，主要包括以下几个阶段性内容。③

1. 第一阶段（1989~1998 年）

第一，1989~1990 年，开展“对中小学教育工作进行五项督导检查”（又称“五查”），主要督查教育经费增长政策和教师经济待遇的落实情况，校舍中危房的改造情况，中小学学生流失的制止情况，乱收费现象的纠正情况，《中共中央关于改革和加强中小学德育工作的通知》（1988 年 12 月 25 日）初步贯彻情况五个方面的内容。

---

① 雷竞．福建省基础教育督导的现实困境与优化策略［D］．福州：福建师范大学，2020：15.

② 雷竞．福建省基础教育督导的现实困境与优化策略［D］．福州：福建师范大学，2020：15.

③ 雷竞．福建省基础教育督导的现实困境与优化策略［D］．福州：福建师范大学，2020：18-20.

第二，1991～1992 年，开展义务教育六项督导评估（又称“六项督导”），主要包含教育管理、事业发展、队伍建设、教育经费、校舍设备、德育工作六个方面的 A 级指标。

第三，1993～1998 年，开展基本普及九年义务教育和基本扫除青壮年文盲督导（又称“两基”），出台福建省普及九年义务教育和扫除青壮年文盲验收评估办法（共 14 条）。从福建省基础教育督导的实际情况来看，“五查”“六项督导”为“两基”打下了一定的基础。“两基”工作于 1998 年通过国家验收，福建省成为全国“二片地区”12 个省份中率先实现“两基”目标的省份，名列全国 9 个实现“两基”目标的省份之一。

2. 第二阶段（1999～2005 年）

这一阶段福建省基础教育督导工作主要包括两个方面。一方面是“两基”验收后的巩固、提高工作督导（两基巩固提高）。主要工作内容：加强“两基”巩固、提高工作的组织领导；优先保证“两基”巩固、提高工作的经费投入；巩固和提高义务教育普及程度；切实做好扫除青壮年文盲工作；进一步加强中小学师资队伍建设；努力实现中小学办学条件标准化；积极推进中小学素质教育；深化农村初中教育改革；建立有利于“两基”巩固、提高工作的运行机制九个方面（含 28 个小项）。另一方面是 2003 年起实施高水平高质量普及九年义务教育（“双高普九”）督导，包含普及程度、师资水平、办学条件、教育经费、教育管理与质量五个指标（含 43 个小项）。此项督导至 2013 年结束，比原计划 2015 年完成提前了两年在全省实现“双高普九”的目标。通过开展“两基”巩固提高督导工作和“双高普九”督导工作，充分发挥了基础教育督导的作用，很好地巩固了福建省义务教育工作。

3. 第三阶段（2006～2010 年）

这一阶段福建省基础教育督导工作除了继续做好“双高普九”督导外，还开展了多项督导评估工作，教育督导向制度化、规范化、项目化不断演变。其中，对县“两项督导”〔县级人民政府教育工作督导评估及县（市、区）党政主要领导干部抓教育工作督导考核〕成为福建督政的品牌项目。

（1）全面开展县级人民政府教育工作督导评估

福建省人民政府办公厅于 2006 年 1 月 23 日发布《福建省人民政府办公厅转发省教育厅关于全面开展县级人民政府教育工作督导评估意见的通知》

（闽政办〔2006〕15 号），此文根据《福建省人民政府办公厅转发省教育厅关于建立对县级人民政府教育工作督导评估制度意见的通知》（闽政办〔2004〕130 号）精神，开展全省县级人民政府教育工作督导评估，提出督导评估的内容和标准，“省、市、县三级评估工作均按照《福建省对县级政府教育工作督导评估内容要点》（以下简称《评估要点》）和《福建省对县级政府教育工作督导评估方案》（以下简称《评估方案》）开展工作”。督导评估程序为县级自评、设区市核查、省级督导评估。省级督导评估是在县级自评、设区市核查的基础上进行的，每年实地抽查部分县（市、区），确保每五年对所有县（市、区）全覆盖开展实地督导。主要程序是召开汇报会、检查评估、召开反馈会、下达教育督导评估意见（通报）。

2006 年底，在县（市、区）自查自评的基础上，九个设区市复查了 35 个县（市、区），省里从中分类抽取了 14 个县（市、区）进行省级督导评估，其中 6 个区（县）达到优秀等级，6 个区（县）达到良好等级，1 个县达到合格等级，1 个区被评定为不合格。

“对县督导”制度的建立，对促进福建省基础教育改革与发展和各类教育，特别是农村义务教育协调发展意义重大，效果明显。一是促进了政府教育职责的落实。党政领导抓教育显现出“三多”现象，即对教育工作的批示多了，专题研究教育工作多了，深入学校调查研究、现场办公多了；逐步解决了一些长期困扰教育发展的瓶颈问题。二是促进了教育投入的增长和办学条件的进一步改善。据统计，经省级督导评估的 14 个县（市、区），2005 年度财政对教育拨款达 10.87 亿元（含追加的 2297.5 万元），比上年净增 1.32 亿元，增长 13.82%。教育经费总量中财政的拨款占到了 73.16%，基本实现了“以财政拨款为主”的教育投入保障机制。到 2007 年，全省各地多渠道筹措资金 2 亿多元，新建、扩建了一批校舍，完成了一批危改项目，加快义务教育均衡发展。① 三是推动各类教育的协调发展。促进学前教育向普及发展，促进义务教育向标准化、均衡化发展，促进普通高中教育向多样化、优质化发展，促进中等职业教育向规模化发展。

---

① 福建省人民政府教育督导室．福建省开展县级人民政府教育工作督导评估工作成效显著［EB/OL］.（2007-08-10）［2022-04-02］. http：//jyt. fujian. gov. cn/ztzl/jydd/gzdt/200708/t20070810_4350422. htm.

（2）建立县（市、区）党政主要领导干部抓教育工作督导考核制度（党政领导督导考核）

2006 年 2 月，在省委、省政府领导的重视和支持下，福建省委组织部、教育工委和省教育厅联合下发了《关于建立县（市、区）党政主要领导干部抓教育工作督导考核制度的通知》（闽委教综〔2006〕5 号）（以下简称《督导考核通知》）。《督导考核通知》要求督导考核对象：各县（市、区）和其他县级行政区划单位党委、政府（管委会）主要领导。按照《督导考核通知》精神，各地结合实际制定并出台了相应的文件。

根据《督导考核通知》要求，福建省从 2009 年起正式实施对县（市、区）党政主要领导干部抓教育工作省级督导考核工作（简称“督导考核”）。建立县（市、区）党政主要领导干部抓教育工作督导考核制度，是贯彻党的教育方针、推动教育事业发展的一项制度创新。其后从对建瓯市和云霄县的督导考核试点情况来看，开展这项工作，对于促进地方党政主要领导干部切实履行教育工作职责，依法保障教育投入，优化教育发展环境，提升教育发展水平起到了积极的作用，产生了显著的效果，同时也为领导干部考察考核工作的改进与加强探索了新路，奠定了很好的基础。

（3）建立乡镇人民政府教育工作督导评估制度

根据落实农村义务教育管理体制的需要，福建省不少地方将督导评估工作延伸到乡镇，建立了乡镇教育工作目标责任制和督导考核制度，取得了一定效果。为了规范乡镇人民政府教育工作督导评估工作，提高督导评估工作的科学性、实效性，福建省人民政府教育督导办公室组织力量，研究制定了乡镇人民政府教育工作督导评估制度。2008 年 9 月 3 日，福建省人民政府教育督导办公室①下发《关于做好乡镇人民政府教育工作督导评估工作的通知》（闽政教督〔2008〕41 号），对全省开展乡镇人民政府教育工作督导评估工作提出宏观的指导性意见，规范了开展乡镇人民政府教育工作督导评估的工作程序；同时要求各设区市教育局、教育督导室因地制宜地制订乡镇人民政府教育工作督导评估的实施方案，建立评估指标体系。

---

① 2007 年 11 月，《中共福建省委机构编制委员会办公室关于省政府教育督导机构调整有关问题的批复》（闽委编办〔2007〕260 号）指出，撤销省人民政府教育督导室，设立省教育厅教育督导处，作为厅内设机构，外挂“福建省人民政府教育督导办公室”。

4. 第四阶段（2011 年至今）

这一阶段福建省教育督导的主要工作内容如下。

（1）开展义务教育均衡发展督导评估

2011 年 3 月，福建省政府与教育部签署《义务教育均衡发展备忘录》（以下简称“《备忘录》”），对全省义务教育均衡发展做出规划安排。2012 年 1 月，教育部印发了《县域义务教育均衡发展督导评估暂行办法》（教督〔2012〕3 号），就建立县域义务教育均衡发展督导评估制度，开展义务教育发展基本均衡县的评估认定工作做出明确的规定。3 月 12 日，国家教育督导办公室在武汉召开会议，全面部署开展义务教育发展基本均衡县的督导评估和认定工作。4 月中旬，福建省人民政府教育督导办公室印发《关于印发福建省县域义务教育均衡发展督导评估实施办法和评估细则的通知》（闽政教督〔2012〕13 号）和《关于做好 2012 年县域义务教育均衡发展督导评估工作的通知》（闽政教督〔2012〕15 号），并于 4 月 27 日召开了全省义务教育均衡发展督导评估工作推进会，重点部署 2012 年福建省义务教育发展基本均衡县的评估认定工作，强力推进义务教育均衡发展。2016 年 10 月，福建省整体通过县域义务教育发展基本均衡国家督导验收，提前一年完成省政府与教育部签订的《备忘录》目标任务，为福建省义务教育迈向优质均衡发展奠定了坚实基础。

2022 年 4 月，福建省先后召开全省义务教育均衡发展督导评估专题会议及全省义务教育均衡发展督导评估工作调度会，成立义务教育优质均衡发展领导小组和组建工作专班。经过研判分析，确定鼓楼区、晋安区、思明区、湖里区、三元区、漳平市 6 个“优质均衡发展先行创建县（市、区）”，通过“以点带面”式开展省级督导调研持续推动全省优质均衡创建工作。

（2）持续完善学前教育督导评估制度

2012 年 5 月 2 日，为贯彻《福建省中长期教育改革和发展规划纲要》，落实《福建省人民政府关于加快学前教育发展的意见》（闽政〔2010〕24 号）精神，促进学前教育三年行动计划的实施，加快学前教育改革发展，根据《教育部关于印发〈学前教育督导评估暂行办法〉的通知》（教督〔2012〕5 号），结合福建省实际，福建省人民政府教育督导办公室研究制定了《福建省学前教育督导实施办法（暂行）》和《福建省学前教育评估标准（暂行）》。学前教育督导评估的对象为市、县（市、区）两级人民政府。评估内容主要包括学前教育“政府职责、经费投入、园所建设、队伍建设、规范管理和发展水平”六个方面，22 项评估指标。评估工作结合社会公众对当地学前教育满意程度调查结果综合评定。2020 年 6 月 19 日，福建省教育厅印发《县域学前教育普及普惠督导评估工作方案》（闽教督〔2020〕4 号），提出在 2025 年底前 60 个县实现学前教育普及普惠、2030 年底前全省所有县实现学前教育普及普惠的总体目标，明确了县级自评、市级核查、省级评估、上报国家抽查认定的督导评估程序，细化了 36 个具体指标。2021 年 4 月 22 日在全国率先召开县域学前教育普及普惠省级督导评估现场会，该年度首次组织专家对泰宁县、永春县、晋江市县域学前普及普惠发展情况开展省级督导评估。

（3）建立健全福建省人民政府教育督导委员会领导体制工作机制

2014 年，福建省成立省政府教育督导委员会，市、县两级政府全部成立了本级政府教育督导委员会。2017 年，进一步明确省政府教育督导办公室为委员会办事机构，教育厅厅长任省政府总督学，分管副厅长任省政府副总督学兼省政府教育督导办公室主任。同年 8 月出台《福建省人民政府教育督导委员会工作规则》（闽政教督〔2011〕1 号）。从 2018 年至今，每年至少召开一次省政府教育督导委员会全体会议，作为一个常态化的工作机制长期坚持。2020 年，省政府教育督导委员会成员单位由最初的 8 个增长至 19 个。

（4）推动落实教育督导地方立法工作

国务院《教育督导条例》颁布实行后，经过起草、论证，《福建省教育督导条例》（以下简称《条例》）于 2017 年 3 月 31 日经福建省第十二届人民代表大会常务委员会第二十八次会议审议通过，6 月 1 日起施行。福建省成为全国第 4 个出台教育督导地方性法规的省份，时任省长于伟国同志对《条例》施行做出重要批示：“希望以《福建省教育督导条例》正式实施为契机，深化督导改革，创新方法手段，强化结果运用，更好地履行督政、督学、评估监测的职责，为提高教育治理能力、办好人民满意的教育提供有力保障。”①

《条例》细化了国务院《教育督导条例》，反映了福建省教育发展水平

---

① 陈茂续．福建省教育督导条例的亮点分析及其施行思考［J］．福建教育，2018（5）．

和实际要求，与其他省份相比，有福建省的特色和亮点，有创新和突破之处，对福建教育评估有积极的促进作用。主要表现在六个方面。第一，明确评估监测规定，有利于完善教育督导体系。第二，加强督学管理和培训，有利于打造更优秀的督导队伍。第三，建立教育督导约谈制度，有利于教育督导结果运用。第四，实施同级督政，有利于提高政府教育治理能力。第五，重视政府教育督导委员会建设，有利于提高教育督导行政监督效率。第六，建立教育督导的社会参与机制，架起学校与家长沟通的桥梁。总之，《条例》对督学的管理、教育督导的实施、督导报告与评估监测等做出了具体规定，填补了福建省在教育督导方面的地方性法规规章空白。《条例》细化了国务院《教育督导条例》的相关规定，完善了福建省督政、督学、评估监测。

（5）开展对设区市级人民政府履行教育职责督导评估

2017 年 5 月 31 日，国务院办公厅印发了《对省级人民政府履行教育职责的评价办法》（国办发〔2017〕49 号，以下简称《对省评价办法》）。《对省评价办法》第十五条规定："省级人民政府应依据本办法，结合本行政区域实际制订具体实施方案，开展对本行政区域内各级政府履行教育职责的评价工作。"① 2018 年 1 月 30 日，福建省人民政府办公厅印发了《对设区市级人民政府履行教育职责督导评估办法》（闽政办〔2018〕2 号，以下简称《对市督导办法》）。《对市督导办法》充分学习借鉴《对省评价办法》的主要内容和做法，在已开展的"两项督导"（即对县级政府教育工作督导评估、县级党政主要领导干部抓教育工作督导考核）、"教育强县"和对乡镇政府教育工作督导评估的基础上，制定《对市督导办法》，开展对设区市级政府履行教育职责督导评估工作。这项工作是省委省政府贯彻落实国务院办公厅《对省评价办法》的重要举措，对于推动各级政府切实履行教育工作职责，提高教育质量，促进教育公平，有力推动教育事业优先发展，努力办好人民满意的教育，提升教育服务经济社会发展能力具有重要意义。

---

① 国务院办公厅．国务院办公厅关于印发对省级人民政府履行教育职责的评价办法的通知（国办发〔2017〕49 号）［EB/OL］（2017-05-31）［2022-05-01］. http：//www.gov.cn/zhengce/content/2017-06/08/content_5200756.htm.

2018 年 8 月 14 日，福建省人民政府教育督导办公室印发了《对设区市级人民政府履行教育职责督导评估标准》（闽政教督办〔2018〕32 号，以下简称《对市督导评估标准》）。《对市督导评估标准》共 6 项“督导评估内容”，19 条“督导评估要点”，42 个“具体测评点”，聚焦市级政府履行教育职责主体责任、县级政府履行教育职责中难以解决的突出问题和省级政府履职需要市级政府配合落实的重要问题。

（6）开展义务教育质量监测

2020 年 5 月，福建省发布《新时代福建省义务教育质量监测实施方案》。从 2020 年开始实施“2+x”和“1+1”监测组合，统筹开展义务教育质量监测，并逐步向基础教育质量监测延伸。2020 年，福建成为全国首个向社会公开发布质量监测结果报告的省份；2021 年实现省级示范性高中教育质量监测全覆盖。每年以省政府教育督导办公室名义，向各设区市人民政府办公室反馈年度“义务教育质量监测主要问题和监测报告”，推动监测结果运用和质量提升。

（7）深化新时代教育督导体制机制改革

2021 年 5 月 16 日，中共福建省委办公厅、福建省人民政府办公厅印发了《关于深化新时代教育督导体制机制改革的实施意见》（以下简称《实施意见》），这是福建省贯彻落实中共中央办公厅、国务院办公厅印发的《关于深化新时代教育督导体制机制改革的意见》的实际举措。《实施意见》深入贯彻中央文件精神，明确了全省新时代教育督导体制机制改革的目标，并在教育督导“管理体制、运行机制、结果运用、队伍管理和保障机制”五个方面提出了 24 条改革举措，是今后推进全省教育督导工作的指导性文件。2021 年 9 月，福建省人民政府办公厅印发《福建省“十四五”教育发展专项规划》，其中提出深化教育督导体制机制改革：健全完善市、县两级教育督导机构设置，完善各级教育督导机构内外协同、上下衔接机制；强化政府履行教育职责，健全逐级全覆盖、跨级重抽查、本级促协同的督政体系；完善以学校自我评估为基础、内部和外部评估相结合的学校督导制度；加强对民办学校的全方位督导；建立各级各类教育质量常态化评估监测制度，探索建立通过政府购买服务方式、委托第三方机构和社会组织开展教育评估监测的工作机制；强化教育督导结果应用，落实督导约谈和问责制度。特别是在《福建省基础教育高质量发展行动计划（2021—2023 年）》

中强调，落实《深化新时代教育评价改革总体方案》《义务教育质量评价指南》，充分发挥教育评价的指挥棒作用，建立以发展素质教育为导向的科学评价体系，坚决克服唯分数、唯升学等不良倾向。把加强党对教育工作的全面领导、政府相关部门和市、县（区）履行教育职责的情况纳入教育评价体系。深化教育督导体制机制改革，优化督导评估体系和办法，把推进基础教育高质量发展纳入对设区市、县级政府履行教育职责督导评估和高质量发展综合考核的重要内容。强化督导考核结果运用，真正将督导结果作为考核、奖惩被督导单位及其主要负责人的重要依据。

（8）推进教育督导问责制度化规范化

2022 年 6 月 6 日，福建省人民政府教育督导委员会印发《福建省贯彻〈教育督导问责办法〉实施细则（试行）》（以下简称《实施细则（试行）》），从问责原则、问责对象、问责情形、问责方式、问责程序、组织实施六个方面对教育督导问责做出了系统设计和具体安排。《实施细则（试行）》明确问责对象主要包括 3 类对象：一是省人民政府有关职能部门、设区市及以下人民政府和有关职能部门；二是各类学校和其他教育机构；三是有关工作人员。《实施细则（试行）》明确，以上 3 类对象，如果存在不履行、不完全履行或不正确履行教育职责的问题，按规定进行问责。问责情形共有三类 25 种，主要包括六个方面：一是贯彻落实党的教育方针和党中央、国务院教育决策部署不坚决不彻底的，二是履行教育职责不到位的，三是教育攻坚任务完成严重滞后的，四是办学行为明显不规范的，五是教育教学质量持续下降的，六是安全问题较多或拒不接受教育督导的。《实施细则（试行）》的出台，有力促进了新时代教育督导体制机制改革，进一步增强了教育督导权威性。

（9）开展教育强县督导评估

2010 年 1 月 17 日，《福建省人民政府办公厅转发省教育厅关于开展创建“教育强县”工作意见的通知》（闽政办〔2010〕13 号）提出，推进全省“教育强县”建设，同年制定“教育强县”验收办法和评估标准，2017 年对该办法和标准进行修订。2018 年 9 月，认定鼓楼区、思明区、集美区、湖里区、鲤城区、丰泽区 6 个县（市、区）为福建省首批“教育强县（市、区）”。

福建省“教育强县”督导评估内容按照高水平、高要求的定位设置，强化中等职业教育与农村教育，突出教育质量，主要包括教育工作的政府行为、教育发展水平与质量、教育资源配置三大方面，具体设置“政府教育职责、义务教育、高中阶段教育、学前教育与特殊教育、教育质量、终身教育、教师队伍、办学条件和教育经费”9项评估指标。“教育强县”督导评估实行统一标准，采取量化评估方式进行。经省评估验收组评估认定达到合格标准的，按规定完成社会公示等程序后，报省政府审批。经省政府批准确认的，由省政府授予“福建省教育强县”称号和牌匾，并给予一定的经费奖励。

随着“教育强县”督导评估制度的实施，福建省的教育督政体系将逐步从施行的“双高普九”与“县级政府教育工作督导评估”、“县（市、区）党政主要领导干部抓教育工作督导考核”（简称“两项督导”）结构体系，过渡到“教育强县”与“两项督导”相结合的新的督政体系。

（10）开展中小学幼儿园责任督学挂牌督导

自2013年12月以来，按照教育部教育督导办公室印发的《中小学校责任督学挂牌督导办法》《中小学校责任督学挂牌督导规程》《中小学校责任督学工作守则》和福建省教育厅有关要求，结合实际，认真实践，积极探索，不断完善管理制度和工作条件，保障挂牌督导工作的规范进行；组织责任督学开展教育理论、法规和政策的学习培训，努力提高责任督学业务能力，保障挂牌督导工作的有效实施。2014年，福建省人民政府教育督导办公室对全省各地落实情况进行通报。

2017年7月25日，福建省人民政府教育督导办公室印发《关于进一步加强中小学校责任督学挂牌督导工作的通知》（闽政教督办〔2017〕10号），明确了中小学校责任督学挂牌督导重点工作，要求全省各级责任督学要对学校依法依规办学进行监督，对学校管理和教育教学进行指导，及时受理、核实相关举报和投诉，发现问题并督促学校整改，向教育督导部门报告情况，并向政府有关部门提出意见。责任督学要确保每月一次深入督导学校，每次一天，随机听一节课，走访一个教研组或年级组，开一次座谈会，访谈一位老师、学生和家长，与校长交流一次，撰写一篇督导报告。组织推进全国中小学校责任督学挂牌督导创新县，截至2018年共有12个县（市、区）被国务院教育督导委员会认定为“全国中小学校责任督学挂牌督导创新县”（之后未再组织评选）。2019年8月7日，省教育厅、财政厅、人社厅联合印发《福建省幼儿园责任督学挂牌督导实施办法》（闽教督〔2019〕4号），将责任督学挂牌督导工作从中小学向幼儿园阶段延伸，实现全省中小学幼儿园责任督学全覆盖，目前，全省共有各级责任督学5000多名。福建省每年通过坚持“四个一”机制推动责任督学挂牌督导工作落实，即举办一期责任督学骨干示范培训班，开展一次优秀案例征集评选活动，召开一次现场推进会，举办一次督学论坛。

开展中小学幼儿园责任督学挂牌督导工作，提高责任督学的认识是前提，加强责任督学的学习，提高其素质是基础，明确细化责任督学的职责是关键，有效开展活动增强活力是重点，促进发展服务好基层是目标。

（11）开展专项督导

近年来，福建省人民政府教育督导办公室始终聚焦群众关心、社会关注的热点难点问题，持续开展双减、五项管理、控辍保学、义务教育教师工资、教育投入等专项督导。将“双减”督导作为一号工程，部署各地开展县级全面自查、市级抽查。组织相关厅局赴福州、泉州、三明、南平、平潭等地开展“双减”及“五项管理”工作省级重点督查。建立省级“双减”半月报制度，对作业时间、课后服务时间、线下学科类校外培训机构压减比例等主要指标排名靠后的相关市、县（区）进行通报。2018～2019年持续开展“控辍保学”专项督导，

2020年开展义务教育教师工资收入专项督导，对未落实教师工资收入保障的县（市、区）政府主要领导进行约谈，部署各地开展义教教师工资待遇落实情况跟踪督查及“回头看”，推动全省各县（市、区）在2020年底前实现义务教育教师平均工资收入水平不低于当地公务员。2021年开展教育投入专项督导，当年12月约谈教育财政支出执行数低于同期水平的部分县（市、区）政府领导，推动全省各县（市、区）如期实现“两个只增不减”（财政一般公共预算教育支出逐年只增不减，按在校学生人数平均的一般公共预算教育支出逐年只增不减）。

（12）实施教育督导能力提升工程持续开展督学培训

“十三五”期间，福建省陆续组织600多人次参加国家教育行政学院举办的各级督学研修班和教育督导网络培训，1000多人次市县督学参加省级研修培训，近百人次各级督学参与省际学习交流，近百人次督学专家接受教育部选派参加国家督导评估。自2015年至今，坚持每年举办一次责任督

学培训示范班和责任督学现场推进会，2021 年首次举办第 14 届省政府督学培训班，有力提升全省各级督学履职水平。创新开展教育督导智库建设。2020 年 9 月 14 日，福建省人民政府教育督导办公室印发《关于开展教育督导智库建设的通知》（闽政教督办〔2020〕40 号），按照“项目先行、培育团队、创建基地”原则，遴选出闽南师范大学教育督导研究院、福建师范大学学生体质健康促进研究中心为首批教育督导智库项目建设单位，宁德师范学院教育研究所、龙岩学院义务教育艺术质量监测研究中心为教育督导智库项目培育单位。组织教育督导科研。2020~2021 年，采取线上线下相结合、主论坛与分论坛互补、国家层面与全国各地互动、教育督导部门与高校科研单位对接、国内与国际交流等方式连续举办两届福建教育督导高峰论坛，通过多维度的研讨提升省内教育督导专家水平。2022 年，开展教育督导专项课题研究，向全省遴选 10 个重点课题、20 个一般课题。

第二章　福建省“两项督导”的制度设计

自2004年以来，福建省“对县级人民政府教育工作督导评估”（简称“对县督导”）和“对县市区党政主要领导干部抓教育工作督导考核”（简称“督导考核”）制度先后建立，历经“十一五”“十二五”“十三五”三轮实践探索和完善，在“十四五”开局之年制定出“两项督导”最新的评价标准，逐渐摸索出了一条日趋科学合理、行之有效的教育督导之路。

第一节“对县督导”指标体系建构与完善

从2004年6月11日《福建省人民政府办公厅转发省教育厅关于建立对县级人民政府教育工作督导评估制度意见的通知》（闽政办〔2004〕130号）确定福建省县级人民政府教育工作督导评估内容要点起，福建省对县督导指标体系在多轮实践中不断改进完善。

一　“对县督导”标准的初步确立

（一）2004年“对县督导”评估标准的确立

2004年1月17日，《国务院办公厅转发教育部关于建立对县级人民政府教育工作进行督导评估制度意见的通知》（国办发〔2004〕8号）（以下简称《意见》）发布，该《意见》指出：“对县级人民政府教育工作的督导评估由省级人民政府负责。省级人民政府要根据本地教育发展和改革实际，突出重点，因地制宜地制订本地督导评估的实施方案和指标体系，并开展对县级人民政府教育工作的年度重点督查和任期内综合性评估。”[①]《意见》确定了对县督导评估的主要内容为六大部分：领导职责、教育改革与发展、经费投入与管理、办学条件、教师队伍建设和教育管理。2004年6月11日，《福建省人民政府办公厅转发省教育厅关于建立对县级人民政府教育工作督导评估制度意见的通知》（闽政办〔2004〕130号）发布。福建省教育厅根据国务院和教育部文件精神与福建省教育发展和改革的实际，特制定《福建省县级人民政府教育工作督导评估内容要点》（以下简称《评估要点》和《福建省县级人民政府教育工作督导评估方案》（以下简称《评估方案》）。首次制定的《福建省县级人民政府教育工作督导评估内容要点》将评价指标体系分解为6个一级指标，28个二级指标，分值共1000分，其中内容要点如表2-1所示，标准概况如表2-2所示。

表2-1 《福建省县级人民政府教育工作督导评估内容要点》（闽政办〔2004〕130号附件1）

1. 领导职责（100分）

（1）确立教育在全面建设小康社会中的重要地位，保持教育适度超前发展。巩固和完善“以县为主”的农村义务教育管理体制，统筹管理本地教育事业发展规划，促进县域内各类教育健康协调发展；农村教育的发展规划要坚持“突出重点、三教统筹、服务三农”的方向，有效整合教育资源，充分发挥农村学校的综合功能，提高办学效益。

（2）合理布局义务教育学校设置，依法提供符合国家标准的办学条件；依法保障义务教育阶段学龄人口接受义务教育的权利；采取行政措施对妨害义务教育实施、违反义务教育法的行为进行处罚；建立义务教育监督、指导、检查制度。

（3）教育工作摆上县级政府重要议事日程，每年为教育办几件实事，县级人民政府主要负责人是教育工作的第一责任人，主要领导经常深入学校指导并及时研究解决教育发展中的问题。

（4）建立县级人民政府及其有关职能部门教育工作目标责任制，形成政府履行职责、部门各负其责、全社会关心支持教育的良好社会氛围。

2. 教育经费投入与管理（240分）

（5）教育经费投入责任落实，保障机制完善。确保国家举办的各类学校教育经费有稳定的来源，确保财政主渠道投入；义务教育经费全额纳入预算，切实做到“三个增长”，其中中小学生均公用经费必须按照不低于省定的基本标准纳入年度财政预算，并做到逐步增加。教育经费预算及预算执行情况，应依法向同级人民代表大会或其常委会专题报告，接受其监督和检查。在确保农村义务教育投入的同时，也要增加对其他各类教育的经费投入。

（6）确保教职工工资按时足额发放。应按照国家规定的工资项目和标准，以及省统一归并的职务津贴和岗位津贴标准，将教职工工资全额纳入本级财政预算，由县级国库按时足额直接拨到银行开设的教职工个人工资户中，保证教师工资不低于当地国家公务员的平均水平。

---

① 国务院办公厅．国务院办公厅转发教育部关于建立对县级人民政府教育工作进行督导评估制度意见的通知（国办发〔2004〕8号）［EB/OL］（2008-03-28）［2022-05-01］http：//www.gov.cn/zhengce/content/2008-03/28/content_5721.htm.

续表

（7）健全中小学校舍维护、改造和建设保障机制。要根据教育事业发展规划，安排好农村中小学校舍建设、购置教学仪器设备、图书资料和教育信息技术装备等所需经费，并设立中小学危房改造专项资金，积极鼓励社会各界捐资助学。 （8）按规定征足城市教育附加费和向企业征收的农村教育费附加，全额用于教育，并建立健全审计制度。 （9）县级政府设立专项资金，建立健全资助家庭经济困难学生就学制度，保障农村适龄少年儿童接受义务教育的权利。在已有助学办法的基础上，逐步实现义务教育阶段家庭经济困难的学生都能享受“两免一补”（免杂费、免书本费，补助寄宿生生活费）。 （10）农村税费改革后，财政转移支付中用于农村义务教育补助资金、上级财政拨付的教育专项经费、城市教育附加费等均必须专款专用，中小学缴存财政的预算外资金设立专户管理。对以上各项资金，任何单位和部门不得截留、平调、挪用，不得用于抵顶财政预算内拨款。 （11）中小学教师继续教育经费由县级财政按教职工年工资总额的1.5%予以保证，培训经费在教育事业费中专项列支，由同级财政拨给。 3. 办学条件（240分） （12）各类教育结构和学校布局合理，学制规范，学校规模容量和班额符合省规定要求。 （13）及时消除现有校舍中的危险房屋；建立校舍定期勘察、鉴定工作制度；将新增危房的改造和学校进一步发展所需的校舍建设项目，纳入社会事业发展和基础设施建设统一规划。 （14）各类学校生均校舍面积和各项教学设施、设备达到国家和省级规定的标准；学校的卫生设施、设备和师生食宿条件符合相关标准。 （15）中小学普及信息技术教育，按照省定规划实施农村中小学现代远程教育工程。 （16）努力改善办学条件，逐步消除基础教育薄弱学校，促进各类学校均衡发展，重点加强农村初中、边远山区和少数民族地区的中小学建设。 （17）多渠道、多形式建设中小学社会实践基地（含学校劳动实践基地）。政府有关部门和乡村、企业要根据有关规定，为学校提供社会实践基地。学生社会实践基地的数量、规模能满足学生开展活动需要，教育内容要科学合理，收费管理要规范。 4. 教师队伍建设（150分） （18）加强学校教职工编制管理。根据省定编制标准的实施意见，核定学校教职工编制，并建立年度报告制度和定期调整制度；坚决清理并归还被占用的教职工编制，对各类在编不在岗人员要限期与学校脱离关系；严格规范学校内设机构与领导职数。 （19）规范中小学校长和教师的管理。除高中和完中外，其他中小学校长由县级教育行政部门根据教育部制定的任职资格、岗位要求、选拔程序等依法聘任；学校教师应具备国家规定的教师资格；县级教育部门依法履行教师资格认定、招聘录用、职务评聘、培养培训、调配交流和考核等职能。 （20）落实国家规定的对农村地区、边远地区和贫困地区中小学教师的津贴、补贴；建立教师工资发放保障机制、医疗保险制度与住房公积金制度等。 （21）建立健全中小学教师继续教育制度和校长培训制度。县（市、区）进修校领导班子与师资队伍建设得到加强。 （22）人才资源合理配置，建立并落实城镇教师到农村学校或薄弱校任教服务期制度和城乡教师交流制度等。 5. 教育管理（100分） （23）坚持依法行政，认真执行教育法律、法规和省级教育行政部门制定的教育规章，有比较完善的决策、执行和监督相结合的教育管理体制。 （24）树立安全第一意识，建立健全确保学校师生安全的各项规章制度并予以有效实施。

续表

（25）建立、健全中小学德育工作网络，切实加强学校周边治安环境和文化市场的治理，严厉打击扰乱学校的违法犯罪活动，取缔接纳未成年人的网吧和电子游戏室等营业场所，为学校实施素质教育创设良好的社会环境。社区教育资源向学校开放；建好一个中小学校外活动场所，并无偿为学生开放。区域性推进素质教育有实际的步骤和具体措施，成效显著。

（26）县级人民政府教育督导机构应配备专职人员，对乡镇人民政府教育工作和辖区内学校进行督导评估。

6. 教育改革与发展（170 分）

（27）辖区内义务教育、学前教育、普通高中教育、中等职业教育和成人教育协调发展，各类教育发展的主要指标达到国家和省规定的标准，高中阶段教育中职高与普高在校生数量相当。积极推进基础教育课程改革，教育“两基”的整体水平不断提高。根据农村实际，办好一批有特色的农村中小学。按照省政府规划，如期实现高水平、高质量普及九年义务教育。

（28）各类教育的办学体制完善。义务教育以政府办学为主体，社会力量办学为补充；学前教育以社会力量办园为主体，政府办园为骨干和示范；高中阶段教育以政府投入为主导，广泛吸纳社会资金，动员鼓励社会多方参与，形成公办与民办共同发展，适应社会需要的多元办学体制；职业和成人教育面向社会、适应市场、突出特色，形成政府主导，依靠企业、行业、社会力量参与的多元办学格局，县级政府重点办好发挥骨干和示范作用的职业学校、成人学校和职业培训机构。

表 2-2　2004 年福建省县级人民政府教育工作督导评估标准概况

一级指标	二级指标	评估标准
A1 领导职责（100）	B1 确立地位（40）	B1 指标下设三个标准，主要考核教育优先地位体现、落实和目标责任制
	B2 履行职责（60）	B2 指标下设四个标准，主要考核教育规划制定、义务教育检查、农村教育和领导挂钩教育情况
A2 经费投入与管理（240）	B3 三个增长（60）	B3 下设一个标准，主要考核“三个增长”和公用经费达标情况
	B4 教师工资（30）	B4 下设一个标准，主要考核教师工资足额发放和福利待遇落实情况
	B5 危改资金（30）	B5 下设一个标准，主要考核上级及县级配套危改资金到位情况
	B6 教育专项经费（20）	B6 下设一个标准，主要考核专项经费及时拨付情况
	B7 教育费附加（20）	B7 下设一个标准，主要考核“教育附加费”是否征足并全额拨付情况
	B8 预算外资金（20）	B8 下设一个标准，主要考核“预算外资金”规范使用情况
	B9 转移支付资金（30）	B9 下设一个标准，主要考核财政补助转移支付金全额及时拨付情况

续表

一级指标	二级指标	评估标准
A2 经费投入与管理（240）	B10 继续教育经费（10）	B10 下设一个标准，主要考核“继续教育经费”到位情况
	B11 助学制度（15）	B11 下设一个标准，主要考核“助学制度”实施情况
A3 办学条件（240）	B12 布局与规模（40）	B12 下设五个标准，主要考核义务、高中、中职、特殊教育规模及班额，薄弱校和农村文教体系
	B13 校舍建设（55）	B13 下设五个标准，主要考核危房、各级各类学校及乡镇文技校校舍建设标准达标情况
	B14 教学设施设备（55）	B14 下设四个标准，主要考核教学仪器、图书、体音美器材设置、管理及使用情况
	B15 信息技术装备与信息安全（50）	B15 下设五个标准，主要考核局域网、教育信息资源库、计算机网络教室、多媒体电化教室、语言室建设及安全管理情况
	B16 校园及环境（40）	B16 下设五个标准，主要考核学校总体规划布局及分区、校内食堂、保健、厕所、体育、绿化场地建设及校园内和周边环境管理
A4 教师队伍建设（150）	B17 队伍管理（90）	B17 下设五个标准，主要考核领导、教师配置和评聘，教师培训、交流及待遇落实等情况
	B18 队伍素质（40）	B18 下设四个标准，主要考核各级各类学校校长、教师学历提升及紧缺学科教师配套情况
A5 教育管理（100）	B19 依法治教（20）	B19 下设一个标准，主要考核贯彻执行国家、省法律、法规、规章情况
	B20 安全管理（25）	B20 下设一个标准，主要确保学校安全制度建设及实施情况
	B21 社会环境（30）	B21 下设一个标准，主要考核学校与周边环境、社区教育资源和区域性推进素质教育情况
	B22 督导工作（25）	B22 下设一个标准，主要考核教育督导机构建设、人员配置及督导结果运用情况
A6 教育事业发展（170）	B23 事业发展（120）	B23 下设十一个标准，主要考核小学、初中入学率、辍学率，高中毛入学率，普职比，入园率及 15~24 岁人口非文盲率等情况
	B24 办学体制形式（50）	B24 下设五个标准，主要考核省级示范小学、初中、达标高中及省优质幼儿园辐射作用情况，学前、高中、中职及成人教育办学情况
	B25 基础教育课程改革（30 分）	B25 下设两个标准，主要考核县域基础教育课程改革情况

2004 年福建省出台的《评估要点》和《评估方案》，一是在内容上体现了落实《国务院关于进一步加强农村教育工作的决定》（国发〔2003〕19 号）和《国务院办公厅关于完善农村义务教育管理体制的通知》（国办发〔2002〕28 号）精神的要求，将完善福建省“以县为主”的农村义务教育管理体制和督促落实县级人民政府依法履行教育职责作为重点。如《评估标准》B2 指标就要求要有效整合教育资源，充分发挥农村学校综合功能；B19 指标要求财政转移支付资金中用于农村义务教育的补助资金要专款专用等。二是突出县级政府对本地教育规划、经费安排使用、校长和教师人事等方面统筹管理的责任。如《评估标准》B12“布局与规模”中对各级各类学校的具体要求，B17“队伍管理”指标中要求县级政府要根据省政府要求和本地区实际核定教职工编制，要求将教师队伍建设列入县人才战略发展规划并有具体贯彻实施意见等。三是力求通过突出重点、细化指标、量化打分的制度化设计，明确县级人民政府具体担负统筹县域各级各类教育管理的重要职责。如《评估方案》明确教师队伍有建设和素质两大重要任务，其中素质板块明确设定了各级各类教师学历提升的水平，如要求小学专任教师大专以上学历在 45%以上，初中专任教师具有本科及以上学历在 40%左右等，以此督促全省县域教育领域教师队伍素质的进一步提高。

（二）2006 年“对县督导”评估意见的出台

2006 年，《福建省人民政府办公厅转发省教育厅关于全面开展县级人民政府教育工作督导评估意见的通知》（闽政办〔2006〕15 号）（以下简称 2006 版“对县督导”《评估意见》）发布，以此指导“对县督导”实施工作。该文件除要求省、市、县三级（对县督导）评估工作均按照前述 2004 年颁布的《评估要点》和《评估方案》开展外，还就督导评估的程序、省级督导评估结果与应用、督导评估的注意事项进行了明确，相当于最早版本的“对县督导”评估办法。

2006 版“对县督导”《评估意见》对督导评估的程序分为三个主要步骤：县级自评、设区市复查和省级督导评估。其中对县级自评中的建立自评机构、自评工作过程、自评工作要求和自评结果处理做了明确；对设区市复查中的建立复查机构、开展复查工作、复查结果处理做了明确；在结果与应用中对省级督导评估的方式、准备工作及主要程序做了规范要求。

2006版"对县督导"《评估意见》在省级督导评估结果与运用方面，首先，明确将评估结果分为优秀、良好、合格、不合格四个等次；其次，明确等级评定将考虑福建省地区间经济发展的差异，优秀、良好等级分三类地区予以评定（文件附件中给出了具体区域分类情况）；最后，在结果运用方面，除列明上报和抄送要求外，还特别明确将结果列入对县级政府主要领导和分管领导政绩考核的重要内容，并作为有关项目立项、专项拨款、表彰奖励和责任追究等方面的重要依据。此外还就优秀等级的奖励和不合格等级的批评、整改和黄牌警告等要求进行了明确。

2004年福建省出台的《评估要点》和《评估方案》及2006版"对县督导"《评估意见》主要用于2006年和2007年"对县督导"评估的实施工作中。

（三）2007年"对县督导"评估标准的修订

2007年11月24日，福建省人民政府教育督导办公室印发《福建省县级人民政府教育工作督导评估标准和计分方法（修订）》（闽政教督〔2007〕41号）（以下简称2007版《评估标准》），并于2008年开始执行。此评估标准是在新《义务教育法》和全国、全省"十一五"教育发展规划中颁布实施的，针对原有"对县督导"部分评估内容要点已不适应形势要求，有些内容存在交叉、重叠的情况，对指标体系的内容、要求进行修订，标准概况如表2-3所示。

表2-3 福建省县级人民政府教育工作督导评估标准（2007年修订）概况

一级指标	二级指标	评估标准
A1领导职责（100）	B1确立地位（40）	B1指标下设C1至C3三个标准，主要考核教育优先地位体现、落实和目标责任制
	B2履行职责（60）	B2指标下设C4至C9六个指标，主要考核各类教育均衡协调发展和义务教育监督、指导、检查制度
A2经费投入与管理（240）	B3三个增长（60）	B3下设C10一个标准，主要考核"三个增长"和公用经费达标情况
	B4教师工资（30）	B4下设C11一个标准，主要考核教师工资足额发放和福利待遇落实情况
	B5两免一补资金（25）	B5下设C12一个标准，主要考核"两免一补"落实情况

续表

一级指标	二级指标	评估标准
A2 经费投入与管理（240）	B6 校舍维改资金（20）	B6 下设 C13 一个标准，主要考核校舍维修改造专项资金落实情况
	B7 教育费附加（20）	B7 下设 C14 一个标准，主要考核“教育附加费”到位与规范使用情况
	B8 预算外资金（20）	B8 下设 C15 一个标准，主要考核“预算外资金”规范使用情况
	B9 转移支付资金（30）	B9 下设 C16 一个标准，主要考核农村税改财政转移支付中用于教育的资金到位及规范使用情况
	B10 继续教育经费（10）	B10 下设 C17 一个标准，主要考核“继续教育经费”到位情况
	B11 其他教育专项经费（10）	B11 下设 C18 一个标准，主要考核各级教育专项经费到位与规范使用情况
	B12 助学制度（15）	B12 下设 C19 一个标准，主要考核“助学制度”实施情况
A3 办学条件（240）	B13 布局与规模（45）	B13 下设 C20 至 C25 五个标准，主要考核学校结构、班额、办学条件和居民文化科技教育培训基地状况
	B14 校舍建设（70）	B14 下设 C26 至 C29 四个标准，主要考核校舍和食堂建设标准与规范管理情况
	B15 教学设施设备（55）	B15 下设 C30 至 C34 四个标准，主要考核教学仪器、功能室配备和卫生保健室设置情况
	B16 信息技术装备与信息安全（35）	B16 下设 C35 至 C37 三个标准，主要考核多媒体、语音室等信息技术装备与信息安全情况
	B17 校园及环境（35）	B17 下设 C38 至 C40 三个标准，主要考核校园布局、体育用地与校园文化建设
A4 教师队伍建设（150）	B18 队伍管理（110）	B18 下设 C41 至 C47 七个标准，主要考核教师聘任、编制、工资、培训、师德建设等情况
	B19 队伍素质（40）	B19 下设 C48 至 C50 三个标准，主要考核校长持证上岗与培训、教师学历与骨干教师培训情况
A5 教育管理（100）	B20 依法治教（25）	B20 下设 C51 至 C53 三个标准，主要考核贯彻执行国家、省以及保护未成年人的法律法规和上报工作的情况
	B21 素质教育（15）	B21 下设 C54 至 C56 三个标准，主要考核德育、体育和课改的落实情况

续表

一级指标	二级指标	评估标准
A5 教育管理（100）	B22 安全管理（15）	B22 下设 C57 至 C58 两个标准，主要考核政府履行安全工作与学校安全教育情况
	B23 社会环境（20）	B23 下设 C59 至 C61 三个标准，主要考核学校与周边环境、社区教育资源和社会文化市场情况
	B24 督导工作（25）	B24 下设 C62 至 C63 两个标准，主要考核教育督导建设与评估制度建设与应用
A6 教育事业发展（170）	B25 事业发展（120）	B25 下设 C64 至 C73 十个标准，主要考核各级教育入学率、辍学率和升学率状况
	B26 办学体制形式（50）	B26 下设 C74 至 C77 四个标准，主要考核学前教育、中职、成人教育和民办学校办学行为与体制建设

资料来源：表中信息主要根据《福建省县级人民政府教育工作督导评估标准和计分方法（修订）》（闽政教督〔2007〕41 号）整理。

2007 版《评估标准》在目标厘定方面与 2004 年首次制定的《福建省县级人民政府教育工作督导评估内容要点》总体框架基本相同，分为领导职责、经费投入与管理、办学条件、教师队伍建设、教育管理、教育事业发展 6 个一级指标，总分及各个一级指标赋分没有变化。二级指标 26 个，细化为 77 条评估标准并赋予不同的权重，采用分档计分。新的评价指标体系更为细化，更具可操作性。至此，“对县督导”标准基本确立。

2007 版《评估标准》相比 2004 版，在内容上有很多新变化和亮点。一是充分体现“十一五”期间福建省切实要把教育摆在优先发展的战略地位，以更多精力和更大财力加快教育事业发展的指导思想。如进一步明确了政府在筹措安排、管好用好教育经费上的职责和范围。二是切实贯彻促进区域各类教育协调发展理念，注重加大对“十五”期间薄弱的职业教育和学前教育领域的督导要求，将素质教育和终身教育纳入督导范围等。三是进一步突出县级政府在区域教育领域的领导职责和落实，如在宏观调控和指导方面，明确要求将教育事业纳入当地经济社会发展五年规划和政府年度工作计划；在落实方面，要求将教育工作列入政府重要议事日程、每年都有为民办实事教育项目等。

2007 版《评估标准》沿用至 2011 年。

二 2011年“对县督导”标准的修订

2010年7月13日，全国教育工作会议召开。7月29日，《国家中长期教育改革和发展规划纲要2010~2020》（以下简称《国家规划纲要》）全文发布。这被称为新时期中国教育发展历史上具有里程碑意义的两件大事，为指导新时代教育改革发展和办好人民满意教育提供了行动指南。福建省同年也召开了全省教育工作会议并于2011年2月16日发布了《福建省中长期教育改革发展规划纲要》。为进一步贯彻落实国家和福建省教育会议精神以及国家和福建省中长期教育规划纲要要求，促进本省教育事业尽快适应经济社会发展新形势的需要。2011年4月，福建省人民政府教育督导办公室组织力量对“评估标准”再作修订（以下简称2011版《评估标准》），并作为第二轮“对县督导”的评估依据，其标准概况如表2-4所示。

表2-4 福建省县级人民政府教育工作督导评估标准（2011年修订）概况

A级指标	B级指标	评估标准计分方法
A1领导职责（100）	B1确立地位（45）	B1指标下设C1至C4四个标准，主要考核教育优先发展、体制机制、管理制度和日常工作
	B2履行职责（55）	B2指标下设C5至C11七个标准，主要考核教育均衡和协调发展，素质教育、终身教育、民办教育、各类学生群体教育与语言文字的发展和政策落实情况
A2经费投入与管理（220）	B3保障与配置（75）	B3指标下设C12至C13两个标准，主要考核经费预算与经费配置情况
	B4工资与福利（40）	B4指标下设C14至C15两个标准，主要考核工资福利培训经费的落实情况
	B5专项与配套（50）	B5指标下设C16至C17两个标准，主要考核专项资金与配套资金的落实与使用情况
	B6管理与使用（30）	B6指标下设C18至C19两个标准，主要考核教育费附加与预算外资金的规范使用情况
	B7助学与捐赠（25）	B7指标下设C20至C21两个标准，主要考核助学制度与社会捐赠的情况
A3办学条件（240）	B8布局与规模（70）	B8指标下设C22至C27六个标准，主要考核学校布局规划、义务教育容量和学校标准化建设、普通高中学校容量、中职学校办学规模和学前教育容量

续表

A 级指标	B 级指标	评估标准计分方法
A3 办学条件（240）	B9 校舍建设（55）	B9 指标下设 C28 至 C31 四个标准，主要考核义务教育与高中阶段校舍面积、寄宿制学校、和校舍安全的建设标准与管理规范
	B10 教学设施设备（45）	B10 指标下设 C32 至 C36 五个指标，主要考核普通中小学装备、特教装备、幼教装备、中职装备和卫生保健的配备情况
	B11 信息技术装备（20）	B11 指标下设 C37 至 C38 两个指标，主要考核计算机机生比与电教设备情况
	B12 校园及环境（35）	B12 指标下设 C39 至 C41 三个指标，主要考核校园面积、运动场地和校园环境
	B13 资源管理（15）	B13 指标下设 C42 至 C43 两个指标，主要考核常规资源管理与农远工程应用情况
A4 教师队伍建设（160）	B14 队伍管理（115）	B14 指标下设 C44 至 C50 七个指标，主要考核教师队伍结构、管理体制、教师职称、教师资格、师德建设、校际交流和培训机构情况
	B15 队伍素质（45）	B15 指标下设 C51 至 C53 三个指标，主要考核校长素质、教师学历和教师培训情况
A5 教育管理（140）	B16 依法治教（25）	B16 指标下设 C54 至 C55 两个指标，主要考核教育决策和办学行为的规范落实情况
	B17 素质教育（53）	B17 指标下设 C56 至 C60 五个指标，主要考核德育工作、体育工作、减负工作、课程改革和校外活动情况
	B18 校园安全稳定（42）	B18 指标下设 C61 至 C63 三个指标，主要考核安全工作、领导班子稳定工作和校园周边环境
	B19 督导机制（20）	B19 指标下设 C64 至 C65 两个指标，主要考核督导机构建设和督导工作的情况
A6 教育事业发展（140）	B20 义务教育（50）	B20 指标下设 C66 至 C68 三个指标，主要考核小学入学率、初中入学率和初中辍学率
	B21 学前教育与特殊教育（40）	B21 指标下设 C69 至 C70 两个指标，主要考核学前教育与特殊教育的建设、办学等情况
	B22 高中阶段教育与成人教育（50）	B22 指标下设 C71 至 C75 五个指标，主要考核高中毛入学率、初中升学率、招生普职比、职业教育和成人教育的情况

资料来源：本表信息根据福建省人民政府教育督导办公室《关于印发〈福建省县级人民政府教育工作督导评估标准（2011 年修订）〉的通知》（闽政教督〔2011〕22 号）的内容整理。

与2007版《评估标准》相比，2011版《评估标准》同样分为领导职责、经费投入与管理、办学条件、教师队伍建设、教育管理、教育事业发展6个A级指标，总分仍为1000分，但各个A级指标赋分略有变化，经费投入与管理由240分降为220分，教师队伍建设由150分升至160分，教育管理由100分升至140分，教育事业发展由170分降至140分。B级指标22个，细化为75条C级指标并赋予不同的权重，采用分档计分。新的评价指标体系中，B级指标中经费投入与管理的变化最大，其指标由原先的10个归并为5个；C级指标除继承了2007年版的一些标准，最重要的变化是用核心关键词的方式明确了督导要点，充分体现了全省教育工作会议和《福建省中长期教育改革和发展规划纲要》精神。

2011版《评估标准》在内容上值得关注的改变有以下三个方面。一是《评估标准》体系更加完整，脉络更加清晰。如A6"教育事业发展"指标中将督导对象按学前教育、义务教育、高中教育、成人教育和特殊教育进行了分类，而且其他指标还对"十一五"期间较为薄弱的学前教育和特殊教育部分给予了更多关注。二是着力在督导标准的导向性和可操作性上下功夫。如在B16"依法治教"指标上，明确要求县级政府要完善教育依法决策机制，建立决策公示、听证制度，完善教育信息公开制度和途径，以此通过计分来评估县级政府决策程序的完整性和系统性。三是根据新时期教育发展实际需求充实细化部分内容。如在B18校园安全工作方面，与原标准相比，新标准增加了经费投入、教育系统和安保机构建设、物防和技防设施落实、督导检查和责任追究制度强化等系列要求，切实督导完善校园安全管理。

2011年版《评估标准》主要运用于"十二五"期间。

三　2017年"对县督导"办法的修订

2017年8月，《福建省人民政府教育督导办公室关于印发县级人民政府教育工作督导评估办法和标准（修订）的通知》（闽政教督办〔2017〕13号）发布，[①]

① 福建省人民政府教育督导办公室．福建省人民政府教育督导办公室关于印发县级人民政府教育工作督导评估办法和标准（修订）的通知（闽政教督办〔2017〕13号）［EB/OL］（2017-08-23）［2022-05-01］http：//jyt. fujian. gov. cn/xxgk/zywj/201708/t20170823_3181730. htm.

其亮点之一就是在前述两轮“两项督导”经验的基础上，对县“两项督导”办法的修订。修订后的办法增加了对县“两项督导”的总体要求和原则，并进一步从评估内容、评估实施和评估结果应用方面进行了规范。

在评估内容方面，明确从“职责与治理”“条件与保障”“结构与发展”“质量与水平”四个方面进行评估，同时增加了委托第三方机构对县级政府教育工作情况开展社会认可度调查的要求。在评估实施方面，增加了县级自评报告应及时向社会公开的要求；结合综合督政工作的其他要求，提出设区市复核环节可以根据当地实际，统筹安排其他县的督导评估；新修订的办法对省级督导环节的细化和规范较多，主要包括明确了以“双随机”方式抽取督导的县（市、区）、明确督前准备工作要点、实地督导接受监督的要求以及督导评估的材料要求等。在评估结果应用方面，增加了向社会发布年度督导评估报告、对不合格县要跟踪监测一年以及督导评估中发现政府履行职责不到位、出现重大责任事故、教育发展水平严重滑坡的县，省政府教育督导机构按规定程序进行约谈及问责等要求。

四 2017 年“对县督导”标准的完善

为保障国家和福建省“十三五”教育规划、县域内城乡义务教育一体化改革发展的顺利实施，主动融入国家教育现代化进程，引领和推动县域教育现代化，根据国务院《教育督导条例》和《福建省教育督导条例》（2017 年 3 月 31 日福建省第十二届人民代表大会常务委员会第二十八次会议通过），在总结“十一五”“十二五”两轮“对县督导”经验的基础上，福建省人民政府教育督导办公室组织力量对 2011 年印发的“县级人民政府教育工作督导评估办法和标准”进行了修订，历时两年多，2017 年 8 月公布新的督导评估标准（以下简称 2017 版《评估标准》），其标准概况如表 2-5 所示。

表 2-5 福建省县级人民政府教育工作督导评估标准（2017 年修订）概况

A 级指标	B 级指标	评估标准
A1. 职责与治理（22 分）	B1. 统筹管理（6 分）	B1 指标下设 C1 至 C3 三个标准，主要考核主体责任、管理体制和社会参与
	B2. 依法治教（5 分）	B2 指标下设 C4 至 C5 两个标准，主要考核完善制度和规范办学情况

续表

A级指标	B级指标	评估标准
A1. 职责与治理（22分）	B3. 监督指导（4分）	B3指标下设C6至C7两个标准，主要考核接受监督与加强督导情况
	B4. 规划布局（3.5分）	B4指标下设C8至C9两个标准，主要考核合理布局与容量规模情况
	B5. 安全稳定（3.5分）	B5指标下设C10至C12三个标准，主要考核安全机制、周边整治和维稳工作
A2. 条件与保障（36分）	B6. 依法投入（5分）	B6指标下设C13一个标准，主要考核经费安排
	B7. 支出监管（4分）	B7指标下设C14至C15两个标准，主要考核经费支出和资金监管情况
	B8. 其他经费（2分）	B8指标下设C16至C18三个标准，主要考核教师待遇、扶贫助困和社会捐赠情况
	B9. 校园校舍（3.5分）	B9指标下设C19至C20两个标准，主要考核校舍面积和设施配置
	B10. 教学装备（5分）	B10指标下设C21至C23三个标准，主要考核装备配备、管理使用和改薄工作
	B11. 教育信息化（3.5分）	B11指标下设C24至C25两个标准，主要考核信息化基础和信息化应用情况
	B12. 师资配备（5分）	B12指标下设C26至C27两个标准，主要考核队伍结构和教师资格情况
	B13. 队伍管理（5分）	B13指标下设C28至C29两个标准，主要考核管理制度和校际交流情况
	B14. 培训培养（3分）	B14指标下设C30至C31两个标准，主要考核教师培训工作和培养工作
A3. 结构与发展（22分）	B15. 学前教育（4分）	B15指标下设C32至C34三个标准，主要考核学前教育普惠发展、普惠水平和保教活动
	B16. 义务教育（6分）	B16指标下设C35至C38四个标准，主要考核义务教育均衡水平、规范招生、公平入学和控辍保学情况
	B17. 高中阶段教育（5分）	B17指标下设C39至C40两个标准，主要考核普通高中和中职教育招生、毕业率等情况
	B18. 特殊教育（4分）	B18指标下设C41至C42两个标准，主要考核特殊教育完善体系和提升水平的情况
	B19. 终身教育（3分）	B19指标下设C43至C45三个标准，主要考核运行机制、社区教育和继续教育的情况

续表

A 级指标	B 级指标	评估标准
A4. 质量与水平（20 分）	B20. 德育（6 分）	B20 指标下设 C46 至 C47 两个标准，主要考核德育的落实机制和实践活动
	B21. 智育（6 分）	B21 指标下设 C48 至 C51 四个标准，主要考核小学、初中、普高和中职质量
	B22. 体育（4 分）	B22 指标下设 C52 至 C53 两个标准，主要考核体育课程与活动和技能与健康情况
	B23. 美育（4 分）	B23 指标下设 C54 至 C55 两个标准，主要考核美育课程与活动和技能与素养情况

资料来源：本表格主要根据福建省人民政府教育督导办公室《关于印发县级人民政府教育工作督导评估办法和标准（修订）的通知》（闽政教督办〔2017〕13 号）的内容整理。

2017 版《评估标准》与 2007 年和 2011 年的指标体系相比，A 级指标由领导职责、经费投入与管理、办学条件、教师队伍建设、教育管理、教育事业发展六个指标改为“职责与治理”“条件与保障”“结构与发展”“质量与水平”四个指标，总分由 1000 分改为 100 分。B 级指标由原来的 26 个精简为 23 个，C 级指标由原来的 75 个精简为 55 个。

2017 年新修订后的指标体系，具有以下特点。（1）导向明确。体现了为推动县级人民政府依法履行教育职责，完善教育治理体系，统筹发展县域内教育事业，促进教育公平，提高教育质量，增强教育服务经济社会发展能力的目标导向。（2）适应新形势要求。新评估标准各级指标反映了国家和省“十三五”教育规划及国务院《教育督导条例》和《福建省教育督导条例》最新要求，具有鲜明的时代特征。（3）总分由 1000 分调整为 100 分，与“督导考核”统一，有利于“两项督导”同时实施。（4）C 级指标由原来的 75 个精简为 55 个，指标体系更为清晰简练。（5）得分点明确可测，便于计分。新评价标准向科学公正性和可操作性又迈了一大步。

2017 版《评估标准》主要运用于“十三五”期间。

五　2021 年“对县督导”评估办法的修订

在“十四五”开局之年，为深入贯彻落实党的十九大和十九届二中、三中、四中、五中全会精神，根据《中共中央、国务院深化新时代教育评价改革总体方案》《中共中央办公厅、国务院办公厅关于深化新时代教育督导体制机制改革的意见》及福建省实施意见精神，福建省人民政府教育督导办公室于2021年8月5日颁布新的对县“两项督导”评估办法及标准，即《福建省人民政府教育督导办公室关于印发县级人民政府履行教育职责督导评估办法和标准（修订）的通知》（闽政教督办〔2021〕34号）（以下简称2021版《评估标准》）。[①] 修订后的2021版《评估标准》中的“办法”部分在总则、督导评估内容、督导评估程序及督导结果应用等方面都发生了很大的变化。

总则部分最重要的变化就是提出要构建“分级教育督导机制”，进一步完善逐级全覆盖、跨级重抽查、本级促协同的督政体系。特别提出要设区市（含平潭综合实验区，统称市）政府及其教育督导机构全面落实“加强对下一级政府履行教育职责的督导”要求，负责本市对县“两项督导”组织实施工作。督导评估内容方面着重从宏观层面明确需要督导的县（市、区）履行的教育职责，并要求市级政府教育督导机构结合实际细化内容要点的分值权重、测评细则等以及应面向社会、教师、学生等开展县级政府履行教育职责情况满意度调查。在督导评估程序方面，除了在县级自评环节明确了督导的重点内容、细化自评报告的内容和规范外，还特别对市级督导的六个步骤进行了明确。在督导结果应用方面，明确对县“两项督导”结果呈现方式、认定规则等，由各市结合实际研究确定；市级政府及其教育督导机构要持续优化督导结果运用机制，同时将督导报告作为市县两级党委、政府及其相关主管部门考核、奖惩、任免被督导单位及其主要负责人的重要依据。省政府教育督导办公室把市级督导的组织实施情况作为对市级政府履行教育职责督导评估（简称“对市督导”）的重要内容，可选取若干县进行实地抽查。

六　2021年对县“两项督导”新标准的颁布

2021版《评估标准》与2017版《评估标准》的指标体系相比，对县“两项督导”内容框架基本不变，依然使用A、B、C三级指标体系，A级指

---

① 福建省教育厅．福建省人民政府教育督导办公室关于印发县级人民政府履行教育职责督导评估办法和标准（修订）的通知（闽政教督办〔2021〕34号）［EB/OL］（2021-08-05）［2022-05-04］http：//jyt.fujian.gov.cn/xxgk/zfxxgkzl/zfxxgkml/zcwj/202108/t20210806_5662913.htm.

标仍由“职责与治理”“条件与保障”“结构与发展”“质量与水平”四个指标组成。（新标准概况可参见表 2-6）

表 2-6 福建省县级人民政府教育工作督导评估标准（2021 年修订）概况

A 级指标	B 级指标	评估标准
A1. 职责与治理	B1. 统筹管理	B1 指标下设 C1 至 C3 三个标准，主要考核主体责任、管理体制和社会参与
	B2. 依法治教	B2 指标下设 C4 至 C5 两个标准，主要考核完善制度和规范办学情况
	B3. 监督指导	B3 指标下设 C6 至 C7 两个标准，主要考核接受监督和加强督导情况
	B4. 规划布局	B4 指标下设 C8 至 C9 两个标准，主要考核合理布局和容量规模情况
	B5. 安全稳定	B5 指标下设 C10 至 C12 三个标准，主要考核安全机制、周边整治和维稳工作
A2. 条件与保障	B6. 依法投入	B6 指标下设 C13 一个标准，主要考核经费安排情况
	B7. 支出监管	B7 指标下设 C14 至 C15 两个标准，主要考核经费支出和资金监管情况
	B8. 其他经费	B8 指标下设 C16 至 C18 三个标准，主要考核教师工资待遇、扶贫助困和社会捐赠情况
	B9. 校园校舍	B9 指标下设 C19 至 C20 两个标准，主要考核校舍面积和设施配置情况
	B10. 教学装备	B10 指标下设 C21 至 C23 三个标准，主要考核装备配备、管理使用和改薄工作
	B11. 教育信息化	B11 指标下设 C24 至 C25 两个标准，主要考核信息化基础和信息化应用情况
	B12. 师资配备	B12 指标下设 C26 至 C27 两个标准，主要考核队伍结构和教师资格情况
	B13. 队伍管理	B13 指标下设 C28 至 C29 两个标准，主要考核管理制度和校际交流情况
	B14. 培训培养	B14 指标下设 C30 至 C31 两个标准，主要考核教师机构制度和培训培养情况
A3. 结构与发展	B15. 学前教育	B15 指标下设 C32 至 C34 三个标准，主要考核普惠发展、普惠水平和保教活动

续表

A 级指标	B 级指标	评估标准
A3. 结构与发展	B16. 义务教育	B16 指标下设 C35 至 C38 四个标准，主要考核均衡水平、规范发展、公平入学和控辍保学情况
	B17. 高中阶段教育	B17 指标下设 C39 至 C40 两个标准，主要考核普通高中和中职教育的情况
	B18. 特殊教育	B18 指标下设 C41 至 C42 两个标准，主要考核完善体系和提升水平情况
	B19. 终身教育	B19 指标下设 C43 至 C45 三个标准，主要考核运行机制、社区教育和老年教育与继续教育情况
A4. 质量与水平	B20. 德育	B20 指标下设 C46 至 C47 两个标准，主要考核落实机制和实践活动情况
	B21. 智育	B21 指标下设 C48 至 C51 四个标准，主要考核小学质量、初中质量、普高质量和中职质量
	B22. 体育	B22 指标下设 C52 至 C53 两个标准，主要考核课程与活动、技能与健康
	B23. 美育	B23 指标下设 C54 至 C55 两个标准，主要考核课程与活动、技能与素养
	B24. 劳动教育	B24 指标下设 C56 一个标准，主要考核课程与活动情况

资料来源：本表格主要根据福建省人民政府教育督导办公室《关于印发县级人民政府履行教育职责督导评估办法和标准（修订）的通知》（闽政教督办〔2021〕34 号）的内容整理。

新标准值得关注的亮点有以下三个方面。一是指标体系与时俱进，彰显时代精神。如 B 级指标由原来的 23 个增长为 24 个（增加“劳动教育”），C 级指标由原来的 55 个增长为 56 个（增加“劳动教育之课程与活动”），体现了新时期学校实施德、智、体、美、劳全面发展教育的要求。二是完善了 C 级指标（评估要点）。如队伍培训培养原来分为 C30 培训工作、C31 培养工作，新体系中增加了 C30 机构制度、整合 C31 培训培养，体现了对教师进修学校建设、教科研训工作的重视。又如，C44 在原来社区教育的基础上增加了老年教育，把老年教育工作纳入政府相关部门绩效考评内容。三是新的评估标准没有赋予各级指标权重和分数，但《福建省县级人民政府履行教育职责督导评估办法（修订）》第 7 条规定：省政府教育督导办公室以精简指标、突出重点为原则确定全省对县“两项督导”评估标准，市级政府教育督导机构结合实际细化内容要点的分值权重、测评细则等。第14条规定：市级政府教育督导机构应依据本办法，结合本地实际，整合修订现行的市级对县“两项督导”相关制度，制订本市对县“两项督导”实施方案，经市级党委、政府同意后执行，并报省政府教育督导办公室备案。这就意味着今后评估指标的分值不再由全省统一制定，而是由市级政府教育督导机构依据本办法，结合本地实际，细化A、B、C三级指标的分值权重、测评细则等，这有利于在教育督导体制机制改革新形势下，对县“两项督导”的督导程序由县级自评—市级检查—省级督导调整为县级自评—市级督导—省级抽查后，更好地发挥市级在教育督导工作中的主体作用，体现了构建“分级教育督导机制”，进一步完善逐级全覆盖、跨级重抽查、本级促协同的督政体系的现实需要。

新评估标准将运用于“十四五”期间福建省对县“两项督导”工作之中。

第二节　“督导考核”指标体系建构与完善

一　“督导考核”标准的初步确立

为深入学习贯彻党的十六届五中全会和福建省委七届十次全会精神，根据《国务院办公厅转发教育部〈关于建立对县级人民政府教育工作进行督导评估制度意见〉的通知》（国办发〔2004〕8号）和《省政府办公厅转发教育厅〈关于建立对县级人民政府教育工作督导评估制度意见〉的通知》（闽政办〔2004〕130号）要求，中共福建省委组织部、中共福建省委教育工委、福建省教育厅决定从2006年起，建立县（市、区）党政主要领导干部抓教育工作督导考核制度。

2006年2月28日，中共福建省委组织部、中共福建省委教育工委、福建省教育厅下发《关于建立县（市、区）党政主要领导干部抓教育工作督导考核制度的通知》（闽委教综〔2006〕5号），制定了《福建省县级党政主要领导干部抓教育工作督导考核要点》。（见表2-7）

表 2-7 福建省县级党政主要领导干部抓教育工作督导考核要点（2006 年）

序号	内容		分值
1	协调发展	认真贯彻落实教育法规和教育方针、政策，切实履行教育的法定职责；制订并实施教育改革与发展规划；建立党委，政府及其有关职能部门教育工作目标责任制，每年为教育办实事；统筹发展基础教育，职业教育和成人教育；统一规划中小学布局结构，布点合理，办学容量适应区域社会经济发展和人口分布的需要；义务教育入学率、初中辍学率、初中毕业生升入高中阶段学校的比例分别达到省规定要求；职业教育与普通高中教育比例大体相当；幼儿教育、特殊教育稳步发展；民办教育健康发展	15
2	经费投入	依法做好教育经费预算安排，实现教育经费“三个增长”；农村义务教育全面纳入公共财政保障范围，落实农村义务教育经费保障新机制，学校公用经费达到规定要求；城市教育费附加，农村税费改革转移支付教育资金和上级拨付的教育专项经费按规定管理使用；积极引导社会资金投入教育；不向学校收取调节基金和平调任何经费；教育乱收费现象得到有效治理	15
3	均衡发展	研究并提出本地区推进义务教育均衡发展的目标任务、实施步骤和政策措施，并纳入当地教育改革与发展的总体规划；重视农村教育发展，加大对农村学校和城镇薄弱学校的投入，加强校长、教师队伍建设，提高教育教学质量；区域基础教育均衡发展成效明显	15
4	素质教育	全面实施素质教育，贯彻落实《中共中央国务院关于加强和改进未成年人思想道德建设若干意见》；扎实开展基础教育、中等职业教育课程改革，建立符合素质教育要求的基础教育评价体系和中等职业教育人才培养模式；整合、提供社会资源，因地制宜开展中小学教育实践活动，形成全社会关心、支持素质教育的强大合力	15
5	教师队伍	深化中小学人事制度改革，按省定编制标准并结合实际配备教师；依法完善中小学教师和校长队伍的管理体制，建立城乡教师交流制度，优化农村教师队伍结构；财政按国家和省定工资项目和标准全额预算并按时足额发放教师工资；教师政策性补贴，福利待遇与当地党政干部一视同仁；落实国家有关教师职称政策；教师继续教育经费落实	15
6	危房改造	制订中小学危房改造计划，财政设立中小学危房改造专项经费，建立危房巡查和鉴定机制，及时消除 D 级危房	10
7	学校安全	深入开展校园治安综合治理，校园周边治安环境良好；依法保障学校、教职员工，学生合法权益和学校正常教学秩序；学校安全及突发事件应急预案完善，及时消除安全隐患，确保师生安全，无重大安全责任事故	10
8	督导机制	政府的教育督导机制完善，效益明显	5

资料来源：本表格内容主要根据《关于建立县（市、区）党政主要领导干部抓教育工作督导考核制度的通知》（闽委教综〔2006〕5 号）整理。

《福建省县级党政主要领导干部抓教育工作督导考核要点》（以下简称《要点》）确定了协调发展（15 分）、经费投入（15 分）、均衡发展（15 分）、素质教育（15 分）、教师队伍（15 分）、危房改造（10 分）、学校安全（10

分）、督导机制（5分）八个评价指标及各个指标的具体评价内容，总分100分。《要点》的出台，标志着福建省“督导考核”标准的初步确立。

“督导考核”主要督导考核县级党委、政府主要领导干部依法履行教育工作职责、保证教育投入、改善办学条件、加强教师队伍建设、完善教育管理情况以及提高当地教育的发展水平。“督导考核”按照县级自查、市级复查、省级抽查的程序进行。省级抽查由省委组织部、省委教育工委和省教育厅牵头组织有关人员进行。督导考核结果满分为100分，设四个等次：优秀、良好、合格、不合格。一类地区在95分以上、二类地区在90分以上、三类地区在85分以上者，评为优秀等级；一类地区在90~94分、二类地区在85~89分、三类地区在80~84分者，评为良好等级；60分及以上为合格；60分以下为不合格。教师工资未按时足额发放或截留、平调、挤占、挪用教育专项经费，考核结果认定为不合格等次。

作为第一个“督导考核”评价指标体系，难免显得粗糙。由于指标体系过于模糊，缺乏可操作性，此“督导考核”标准未正式使用。后经调研再次修改，形成2008版的“督导考核”标准和计分办法。

二 2011年“督导考核”标准的修订

为配合2011年4月《福建省县级人民政府教育工作督导评估标准（2011年修订）》（闽政教督〔2011〕22号）的颁布实施，为使“督导考核”和“对县督导”工作更好地衔接，福建省人民政府教育督导办公室对“督导考核”标准和计分办法进行修订，经省委教育工委、省教育厅研究，报省委组织部同意，于2011年7月印发各地执行。（见表2-8）

表2-8 县（市、区）党政主要领导干部抓教育工作督导考核计分方法（2011年修订）

考核指标	评估要素	计分方法
1. 落实教育优先发展地位（12分）	（1）教育工作目标、任务明确，措施具体，在规划、资金、资源配置等方面优先保证 （2）定期召开教育工作专题会议，及时研究解决教育改革发展中的新情况，新问题 （3）推进区域内各类教育协调发展和义务教育均衡发展有政策导向和实质性的措施	（1）4分。参照“对县督导”评估指标C1的得分率换算计分 （2）4分。参照“对县督导”评估指标C4的得分率换算计分 （3）4分。参照“对县督导”评估指标C5、C6、C8、C9的平均得分率（加权）换算计分

续表

考核指标	评估要素	计分方法
2. 完善教育管理体制（12分）	(1)“以县为主”的农村义务教育管理体制得到巩固和完善，县、乡政府应当承担的教育管理责任落实 (2) 建立义务教育监督、指导、检查制度，学龄人口接受义务教育的权利得到保障	(1) 7分。参照“对县督导”评估指标C2的得分率换算计分 (2) 5分。参照“对县督导”评估指标C10、C64、C65的评价意见，按5分、4分、3分、2分四档计分
3. 规范教育决策行为（10分）	(1) 上级政府或教育行政部门制定的关于教育工作的行政规章和规范性文件，有相应的贯彻落实措施 (2) 教育工作的重大决策有调研、论证、咨询等相关程序，通过办公会议或扩大会议，形成政府文件，会议纪要，决策内容有合法性	(1) 5分。视情况按5分、4分、3分、2分四档计分 (2) 5分。参照“对县督导”评估指标C54的得分率换算计分 存在违规决策或决策严重失误现象不得分
4. 全面实施素质教育（10分）	加强素质教育和基础教育课程改革的社会宣传、政策引导和资源保障，创设实施素质教育的良好社会环境，正确评价学校工作和教育质量，以新课程理念指导教育系统评先。评优、表彰、奖励工作	10分。参照“对县督导”评估指标C7、C55、B17的平均得分率（加权）换算计分 存在给学校下达升学率指标和高考、中考上线指标，以考试成绩为唯一标准评价学校和教师教育教学工作现象的不得分
5. 实行教育工作目标管理（10分）	(1) 建立职能部门、乡镇（街道）政府教育工作目标责任制，并有相应的检查考评办法 (2) 协调有关部门和社区组织综合治理学校周边环境，动员组织社会各界关心教育、支持教育，营造良好氛围	(1) 5分。参照“对县督导”评估指标C3的得分率换算计分 (2) 5分。参照“对县督导”评估指标B18的得分率换算计分
6. 依法保障教育投入（12分）	依法预算、安排教育经费，并及时足额下拨，督促有关部门规范管理、合理使用教育专项经费，引导、鼓励社会捐赠，努力拓宽教育经费来源	按“对县督导”评估指标A2“教育经费投入与管理”的总得分率换算计分
7. 重视改善办学条件（10分）	(1) 统筹规划，协调各类教育的布局、规模、结构及发展速度 (2) 做好城乡教育用地的规划、配套 (3) 建立校舍维修改造长效机制，及时消除C、D级危房，农村中小学校舍和内部装备条件标准化程度逐年提高	(1) 3分。参照“对县督导”评估指标B8的得分率换算计分 (2) 3分。根据城区教育扩容、农村寄宿制学校建设，视落实情况按3分、2分、1分三档计分 (3) 4分。参照“对县督导”评估指标B9、B10、B11平均得分率（加权），并结合校安工程实施情况计分，存在D级危房的不得分

续表

考核指标	评估要素	计分方法
8. 加强教师队伍建设（10分）	（1）保障教师工资福利和各项政策待遇，落实边远贫困地区工作的教师享有补助津贴 （2）推行中小学人事制度改革，建立教师补充机制，优化队伍结构 （3）制定并落实加强农村教师队伍建设的政策，措施，建立城乡教师（校长）合理流动机制，均衡配置教师资源	（1）4分。参照“对县督导”评估指标C14的得分率换算计分 （2）3分。参照“对县督导”评估指标C44、C45的平均得分率（加权）换算计分。小学连续3年没有补充新教师的不得分 （3）3分。参照“对县督导”评估指标C46、C47的平均得分率（加权）换算计分
9. 巩固提高基础教育普及水平（8分）	初中在校生年辍学率，高中阶段招生普职比，学前三年教育入园率，非文盲率等衡量教育事业发展水平的标志性指标得到巩固和提高	每项2分。分别参照“对县督导”评估指标C68、C69、C73和C75的得分率换算计分
10. 重视弱势群体教育工作（6分）	进城务工人员随迁子女、农村“留守儿童”和残疾儿童少年接受义务教育的管理制度完善，特殊教育入学率达标	（1）进城务工人员随迁子女、农村留守儿童教育3分，视情况按3分、2分、1分三档计分 （2）特殊教育3分。参照“对县督导”评估指标C70的得分率换算计分
11. 奖励项目（5分）	在教育改革与发展进程中，结合当地实际，扬长避短，改革创新，某些方面成效显著，具有特色，在全省产生积极影响，经验值得推广和应用	教育工作成绩（综合或某些方面）突出，获国家、省、设区市部门以上荣誉或形成正面影响、其有推广价值的，分别获5分、4分、3分

资料来源：本表根据《福建省县级人民政府教育工作督导评估标准（2011年修订）》（闽政教督〔2011〕22号）整理。

与第一个“督导考核”评价指标体系相比，2011年修订的评估标准一级指标及赋分由协调发展（15分）、经费投入（15分）、均衡发展（15分）、素质教育（15分）、教师队伍（15分）、危房改造（10分）、学校安全（10分）、督导机制（5分）八个评价指标改为落实教育优先发展地位（12分）、完善教育管理体制（12分）、规范教育决策行为（10分）、全面实施素质教育（10分）、实行教育工作目标管理（10分）、依法保障教育投入（12分）、重视改善办学条件（10分）、加强教师队伍建设（10分）、巩固提高基础教育普及水平（8分）、重视弱势群体教育工作（6分）十个评价指标，另外增加一个“奖励项目”（5分），鼓励因地制宜，改革创新。总分由100分增至105分。各个指标的具体评价内容也做了较大修改，体现了全省教育工作会议和《福建省中长期教育改革和发展规划纲要》精神的新要求。新修订的标准还规定了计分办法，使该考核指标更具可测性。

2011 年修订的评估标准主要运用于“十二五”期间对县（市、区）党政主要领导抓教育工作督导考核。

三　2017 年“督导考核”标准的完善

为保障国家和福建省“十三五”教育规划、县域内城乡义务教育一体化改革发展的顺利实施，主动融入国家教育现代化进程，引领和推动县域教育现代化，根据国务院《教育督导条例》和《福建省教育督导条例》，在总结本省“十一五”和“十二五”两轮督导考核经验的基础上，福建省人民政府教育督导办公室组织力量对 2011 年“督导考核”办法和标准进行了修订，于 2017 年 8 月印发《福建省县（市、区）党政主要领导干部抓教育工作督导考核办法（修订）》（闽政教督办〔2017〕14 号）。[①]（见表 2-9）

表 2-9　福建省县（市、区）党政主要领导干部抓教育工作督导考核标准（2017 年修订）

考核指标	评价要素
1. 坚持教育优先发展（10 分）	（1）落实教育优先发展战略地位，把教育改革发展纳入县域经济社会发展总体规划，制订实施各类教育规划（3 分） （2）书记主持县委常委会（或办公会），县长主持政府常务会（或办公会）专题研究教育工作，书记、县长每年开展教育工作专题调研（2 分） （3）推进县域内各级各类教育协调发展，教育工作重大决策通过调研、咨询、论证、听证等相关程序；教育重点、难点、热点问题得到有效解决，积极营造尊师重教的社会氛围（5 分）
2. 贯彻党的教育方针（10 分）	（4）全面贯彻党的教育方针，落实立德树人根本任务（3 分） （5）谋划教育综合改革，积极推进素质教育，落实办学行为“五规范”，有效遏制义务教育择校现象（3 分） （6）建立政府、学校、社会、家庭全面参与的协同育人工作机制，引导社会树立正确的教育观、人才观（2 分） （7）严格落实“党政同责、一岗双责、失职追责”的安全工作责任机制，维护学校师生安全（2 分）

① 福建省教育厅．福建省人民政府教育督导办公室关于印发县（市、区）党政主要领导干部抓教育工作督导考核办法和标准（修订）的通知（闽政教督办〔2017〕14 号）[EB/OL]（2017-08-23）[2022-05-01]．http://jyt.fujian.gov.cn/xxgk/zywj/201708/t20170823_3181729.htm.

续表

考核指标	评价要素
3. 提升教育治理水平（15分）	(8) 改革完善教育治理方式，使学校成为依法自主办学的主体（3分） (9) 建立健全县委、人大、政府、政协四套班子成员联系挂钩学校制度，解决学校实际困难和问题（4分） (10) 建立健全乡镇政府及县直部门教育工作责任制，教育、发改、财政、公安、民政、编制、人社、国土、规划等部门对国务院和省政府关于县域内各类教育，特别是城乡义务教育一体化改革发展规定的相关职责落实到位，乡镇政府及县直部门抓教育工作实绩列入绩效考核体系，执行效果好（4分） (11) 贯彻落实国家和省教育督导《条例》，县政府教育督导委员会有效履职，加强对督政、督学、教育质量评估监测工作的领导和指导，强化教育督导结果运用（4分）
4. 加强教师队伍建设（15分）	(12) 督促有关部门按省定编制标准配齐配足教职工，落实城乡统一的中小学校教职工编制标准，贯彻落实县级教育行政部门在核定的教职工编制总额和岗位总量内，统筹分配各校教职工编制和岗位数量（5分） (13) 推进义务教育教师“县管校聘”管理体制改革，实行义务教育教师、校长在城镇学校与农村学校、优质学校与薄弱学校、中心小学与完全小学（教学点）之间合理流动制度（3分） (14) 依法保障教师的平均工资水平不低于当地国家公务员的平均工资水平，并逐步提高（3分） (15) 教师各项待遇、津贴得到有效落实，实施乡村教师支持计划（4分）
5. 完善教育保障机制（15分）	(16) 确保教育投入达到“三个增长”的法定要求，按规定比例配套各类教育的生均公用经费，公共财政教育支出占公共财政支出的比例合理，土地出让金收益按规定比例用于教育，督促有关部门规范管理、合理使用教育经费（8分） (17) 优先保障教育用地需求，实行教育用地联审联批制度，新建配套学校建设方案，相关部门应征得教育行政部门同意。统筹城乡学校布局和建设，按规定配套建设中小学、幼儿园。实施“交钥匙”工程（5分） (18) 政府年度为民办实事和基础设施重点建设项目中应列入教育项目，并按序时进度如期完成（2分）
6. 全面提高教育质量（15分）	(19) 公办幼儿园和普惠性民办幼儿园在园幼儿人数占比达到省定要求（5分） (20) 推进县域义务教育优质均衡发展有计划、有措施、有成效，扩大优质教育资源覆盖面（4分） (21) 推动普通高中改造提升、达标建设和课程改革实践，实现高中教育优质发展、特色发展（3分） (22) 普高与中职招生规范、招生比例大体相当，中职学校通过省级达标认定，中职学校专业与区域产业匹配度高（3分）
7. 促进教育公平共享（10分）	(23) 落实随迁子女义务教育就学政策，随迁子女在公办学校和政府购买服务的民办学校就读的比例不低于90%（2分） (24) 建立健全政府、学校、家庭、社会联动的农村留守儿童关爱体系；完善农村寄宿制学校设施设备，优先满足留守儿童寄宿需求（2分） (25) 按规定建设特教学校；实施残疾少年儿童随班就读；三类残疾儿童少年义务教育入学率达省定标准（4分） (26) 学生资助工作管理标准化、规范化；加强助学资金管理（2分）

续表

考核指标	评价要素
8. 强化学校党建工作（10分）	(27) 按照与教育管理体制相适应、管党建管业务相结合的原则，统一领导和指导学校党建工作；学校党组织关系归口管理（2分） (28) 推进学校党组织和党的工作全覆盖，创新学校党组织活动内容方式，保障学校党建工作经费（3分） (29) 牢牢掌握党对学校意识形态工作的领导权、主导权；落实党管学校干部原则，加强学校党政班子建设；加强对学校工会、共青团、妇女、少先队工作的领导和指导（3分） (30) 构建教育系统反腐倡廉长效机制；抓好反腐倡廉教育工作；开展教育行风评议活动，落实校务公开；加强师德师风建设（2分）

资料来源：本表根据《福建省人民政府教育督导办公室关于印发县（市、区）党政主要领导干部抓教育工作督导考核办法和标准（修订）的通知》（闽政教督办〔2017〕14号）整理。

与2011年的指标体系相比，考核指标和赋分由落实教育优先发展地位（12分）、完善教育管理体制（12分）、规范教育决策行为（10分）、全面实施素质教育（10分）、实行教育工作目标管理（10分）、依法保障教育投入（12分）、重视改善办学条件（10分）、加强教师队伍建设（10分）、巩固提高基础教育普及水平（8分）、重视弱势群体教育工作（6分）十个评价指标修改为坚持教育优先发展（10分）、贯彻党的教育方针（10分）、提升教育治理水平（15分）、加强教师队伍建设（15分）、完善教育保障机制（15分）、全面提高教育质量（15分）、促进教育公平共享（10分）、强化学校党建工作（10分）八个评价指标。总分100分。

2017年新修订后的督导考核标准，具有以下特点。(1) 目标明确。督导考核是为了推动县级党委、政府切实履行教育职责，督促县级党委、政府主要领导干部依法履行教育工作职责、完善教育治理体系、优化教育发展机制、提升教育发展质量的情况和效果。重点考察其对县域教育改革发展稳定的领导力、对贯彻教育法律法规和落实教育决策部署的执行力、对履行“党政同责一岗双责”既抓党建工作又抓教育业务的推进力等。(2) 鲜明的时代性。新评估标准的指标和评价要素不仅借鉴了以往的经验，更是根据国家和福建省“十三五”教育规划及国务院《教育督导条例》和《福建省教育督导条例》最新要求进行了修订，如重视教育公平、强调学校党建工作等。(3) 加大“督导考核”独立指标的分数。由原来的6分增长到22.5分。克服“十二五”版本独立分数太少的问题，凸显“督导考核”

与“对县督导”既相互交叉又相对独立的属性。(4)增加“加强学校党建工作”的内容。该指标赋分10分，主要是落实《国家教育事业发展“十三五”规划》中“坚持党建工作与中心工作一起谋划、一起部署、一起考核”的要求和中组部、教育部党组《关于加强中小学校党的建设工作的意见》的相关要求。表明教育督导评估工作不仅重业务而且“讲政治”，同时也体现“党要管党”的要求，期望把党对教育工作的领导通过考核指标的导引落到实处。(5)取消加分指标。随着教育改革发展的不断推进，有必要对被考核对象适当提高工作要求。取消加分可以克服原来的两个弊端：一是加分的自由裁量权过大，准确度难把握。二是由于加分的难度不高，造成的优秀等级分数过于容易，扭转所谓“躺着不干也可以拿优秀”的不正常现象。

2017年修订的评估标准主要运用于“十三五”期间。

四 2021年“督导考核”新标准的颁布

为深入贯彻落实党的十九大和十九届二中、三中、四中、五中全会精神，在总结前三轮督导考核经验的基础上，福建省人民政府教育督导办公室组织力量再次对“督导考核”办法和标准进行了修订，并于2021年8月6日发布了中共福建省委组织部、中共福建省委教育工作委员会、福建省教育厅《关于印发县（市、区）党政主要领导干部抓教育工作督导考核办法和标准（修订）的通知》（闽委教综〔2021〕17号），[①] 修订后的标准情况具体如表2-10所示。

表2-10 福建省县（市、区）党政主要领导干部抓教育工作督导考核标准（2021年修订）

督导内容	考核要点
1. 贯彻党的教育方针	(1) 全面贯彻党的教育方针，落实立德树人根本任务，深入推进新时代教育评价改革，发展素质教育，坚持正确的教育政绩观，坚决纠正片面追求升学率倾向，全面落实“三不得一严禁”要求 (2) 谋划教育综合改革；落实办学行为“五规范”；有效减轻义务教育阶段学生过重作业负担

① 福建省教育厅．中共福建省委组织部 中共福建省委教育工作委员会 福建省教育厅关于印发县（市、区）党政主要领导干部抓教育工作督导考核办法和标准（修订）的通知（闽委教综〔2021〕17号）［EB/OL］（2022-01-20）［2022-05-04］．http：//jyt. fujian. gov. cn/ztzl/jydd/zcwj/202201/t20220120_5821398. htm.

续表

督导内容	考核要点
1. 贯彻党的教育方针	(3) 建立政府、学校、社会、家庭全面参与的协同育人工作机制，引导社会树立正确的教育观、人才观 (4) 严格落实“党政同责、一岗双责”的安全工作责任机制，维护学校师生安全
2. 强化学校党建工作	(5) 统一领导和指导学校党建工作；推进学校党组织和党的工作全覆盖；保障学校党建工作经费 (6) 牢牢掌握党对学校意识形态工作的领导权、管理权、话语权 (7) 落实党管学校干部原则，加强学校党政班子建设；加强对学校工会、共青团、妇女、少先队工作的领导和指导 (8) 落实全面从严治党“两个责任”，构建教育系统反腐倡廉长效机制，抓好反腐倡廉教育工作
3. 坚持教育优先发展	(9) 落实教育优先发展战略地位，把教育改革发展纳入县域经济社会发展总体规划，制订实施各类教育规划 (10) 完善定期研究教育工作机制，建立健全党政主要负责同志深入教育一线调研、为师生上思政课、联系学校和年终述职必述教育工作等制度 (11) 推进县域内各级各类教育协调发展；教育工作重大决策通过调研、咨询、论证、听证等相关程序；教育重点、难点、热点问题得到有效解决；积极营造尊师重教的社会氛围
4. 提升教育治理水平	(12) 改革完善教育治理方式，落实学校自主办学主体地位，激发中小学办学活力，大力精简、严格规范各类“进校园”专题教育活动，有效排除对学校正常教育教学秩序的干扰 (13) 建立健全县委、人大、政府、政协四套班子成员联系挂钩学校制度，解决学校实际困难和问题 (14) 建立健全乡镇政府及县直部门教育工作责任制，教育、发改、财政、公安、民政、编制、人社、国土、规划等部门对县域内各级各类教育改革发展规定的相关职责落实到位；乡镇政府及县直部门抓教育工作实绩列入绩效考核体系，执行效果好 (15) 贯彻落实国家和省教育督导法律法规政策，深化教育督导体制机制改革，建设督学队伍，开展督政、督学、评估监测工作，取得实效
5. 加强教师队伍建设	(16) 党委常委会每年至少研究一次教师队伍建设工作。督促有关部门按省定编制标准配齐配足教职工，落实城乡统一的中小学校教职工编制标准；贯彻落实县级教育行政部门在核定的教职工编制总额和岗位总量内，统筹分配各校教职工编制和岗位数量 (17) 深入推进义务教育教师“县管校聘”管理体制改革；实行义务教育教师、校长在城镇学校与农村学校、优质学校与薄弱学校、中心小学与完全小学（教学点）之间合理流动制度 (18) 建立中小学教师工资收入与当地公务员工资收入联动增长机制；全面落实教师待遇保障政策，确保中小学教师平均工资收入水平不低于当地公务员平均工资收入水平 (19) 落实福建省中小学教师减负清单，减轻中小学教师负担，营造教育教学良好环境

续表

督导内容	考核要点
6. 完善教育保障机制	（20）教育投入确保“两个只增不减”；按规定落实各类教育生均财政拨款或生均公用经费拨款；督促有关部门规范管理、合理使用教育经费 （21）优先保障教育用地需求，实行教育用地联审联批制度，新建配套学校建设方案，相关部门应征得教育行政部门同意。统筹城乡学校布局和建设，按规定配套建设中小学、幼儿园 （22）政府年度为民办实事和基础设施重点建设项目中应列入教育项目，并按序时进度如期完成
7. 全面提高教育质量	（23）公办幼儿园和普惠性民办幼儿园在园幼儿人数占比达到省定要求 （24）巩固县域义务教育均衡发展成效，不断扩大优质教育资源覆盖面，义务教育教学改革取得明显成效 （25）推动普通高中改造提升、达标建设、新高考实施和新课程改革实践，实现高中教育优质多样化发展 （26）普高与中职招生规范、招生比例大体相当；中职学校办学条件达到国家规定标准，专业与区域产业匹配度高
8. 促进教育公平共享	（27）落实随迁子女义务教育就学政策，随迁子女在公办学校（含政府购买民办学校学位）就读的比例不低于 90% （28）建立健全政府、学校、家庭、社会联动的留守儿童、困境儿童关爱体系；完善农村寄宿制学校设施设备，优先满足留守儿童寄宿需求 （29）按规定建设特教学校；实施残疾少年儿童随班就读；残疾儿童少年义务教育安置率达省定标准 （30）落实国家学生资助政策，学生资助工作管理标准化、规范化、精细化；加强助学资金管理 （31）深化校外培训机构治理，全面规范校外培训行为，有效减轻学生校外培训负担 （32）规范民办义务教育学校发展，民办义务教育学校在校生规模只减不增，对占比过高的县区督促整改

资料来源：本表主要根据《中共福建省委组织部、中共福建省委教育工作委员会、福建省教育厅〈关于印发县（市、区）党政主要领导干部抓教育工作督导考核办法和标准（修订）〉的通知》（闽委教综〔2021〕17 号）整理。

与 2017 年的指标体系相比，督导考核框架不变，依然分为坚持教育优先发展、贯彻党的教育方针、提升教育治理水平、加强教师队伍建设、完善教育保障机制、全面提高教育质量、促进教育公平共享、强化学校党建工作八个考核指标，评价要素由原来的 30 个增长为 32 个。

新标准比较突出的变化有三个方面。一是考核指标内容虽然不变，但顺序有明显变化，“贯彻党的教育方针”由第二调整为第一，“强化学校党建工作”由第八调整为第二，彰显了“东西南北中，党是领导一切的”，体现了党对教育工作的绝对领导。二是结合新形势新任务修改或增加了一些新的评价要素，使督导内容更具时代性。例如，关于“贯彻党的教育方针”，增加了全面落实“三不得一严禁”要求，有效减轻义务教育阶段学生过重作业负担的内容；关于“提升教育治理水平”，增加了大力精简、严格规范各类“进校园”专题教育活动，有效排除对学校正常教育教学秩序的干扰的内容；关于“加强教师队伍建设”，增加了党委常委会每年至少研究一次教师队伍建设工作，落实福建省中小学教师减负清单，减轻中小学教师负担，营造教育教学良好环境的内容；关于“完善教育保障机制”方面，原确保教育投入达到“三个增长”的法定要求改为教育投入确保“两个只增不减”；关于“促进教育公平共享”方面，增加了深化校外培训机构治理，全面规范校外培训行为，有效减轻学生校外培训负担和规范民办义务教育学校发展，民办义务教育学校在校生规模只减不增，对占比过高的县区督促整改两个考核要点。三是八项督导内容（一级指标）和三十二个考核要点（二级指标）不再赋予权重和分值，但在《福建省县（市、区）党政主要领导干部抓教育工作督导考核办法（修订）》第七条中规定：省政府教育督导办公室以精简指标、突出重点为原则确定全省“督导考核”标准，市级政府教育督导机构结合实际细化督导测评的分值权重、测评细则等。省市两级政府教育督导机构可根据年度教育工作要点，合理安排、动态调整“督导考核”年度重点。这一变化，既是构建“分级教育督导机制”的需要，也与“对县督导”考核标准各级指标的权重和分值不再由全省统一制定统一起来。

以上新标准将作为“十四五”期间福建省对县（市、区）党政主要领导干部抓教育工作督导考核的主要依据。

福建省“两项督导”评价指标体系历经“十一五”初建、“十二五”和“十三五”两次修订，在三轮督导评估实践的基础上不断改进完善，在“十四五”开局之年制定出最新的评价标准。教育督导指标体系的建构与完善，对“两项督导”的实施和促进县域教育事业及社会发展具有重要的意义。

第三章　福建省“两项督导”的基础、实施和成效

第一节　福建省“两项督导”实施基础

一　福建省“两项督导”的思想基础

（一）指导思想

指导思想是最高规格的行动指南。指导思想只有与社会发展同频，与时俱进，方可永葆活力与生机。福建教育督导的指导思想始终与党的教育方针保持一致，与福建省教育方针政策一脉相承，并以各个时期福建省教育专项规划的总体要求为依据。

1. “十一五”时期的指导思想

“十一五”时期是建设海峡西岸经济区和全面建设小康社会的关键时期，也是福建省教育改革发展承前启后的至关重要阶段。这一时期，福建省教育工作的指导思想如下。

以邓小平理论和“三个代表”重要思想为指导，以科学发展观统领教育工作全局，紧紧围绕海峡西岸经济区建设，着眼于建设创新型省份和学习型社会，坚定不移地实施科教兴省和人才强省战略，坚持教育优先发展，全面实施素质教育，深化教育体制改革，加快教育结构调整，推进教育创新，提高教育质量，努力办好让人民满意的教育，为建设海峡西岸经济区和实现全面建设小康社会宏伟目标提供智力支持、知识贡献和人才保证。

“十一五”时期教育发展的主要目标：到 2010 年，基本建立起适应和支撑海峡西岸经济区建设的现代化教育体系，教育事业发展总体水平达到

全国中等水平以上，全省国民平均受教育年限为9年；在教育规模持续发展的基础上，调整优化教育结构，将工作重心转移到更加注重提高质量上来，全面推进素质教育，全面提高人才培养质量。

2. “十二五”时期的指导思想

“十二五”时期是福建省贯彻实施《海峡西岸经济区发展规划》和提前三年实现全面建设小康社会奋斗目标的关键时期，是率先基本实现教育现代化，率先基本形成学习型社会，进入教育强省和人力资源强省行列的重要时期，也是深化重要领域和关键环节改革以及转变发展方式的攻坚时期。这一时期，福建省教育规划的指导思想如下。

以中国特色社会主义理论为指导，深入贯彻落实科学发展观，紧紧围绕加快福建发展和海峡西岸经济区建设，坚定不移地实施科教兴省和人才强省战略，坚持教育优先发展，以全面实施素质教育为主题，以内涵发展和结构优化为重点，以改革创新为动力，加快教育强省建设步伐，办好人民满意的教育，为实现科学发展、跨越发展提供智力支持、知识贡献和人才保证。

“十二五”时期教育发展的目标：着力提高人才培养水平，着力深化教育体制改革，着力推进教育内涵式发展，着力建设高素质教师队伍；到2015年，各级各类教育总量基本满足需求，力争教育发展主要指标进入全国前列，建设覆盖城乡的基本公共教育服务体系，实现更高水平的普及教育，教育质量整体提升，国民教育体系更加完善，教育现代化水平明显提高，学习型社会初步形成。

3. “十三五”时期的指导思想

“十三五”时期，是中央支持福建进一步加快发展的重大战略机遇期，依据党中央经济建设、政治建设、文化建设、社会建设、生态文明建设的总体布局和全面建成小康社会、全面深化改革、全面依法治国、全面从严治党的战略布局，牢固树立和落实创新、协调、绿色、开放、共享的新发展理念，福建省教育规划提出如下指导思想。

高举中国特色社会主义伟大旗帜，全面贯彻党的十八大和十八届三中、四中、五中全会精神，以马克思列宁主义、毛泽东思想、邓小平理论、“三个代表”重要思想、科学发展观为指导，深入贯彻习近平总书记系列重要讲话精神和对福建工作的重要指示，按照“五位一体”总体布局和“四个全面”战略布局，牢固树立创新、协调、绿色、开放、共享的新发展理念，围绕中央支持海峡西岸经济区建设和福建加快发展的重大决策部署，全面贯彻党的教育方针，以立德树人为根本，以提高教育质量为核心，深化教育领域综合改革，完善现代教育体系，提升教育治理现代化水平，不断增强教育服务经济社会发展和人的全面发展能力，为如期实现全面建成小康社会，推动经济社会发展再上一个新台阶，努力建设机制活、产业优、百姓富、生态美的新福建奠定更加坚实的人力资源基础。

“十三五”时期教育发展的目标：率先基本实现教育现代化，率先基本形成学习型社会，进入教育强省和人力资源强省行列。

（二）价值导向

价值是客体满足主体需要程度的关系。人们对于客体的价值判断主要有价值取向和价值导向两个维度。价值取向是指人们把某种价值作为行动准则与追求目标。价值导向是指社会或群体、个人在自身的多种具体价值取向中将其中某种取向确定为主导的追求方向的过程。教育督导具有多主体的特性，不同的主体对于教育督导有不同的价值诉求，因此，教育督导价值取向具有多元性。不同的价值取向经过群体理性思考和主动筛选，就形成具有普遍共识的价值导向。教育督导在本质上是政府对教育的行政监督行为。价值导向反映了政府对于教育督导的目标定位和价值厘定，充分表明了教育督导想要达到的目的。福建教育督导具有明确的价值导向，它不仅反映了党和国家教育督导的基本要求，也代表了福建各方对于教育督导作用与功能的基本看法，更是福建教育督导开展与实施的指挥棒。

1. 坚持以人为本的价值导向

以人为本是“两项督导”实施的重要价值观。福建省“两项督导”坚持以被督导客体自身发展为本，注重理顺与督导主体间的关系，上一级政府对下一级政府履行教育职责的督导是以发现问题、诊断问题、督促整改为目的，以服务的视角，充分发挥各级政府的主观能动性，促进和支持被督导客体的优化管理，研究落实方案，确保党和国家的教育方针政策落地生根。同时，福建省坚持以人为本的“两项督导”管理理念，尊重督学人员的专业性和权威性，督学正确地利用权威优势统一思想、目标和行动，充分发挥协调作用，善于运用心理优势，把握群体心理，洞察动机心理，创设一种互相尊重、平等相待的氛围，有效地使督学与被督对象缩短心理距离，消除心理隔阂，彼此信任，相互理解，坦诚相见，使双方的心理都处于共处共容的健康状态，共同获取“以人为本”的满足感。

2. 坚持依法办学的价值导向

只有坚持依法办学价值取向的“督政”才能够真正使教育事业走上依法治教的轨道，使教育强国战略得到真正落实。坚持依法办学价值取向的督政，一方面要监督各级人民政府及其主要领导干部是否依法履行教育职责、落实教育工作，是否全面贯彻党和国家的教育方针，是否努力促进教育公平、提升教育质量，是否实施素质教育、切实推进各级各类教育协调发展，确保辖区内所有学校依法依规办学；另一方面依法履行督政职权。2012 年 10 月，国务院颁布实施《教育督导条例》，在“教育督导的内容”部分第一款明确规定“县级以上人民政府对下级人民政府落实教育法律、法规、规章和国家教育方针、政策的督导”，确立了省级人民政府对市督导和对县督导、市级人民政府对县督导以及县级人民政府对乡镇督导的法定权力。2018 年修订后的《中华人民共和国义务教育法》赋予了人民政府教育督导机构依法监督的权力，2021 年 7 月出台的《教育督导问责办法》进一步明确了其法律执行力，使各级人民政府教育督导机构在“两项督导”执行反馈整改、约谈问责时有法可依、有章可循。

3. 坚持教育公平的价值导向

教育公平是社会公平的起点，着力推进教育公平，实现教育成果惠及人民群众，是“两项督导”的核心价值。在“对县督导”指标中设“扶贫助困”“改薄工作”、学前教育的“普惠发展”、义务教育的“均衡水平”“规范招生”“公平入学”“控辍保学”、特殊教育的“完善体系”“提升水平”，这些指标在“督导考核”中以“促进教育公平共享”为一级指标加以强化，在追求教育的起点公平、过程公平和结果公平的价值取向上做出不懈的努力。正是这样的坚持，“两项督导”为福建省整体提升国民素质、缩小社会阶层差距、提高全民生活质量做出了突出的贡献。

4. 坚持“督”“导”并重的价值导向

“两项督导”既注重发挥监督评估作用，又侧重在评估监测之后提供相应指导。第一，“两项督导”工作十分重视可量化的监督指标建设。2006 年至今，“督导考核”与“对县督导”两项评估标准经历三次修订，评价等级更加合理细致，评价内容更加与时俱进，评价标准更加成熟，“督”与“导”并重理念的贯彻更加落实。这不仅充分体现了“两项督导”评估监测的科学化、民主化、时代性，而且激活了教育督导新动能，更好地服务教育新发展。第二，“两项督导”在实践评估中力行督导并重。参与“两项督导”的督学在实际工作中，一方面通过对教育督导对象的督导评估，督促引导其完整准确地贯彻落实党和国家有关教育的方针、政策、法律法规，保证教育目标的实现；另一方面，树立服务性、激励性的思想观念，努力地与被督导对象共同研究探索，将精诚合作和民主参与意识融入监督，用热情关怀和精准指导激活监督，用科学、客观、准确、高效的评估取代经验式的判断，与被督导对象之间建立互相信任、互相尊重的良好关系，着力引导，诚意指导，因势利导，使“两项督导”实际效益大大提高。

（三）福建省“两项督导”遵循的原则

1. 客观性原则

客观性原则是指“两项督导”在确定教育督导评估内容、方案和方法时，要从实际出发，分析需要和可能、有利和不利等条件，全面衡量，周密审定，防止主观臆断。福建省在“两项督导”制度设计和实施过程中始终强调和坚持这一原则。

早在2004年《福建省人民政府办公厅转发省教育厅关于建立对县级人民政府教育工作督导评估制度意见的通知》（闽政办〔2004〕130号）中就提及要“坚持实事求是，坚持公开、公平、公正的原则”开展“两项督导”工作，福建省在后续修订和完善的2006版、2007版、2017版等系列制度中，都始终强调和坚持这一原则，并进一步提出要坚持实事求是，严禁形式主义和弄虚作假。在具体的制度设计中，有很多内容都体现了这一要求，如将各地根据经济发展情况进行类别划分，结合各地实际情况进行结果等级评价，定量评价中的数据采集主要以官方的教育统计数据口径为准，计分方法中的计分方式细化明确，以减少督导人员主观裁量权限，力求结果客观、公正等。在具体十五年“三轮”的两项督导中，福建省都切实对督导内容、组织实施方式、程序、结果运用方面进行了进一步的规范、调整和细化，以求科学、客观、公正和公平地评价出全省各个县域教育发展的实际情况，以此推动改进和提高县域教育质量。

2. 法治性原则

法治性原则主要是指“两项督导”根据国家的教育法律、法规、方针、政策来进行，按照法律赋予的职责开展督导，以制度形式保证督导内容和实施合法有效。福建省在“两项督导”中着力通过遵循和落实国家教育法律、法规、方针、政策要求，督导县域“依法治教”和完善地方性督导法治建设来实现该原则。

自 2012 年国务院颁布《教育督导条例》以来，依法督导步入了发展快车道，关于教育督导的法律制度供给明显增加。仅党的十八大以来以教育督导为主题的法规、规章和政策就有 58 个，其中行政法规 3 个，部门规章 55 个。福建省积极行动，认真将这些法律、法规和政策要求融入福建省“两项督导”的相关制度，并作为福建“两项督导”的基本遵循。在“两项督导”实施中，福建省不断加大对县级政府依法治教情况的督导力度，如 2011 年从教育管理维度转变为 2017 年从政府职责和治理维度对依法治教的督导考核，就鲜明地反映了这种认识和行动上不断深化的趋势。同时，福建省也特别重视与“两项督导”相关的法治建设，截至 2022 年 6 月，福建省以教育督导为标题内容的地方性法规有 215 个，这为福建省“两项督导”法治性原则的实现提供了坚实的制度保障。

3. 导向性原则

导向性原则是指“两项督导”在实施过程中注重引导县（市、区）政府依法履行教育职责、县级党政主要领导干部切实抓好教育工作，做出实绩。

福建省“两项督导”的导向性原则一是体现在督导的方向上。即在督导方向上强调落实教育优先发展战略地位和贯彻党的教育方针。对县级政府及党政主要领导干部是否切实履行了主体责任，是否有具体的举措统筹规划县域教育事业，是否补齐了教育短板、解决了教育重点和难点问题，是否在推进各级各类教育发展中贯彻党的教育方针、落实立德树人等问题实督、真督。二是体现在督导的核心内容上。如在“对县督导”中着重考核县级政府在县域教育中的职责与治理、条件与保障、结构与发展、质量与水平等方面；“督导考核”着重考核县级党委、政府主要领导干部对县域教育改革发展稳定的领导力、对贯彻教育法律法规和落实教育决策部署的执行力、对履行“党政双责”既抓党建工作又抓教育业务的推进力等。三是体现在督导的实施过程中，即坚持问题导向。即在具体督导中以解决县域教育发展中的问题为指引，在督导中发现问题，并充分发挥督导的专业性和权威性来分析问题，同时引导和督促县级地方政府和党政主要领导干部全力解决这些问题，以此推动县域教育高质量发展。

4. 可操作性原则

可操作性原则是指“两项督导”的评价标准要科学制定、细化指标、量化分值，使之具有较高的可操作性，从而使教育督导的实施能够做到可督可评、可测可比、简便易行，最终实现督导评估的客观性、公正性和准确性。

福建省“两项督导”在标准制定方面注重立足客观实际，以可行、可测量和可考查为依据来制定。如在教育投入与保障、教育质量与水平等方面有很多指标的制定都体现了可操作性原则。在指标细化方面，以三级指标形式细化指标，而且量化每一个考核要点，使其简便、明晰和可操作。在现场督导中，注重以听取汇报、查阅资料、召开座谈会、调阅账目、走访相关职能部门等实用和经过检验的可行的督导方法进行。在督导的程序上，本着简便、高效和可节约的原则，将“两项督导”与“教育强县”等其他督导任务一并实施。同时在督导的结果应用方面，福建省力求不断完善制度，明晰问责方式，使督导的结果呈现和应用也更具可操作性。

5. 发展性原则

发展性原则是指“两项督导”在实施中充分考虑各个县（市、区）经济、社会发展的差异，以推动县域教育改革与发展为根本目的，引导地方政府建立起持续发展、自我完善的教育发展长效机制，促进区域教育高质量发展。

坚持发展性原则，首先要正视发展中的矛盾。随着经济社会的发展，人们越来越认识到教育的价值和作用，从追求“有学上”到“上好学”，我省在推动教育发展方面做了很多卓有成效的工作，但面对人民群众不断增长的教育需求，还有很多工作需要做。理解和支持人民群众对教育的正确诉求，把办好人民满意的教育作为以人民为中心的出发点、落脚点是我们永远的追求和动力。要积极回应和解决百姓最关心、最关注的教育问题，推动教育事业高质量发展。

坚持发展性原则，其次要正确认识功利教育的危害。功利教育是拔苗助长，是追求短期“效益”的教育。所谓采取的题海战术、疲劳战术，就是短期“效益”的体现，让学生付出更多的时间进行强化训练，虽然短期内能取得一定效果，但不会长久，因为不考虑学生的需要和感受，不考虑学生的德、智、体、美、劳全面发展，只顾把知识充塞到学生头脑中，违背教育规律，影响正常的教学秩序。只有遵循教育规律，遵循客观规律，才能促进每个学生的全面发展。

坚持发展性原则，最后还要充分意识到创新与服务的重要性。做好教育督导工作，是服务教育转型、护航教育创新、指导学校内涵发展的需要。因此，我们必须践行“服务学校和服务教师”的理念。积极帮助学校解决教育教学改革过程中出现的新情况、新问题。要善于用发展的眼光看待问题，归纳总结基层学校的情况，为教育决策提供参考或案例。做好教育督导工作，还要有创新意识。要学会督导理念创新、督导机制创新、督导方式创新、督导手段创新、结果运用创新。

二　福建省“两项督导”的历史基础

福建省的“对县督导”从2004年开始谋划，2006年正式启动，这是“两项督导”的开始。但实际上从1990年起至2005年，福建省以县级政府为对象的“督政”工作已蓬勃开展，这为“两项督导”的顺利开展打下了比较扎实的历史基础。为便于了解相关情况，就1990~2005年重点实施的义务教育“六项督导”、教育“两基”督导和“双高普九”督导分述如下。

（一）义务教育“六项督导”

义务教育“六项督导”于1990年春启动。因督导评估项目有6个一级指标（分别是教育管理、事业发展、队伍建设、教育经费、校舍设备、德育工作）而名之。这六个一级指标由国家教委确定，评估要素及评估标准由各省教育行政部门结合实际制定。福建省从1990年起结合教育“两基”评估验收开展，1996年总结表彰，历时六年。其间，评估标准与时俱进，修订三次。

1990年，省普教督导室开始着手部署义务教育六项督导工作，组织调研，选点试评，论证指标标准，编制督导评估方案。制定《福建省县（市、区）实施义务教育六项督导评估主要指标》，颁发《关于对县（市、区）实施义务教育开展六项督导评估主要指标》及配套表格。省教委组织督导人员到宣布实施九年义务教育的龙岩市、长泰县开展督导评估试点工作，并依据试点验证指标方案，重新修订《福建省县（市、区）实施义务教育六项督导评估主要指标》，为制定评估指标体系等提供依据。当年，省普教督导室确定龙岩市（县级）等7个县（市、区）首批接受全省义务教育“六项督导”评估。

1991年，县级自评全面起步，自查自评，自我整改。其间，结合省人大部署的《义务教育法》执法检查，省普教督导室印发《关于配合人大检查〈义务教育法〉贯彻实施情况的通知》。各地督导室按照通知要求，与当地人大常委会配合，结合“六项督导”评估工作，开展执法检查的自查准备工作，省普教督导室人员加入省人大常委会组织的检查团，到各地进行执法检查。各地督导机构健全、初评工作成绩显著的县（市、区）上报省级组织复评，复评结果优秀的授予“义务教育工作先进县”称号。全省共有10个县（市）接受省级评估，其中9个达到优秀等级，还有一些县（市、区）通过地（市）组织的初评。当年，省普教督导室组织对南平市（县级）等6个县（市、区）实施义务教育“六项督导”评估并对之前评估达到优秀等级的龙岩市、长泰县等6个县（市、区）进行跟踪。

1992年，省普教督导室召开会议讨论、修改《福建省县（市、区）实施义务教育六项督导评估指标》及《关于开展六项督导评估工作程序和规范要求（初稿）》。会后，制定《福建省县（市、区）实施义务教育六项督导评估手册》，在全省推行《福建省县（市、区）实施义务教育六项督导评估主要指标》。全省除漳浦县、长汀县外，有67个县（市、区）开展“六项督导评估”的自查、自纠、自评。其中，已接受地市测评或初评的县（市、区）有48个，有16个县（市、区）达到优级水平。闽清等7个县（市、区）经复评达到省定优级水平。

1993年，省普教督导室进一步规范对县（市、区）六项督导评估程序，即先由县（市、区）政府进行自查自纠、自我评估和经验总结，解决可能解决的问题，并写出自评报告，报所在市（地）政府及其教育行政部门；由市（地）写出初评报告报省政府并送省教委要求复评，在市（地）初评的基础上，由省组织督导专家对符合复评条件的县（市、区）进行复评。凡评估达到优级（800分以上）的，由省政府授予“实施义务教育工作先进县（市、区）”的称号并颁发奖金。省、地、县三级开展六项督导评估，总分达到700分以上未及800分的，地市可予以表彰。年底，全省宣布实施初等义务教育的乡镇达1068个，占全省乡镇总数的99.29%；覆盖人口3066万人，占全省人口总数的99.2%。

1994年，省教育督导室对南安市等3个县（市、区）进行“六项督导”评估。1995年，对同安县等5个县（市、区）开展“六项督导”评估并提出整改意见。1996年，福建省义务教育“六项督导”评估达到预期目标，完满结束。

（二）教育“两基”督导

教育“两基”（基本普及九年义务教育、基本扫除青壮年文盲）。评估验收于1993年启动，1998年全省县（市区）全部通过验收，达到标准。1995年、1997年两次接受国家抽样检查，均得到认可。验收达标后，巩固提高、跟踪督查延续到2005年，历时13年。

教育“两基”督导评估、验收确认的指标体系及标准分别于1993年、1995年、1996年、2001年做出四次较大的调整、修订，标准逐次提高，评估验收办法多次改革。督导评估采取差异评估方法，以县（市、区）自评为主体，省、地（市）派员参加，对照指标标准找差距、议整改，自我完善，自求发展。验收确认采取绝对评估方法，由省地（市）组织评估力量，指标体系全覆盖。跟踪督查巩固提高，评估验收与跟踪普查叠加进行。

1993年，省政府转发省教委《关于福建省普及九年义务教育和扫除青壮年文盲评估验收实施办法》的通知，分期分批对普及九年义务教育和扫除青壮年文盲的县（市、区）进行评估验收，每年进行一次，形成制度。6月，厦门思明区、开元区、湖里区作为省“两基”评估试点通过验收。

1994年，省教委召开教育“两基”督导规划会议，请九地市督导室汇报交流并制订“两基”规划，并交换初步方案。当年，全省有19个县（市、区）通过基本扫除青壮年文盲的评估验收，全省共扫除青壮年文盲19.50万人，巩固提高30.3万人，全省青壮年文盲率从11.3%下降到5%左右，青壮年文盲数从157万人下降到45万人。

1995年，省教委转发国家教委《关于在“两基”督导评估中防止弄虚作假，反对形式主义的通知》，全面展开“两基”评估验收，要求各地严格贯彻执行。省政府再次批转省教委《关于福建省普及九年义务教育和扫除青壮年文盲评估验收实施办法》，对有关指标做了详细说明。具体评估指标包括两个。一是普及九年义务教育的指标，共5个：（1）普及程度；（2）师资水平；（3）办学条件；（4）教育经费求；（5）教育质量。二是扫除青壮年文盲的指标，共2个：（1）办学条件；（2）经费。

1995年，省教委在永安市召开全省教育督导工作会议，讨论“两基”督导评估验收工作实施方案和办法。2月，省教育督导室组织编写“两基”评估验收手册，供督导评估时使用。

国家教委“两基”督导检查组对全省实施义务教育和扫除青壮年文盲工作进行督导检查，共抽查3种不同类型地区的地（市）和县（市、区），共计6个地（市）的10个县（市、区）、21个乡镇。同时，省教委召开专题办公会议，研究“两基”督导工作的改进与加强措施。当年，省“两基”评估组共验收16个县（市、区），均达到国家和省“两基”验收的基本要求。另对上杭县、长汀县进行基本扫除青壮年文盲的评估验收，确认长汀县为基本扫除文盲县。

1996年，省教委下发《关于“两基”评估验收中学校图书馆建设的若干意见》，进一步完善了“两基”验收标准。为了使“两基”评估验收取得更好的实效，省教委要求进一步做好“两基”评估验收后的跟踪反馈工作。要求经省评估验收的县（市、区），都应提出巩固、提高的新要求和相应的整改措施，如果连续两年（非正常情况除外）不能保持评估验收指标要求，将撤销所授予的荣誉称号。经省评估验收合格的县（市、区）政府，必须每年进行一次自查，并写出自查报告。地（市）教育督导室根据县（市、区）自查报告，对该县（市、区）整改、巩固、提高的措施，进行跟踪督查并及时将跟踪督查意见向县（市、区）政府进行反馈。跟踪反馈意见报省教育督导室。省教育督导室根据地（市）跟踪反馈意见进行抽查，并及时将抽查意见报省教委、省政府和国家教委。省教育督导室先后对25个县（市、区）进行“两基”评估验收，均达到国家及省的要求，全省已通过省级“两基”验收的县（市、区）达到46个，覆盖人口1843.9万人，占全省人口总数的57.46%。同时还对1995年验收达标的龙岩市（县级）等10多个县（市、区）进行“两基”跟踪检查，派员参加对武平县等5个县（市）基本扫除青壮年文盲的评估验收，推荐龙岩市、开元区、莆田县、永春县为全国“两基”工作先进县（市、区）。

1997年8月底，全省所有县（市、区）都通过省对基本扫除青壮年文盲的评估验收。10月中旬，国家教委组织“两基”工作检查组，对全省上半年验收的10个县（市）中的6个县（市）进行历时半个月的抽查，根据抽查结果，宣布福建省已实现国家规定的基本扫除青壮年文盲的目标。当年，完成长乐市等24个县（市）的“两基”评估验收，全省通过“两基”评估验收的县（市、区）已达70个，已验收的县（市、区）覆盖人口2754.91万人，人口覆盖率为85.8%左右。

1998年，对“两基”的评估验收工作重点转向强化三项政府行为：确保县（市、区）财政对教育拨款“三个增长”；中小学办学条件要达到基本要求；政府在依法组织入学、巩固学额、补偿教育方面要达到国家和省定的要求。省教育督导室制定《福建省普及九年义务教育和扫除青壮年文盲评估验收实施办法》，作为各级督学在监督、检查、指导“两基”工作的主要政策依据。在总结厦门市“两基”验收工作经验的基础上对县（市、区）义务教育对象进行建表立卡，实行全面摸底、全员管理的办法，要求所有县（市、区）必须对当地6~17岁的适龄少儿以公安户口为依据、乡（镇）街道为单元，全员造册，全面摸底。当年，教育部总督学“两基”工作督导组到福建督查，督查范围包括诏安县等15个县（市、区）和27个乡镇，查看74所小学、52所初（完）中、6所特殊教育学校、3所农民文化技术学校。督查后确认福建省82个县（市、区）全部达到国家现阶段“两基”验收标准要求。

1999年，省政府召开全省教育“两基”工作总结会议，要求解决当前“两基”工作中的经费投入、控制辍学、改造薄弱校、依法保障必备办学条件4个薄弱环节的有关问题。10月，《福建省人民政府关于做好教育“两基”验收后巩固提高工作的通知》对重点落实巩固、提高“两基”整体水平所采取的主要措施包括：第一，加强“两基”工作的组织领导；第二，优先保证“两基”巩固、提高工作的经费投入；第三，巩固和提高义务教育普及程度；第四，加强特殊教育；第五，继续做好扫除青壮年文盲工作；第六，加强中小学师资队伍建设。

2000年，国家教育督导团对福建省“两基”工作进行督导检查，抽查南安市等5个县、市38所中小学、幼儿园、特教学校。对福建省初中班额过大、规模容量不足的问题进行具体指导。

2001 年起，对“两基”普及程度、办学条件、教师队伍、教育质量等提出新要求，突出加强对农村义务教育管理体制的督导检查，并建立和完善“两基”年度跟踪制度。3 月，省政府教育督导工作会议在福州召开，会议讨论《关于对“两基”验收后存在严重问题的县（市、区）处理办法》和《福建省“两基”巩固提高工作先进县（市、区）评定标准与办法》。当年，省教育督导室对武平县 14 个县（市、区）进行“两基”督导跟踪督查。

2002 年，进一步健全“两基”督导的自查、核查和复查制度：要求县每年自查一次，市对县至少每年核查一次，省每 3 年复查一次。根据“十五”期间基础教育督导工作规划，将全省 88 个县（市、区）分两类地区推进：对“两基”巩固提高工作基础较好或经济比较发达的县（市、区），将依据高水平、高质量普及九年义务教育的要求进行督导评估；对全省其他县（市、区），继续抓好“两基”巩固提高的跟踪督查工作。

2003 年，省教育督导室组织对永泰县等 16 个县（市、区）“两基”巩固提高工作进行跟踪督查，重点检查“以县为主”管理体制的落实情况，并把以下内容作为督导检查的重点：农村义务教育经费投入（特别是中小学生均公用经费的投入），农村初中生学额巩固，农村中小学教师工资发放，中小学预算外收支两条线管理，中小学的布局调整和危房改造。通过对这些问题的督查，推动县级人民政府有效落实和解决有关问题。

2005 年，省教育督导室组织对华安县等 7 个县（市、区）“两基”巩固提高工作进行跟踪督查，督促各地政府履行职责。完成对全省县（市、区）教育“两基”工作跟踪督查的省级督导评估，转入对全省“双高普九”的评估验收及对县级人民政府教育工作的督导评估。

教育“两基”督导的过程是检验政府行为是否到位、督促政府认真履行教育职责的过程，对全面提高国民素质，促进福建省经济发展和社会进步起着重大作用。

（三）“双高普九”督导

福建省“高水平、高质量普及九年义务教育”督导评估简称“双高普九”。“双高普九”督导评估在教育“两基”评估验收后期起步，两者复式并进，评估标准互有交叉，有关信息共用。

1996 年，全省教育“两基”评估验收任务已完成 80% 左右，普及九年义务教育上新台阶提上议事日程。当年，省教委召开 35 个县（市、区）普及九年义务教育工作专题汇报会，特邀 35 个教育“两基”确认达标的县（市、区）的政府分管教育领导、教育主管部门领导参加座谈。会议中心议题是普及九年义务教育上新台阶，座谈会分析“普九”态势，总结“普九”经验，介绍“普九”典型。在此基础上，讨论“双高普九”的指标体系，提出若干发展性指标、强制性指标和控制性指标。2002 年做出了巩固提高“两基”水平、实施“双高普九”的战略决策，并列为福建省教育“十五”规划的重点，2003 年正式启动“双高普九”督导评估，经过反复论证，并征求有关部门和基层单位意见，制定并印发了《福建省高水平高质量普及九年义务教育评估标准和验收办法》，在项目、标准、程序上做出了明确规定。在项目上除九年义务教育范畴外，还向两头延伸。评估标准为 28 条，其中普及程度 5 条，师资水平 6 条，办学条件 5 条，教育经费 6 条，教育质量 6 条。

标准以福建省“两基”工作水平为基础，参照全国特别是华东地区义务教育发展水平来制定。为促进评估验收工作规范、有序，省教育督导室还进一步完善了“文化户口”制度，编印了《“双高普九”基础数据统计报表》，作为评估验收的必备材料，并建立了信息采集机制，使评估验收工作更加客观、公正、准确，也为决策机关提供科学依据。同时制订实施“双高普九”规划表，规划年度从 2003 年至 2015 年。

验收工作按规划有条不紊地进行。2002 年 7 月，省教育督导室对厦门市的开元区等 7 个县（市、区）进行“双高普九”验收前的指导。

2003 年，省教育督导室对鼓楼区等 6 个区进行“双高普九”评估验收。在厦门召开全省“双高普九”工作现场会，参加会议的有规划在“十五”期间要通过“双高普九”验收的 34 个县（市、区）的分管县（市、区）长、教育局局长、督导室主任，会议就如何实施“双高普九”工作进行交流。

2004 年，省教育督导室组织对邵武市等 9 个县（市、区）进行验收，各项指标都达到或基本达到“双高普九”的评估验收标准。

2005 年，经验收，实施“双高普九”的地区有晋安区等 17 个县（市、区），其中仓山区、丰泽区所有指标达标。2003~2005 年全省规划“双高普九”通过省级验收的县为 33 个，按时通过 30 个，暂未通过 3 个。

“双高普九”督导评估机制的建立和实施，有力推动了县级政府履行教育职责，社会尊师重教的氛围更加浓厚，办学条件明显改善，教育质量进一步提高，教师待遇得到落实，不仅促进了义务教育均衡发展和整体水平的提高，高中、幼儿教育面貌也发生了深刻的变化。全省干群师生普遍认为“双高普九”是继“两基”之后教育督导评估的又一里程碑。

第二节 福建省“两项督导”的实施

2006~2020年，福建省面向94个县（市、区），总共实施了三轮“两项督导”，跨越了从零起步（2006~2010年）、夯实基础（2011~2015年）和稳步发展（2016~2020年）三个阶段。为较全面地呈现福建省历时十五年的三轮“两项督导”的实施情况，以下将从三轮“两项督导”实施历程和总体结果展开分析。

一 福建省第一轮（2006~2010年）“两项督导”实施

（一）福建省“两项督导”制度基础确立

2004年《福建省人民政府办公厅转发省教育厅关于建立对县级人民政府教育工作督导评估制度意见的通知》（闽政办〔2004〕130号）、2006年《福建省人民政府办公厅转发省教育厅关于全面开展县级人民政府教育工作督导评估意见的通知》（闽政办〔2006〕15号）、《中共福建省委组织部 中共福建省委教育工作委员会 福建省教育厅关于建立县（市、区）党政主要领导干部抓教育工作督导考核制度的通知》（闽委教综〔2006〕5号）和2008年《关于组织开展县市区党政主要领导干部抓教育督导考核制度的通知》（闽委教综〔2008〕7号）等系列文件发布，为福建省“两项督导”的实施确立了制度基础。

（二）试点先行，分步实施，相互结合

福建省“对县督导”的实施始于2006年上半年对泉州鲤城区、龙岩上杭县、南平光泽县的试点评估。“对县督导”按照县级自评、设区市复查、省级督导评估的程序进行，根据《评估要点》和《评估方案》的要求，进行全面评估。省级督导评估采用抽查方式，省教育督导室组织成立由省督

学、有关专家和有关部门人员组成的评估小组，每年抽查一定数量的县（市、区）。评估结果分为优秀、良好、合格、不合格四个等次。“督导考核”的实施则始于2009年5月南平建瓯市、漳州云霄县的“对县督导”两评合一的试点。福建省“对县督导”和“督导考核”都采取了试点先行，再全面开展的推进策略，以确保“两项督导”工作的稳妥实施和切实有效。

鉴于“督导考核”是一项意义重大、政策性强、影响深远的工作，教育督导部门面临的挑战性较大，为保证预期效果，福建省采取了分步走的办法，先开展“对县督导”评估，形成一定氛围、取得一定经验后，才启动“督导考核”；而且“督导考核”从2006年制度确立到2009年具体实施，省教育督导机构及相关部门做了大量工作辅助推进。如2006年8~9月，省委组织部、省教育厅曾专门组织调研组，深入厦门、泉州、漳州和宁德4个设区市近10个县（市、区）开展专题调研，为制度完善和落实提供参考。

福建省在“两项督导”具体实施时，为减少评估次数，减轻基层负担，提高工作实效，采取了“督导考核”与对县级人民政府教育工作督导评估（简称“对县督导”）有机结合、同时进行、相关指标信息共用的方式。在结果评价上，对“督导考核”也采用了以县（市、区）党政主要领导干部履行教育职责情况为重点，以县域教育事业发展水平为依据，进行综合考评的方式。

（三）建立乡镇人民政府教育督导工作制度

2008年，福建省及时将“对县督导”的工作经验延伸至乡镇，发布了《关于做好乡镇人民政府教育工作督导评估工作的通知》（闽政教督〔2008〕41号）。2008~2010年，福州、厦门、泉州、莆田和龙岩都发布了进一步细化和落实的地方性制度，以此夯实县（市、区）政府基层教育治理基础。作为落实农村义务教育管理体制需要建立的一个新机制，该机制对压实市、县、乡政府履行教育职责，推动县域教育高质量发展起到了重要作用。如晋江市自2006年起就每年连续开展对乡镇人民政府教育督导，成效明显，仅2006~2010年，就推动各镇（街道）投入自有教育经费累计达4.83亿元。

（四）逐步构建督政新体系

为充分与上一个阶段县域教育核心任务相衔接，早期将“双高普九”工作与“对县督导”“督导考核”有机结合。2010年启动“教育强县”创建活动，明确指出“创建‘教育强县’工作要与‘两项督导’评估制度紧密衔接，有机结合；申报‘教育强县’省级评估的县（市、区），必须在最近一次的‘对县督导’省级评估中获得优秀等次”。至此，福建省形成了以“两项督导”为基础，与“双高普九”和“教育强县”相结合的督政新体系。

（五）阶段小结

这一阶段是福建省“两项督导”制度建立、实施的起步阶段，产生了福建省教育督导历史上很多的第一次。如闽委教综〔2006〕5号文的发布是福建省组织部门第一次将党政主要领导干部教育工作实绩列入干部考核范围；2006年2月发布的3个县（市、区）报告，标志着福建省督导评估报告定期公报制度的正式启动；2007年确立了将获得“对县督导”优秀等级的县（市、区）确认为省级年度教育先进工作县（市、区），授予牌匾并给予一定经费奖励的制度；闽委教综〔2008〕7号文的发布在官方文件中第一次将“督导考核”和“对县督导”简称为“两项督导”；乡镇（街道）、县、市、省的分级督政初具雏形；“两项督导”、“双高普九”和“教育强县”相结合的督政新体系构建等。这些都为福建省教育督导事业的后续发展奠定了良好基础。

二　福建省第二轮（2011~2015年）“两项督导”实施

（一）顺应新形势，完善“两项督导”制度建设

2011年，为贯彻全省教育工作会议和《福建省教育中长期改革和发展规划纲要》精神，适应福建省教育新形势发展，《福建省县级人民政府教育工作督导评估标准（2011年修订）》（闽政教督〔2011〕22号）和《关于印发县（市、区）党政主要领导干部抓教育工作督导考核计分办法（2011年修订）的通知》（闽政教督〔2011〕44号）发布，这是顺应新形势对“两项督导”制度的进一步修订和完善，为新时期“两项督导”的实施提供了制度保障。

这一时期，《福建省教育厅关于建立教育督导责任区制度的通知》（闽教督〔2012〕12号）和《福建省人民政府教育督导办公室关于印发福建省

县域义务教育均衡发展督导评估实施办法和评估细则的通知》(闽政教督〔2012〕13号)发布。其中前者规定“省政府教育督导办公室将督学责任区制度纳入‘对县督导’等综合督政内容”;后者规定“建立(县域义务教育均衡发展)动态管理与监测制度,省级一般在评估认定后的两年至三年内安排一次省级或市级教育‘两项督导’评估,促进整改,巩固成果,提高教育发展水平”;福建省教育督政的内容进一步丰富和深化。

(二)探索综合督政体系,推进“两项督导”改革

“十二五”时期,福建省着力将探索建立适应新形势的综合督政体系作为重要任务,在加强省市之间和市县之间统筹协调的同时,将落实“双高普九”后期任务、“两项督导”、“义务教育均衡发展”、“教育强县”等综合督政工作科学安排,以期形成相互衔接、相互补充的适应教育改革发展新形势的综合督政体系。为切实减轻基层负担、提高综合督政成效,2011~2015年,福建省分别对福安市、福鼎市等5个县(市、区)实施了“两项督导”与“双高普九”验收或验收前指导的结合;对长泰县(后改区)、延平区等15个县(市、区)实施了“两项督导”与“义务教育均衡发展基本县”督导评估的结合(具体见表3-1)。以“两项督导”为主要抓手,福建省各县(市、区)都进入了实现“双高普九”、通过“县域义务教育基本均衡县”国家认定、积极推进“县域义务教育优质均衡”和创建“教育强县”的高质量发展道路,福建省县域教育发展迈向了新台阶。2014年,福建省全面完成“双高普九”目标,比原定规划提前2年完成任务;至2015年底,福建省累计有74个县(市、区)完成“县域义务教育基本均衡县”国家认定,占全省县(市、区)80.4%的比例,名列全国第7位。

表3-1 2011~2015年福建省“两项督导”与其他督政工作结合情况一览

序号	文件名称	与“两项督导”结合的督政任务
1	关于做好2011年下半年省级综合督政工作的通知(文号未知)	下半年省级计划安排11个县(市、区)实施综合督政,其中,福安市为教育“两项督导”评估与“双高普九”验收结合进行,福鼎市为“双高普九”验收,其余各县(市、区)均为教育“两项督导”评估

续表

序号	文件名称	与“两项督导”结合的督政任务
2	关于做好 2012 年综合督政各项工作的通知（闽政教督〔2012〕7 号）	2012 年省拟安排 18 个县开展“两项督导”工作，其中屏南县、周宁县、寿宁县为“两项督导”评估与“双高普九”省级验收结合进行；松溪县、政和县“两项督导”评估与“双高普九”验收前指导结合进行
3	福建省人民政府教育督导办公室关于做好 2013 年综合督政各项工作的通知（闽政教督〔2013〕21 号）	2013 年省级计划安排 18 个县（市、区）实施教育“两项督导”评估，其中，长泰区、延平区、邵武市、福鼎市 4 个县（市、区）与“义务教育发展基本均衡县”督导评估结合进行
4	福建省人民政府教育督导办公室关于做好 2014 年综合督政各项工作的通知（闽政教督〔2014〕9 号）	2014 年省级计划安排 19 个县（附件 5）实施教育“两项督导”评估（考核）。评估工作结合其他综合督政项目，或以省市联合、单独评估等方式进行。其中，仓山区、闽侯县、长乐市、涵江区、蕉城区 5 个县（市、区）与“义务教育发展基本均衡县”督导评估结合进行
5	福建省人民政府教育督导办公室关于做好 2015 年综合督政工作的通知（闽政教督〔2015〕19 号）	2015 年计划对 21 个县（附件 4）实施教育“两项督导”评估（考核）。评估工作结合其他综合督政项目，或以省市联合、单独评估等方式进行。其中，连江县、闽侯县、泉州台商投资区、尤溪县、柘荣县、霞浦县等 6 个县（市、区）的“两项督导”评估与上半年“县域义务教育均衡发展”省级督导评估结合进行

资料来源：以上均通过福建省教育厅官网公开信息整理。

（三）加强领导和管理，健全“两项督导”体制机制

2012 年，国务院《教育督导条例》颁布，我国教育督导走向了法治化阶段，福建省“两项督导”在健全体制机制方面做了大量工作。

首先是成立各级人民政府教育督导委员会。2014 年，为贯彻落实国务院办公厅《关于成立国务院教育督导委员会的通知》（国办发〔2012〕45 号）和《福建省中长期教育改革和发展规划纲要（2010～2020 年）》（闽委〔2011〕11 号）文件精神，进一步健全教育督导体制，福建省人民政府教育督导委员会成立，随后 9 个设区市地方政府都成立了本级政府教育督导委员会，其中有 6 个设区市在“十二五”期间就完成了设置任务（具体见表 3-2）。省、地市两级政府教育督导委员会的成立，为统筹指导全省及地方教育督导工作，切实推进督政、督学工作以及监督设区市、县（市、区）人民政府及相关职能部门履行教育工作职责提供了体制机制保障。

表 3-2　福建省省、市两级政府教育教育委员会成立情况一览

序号	文件名称（文号）	时间	组成人员
1	福建省人民政府办公厅关于成立福建省人民政府教育督导委员会的通知（闽政办〔2014〕65号）	2014年5月14日	主任：副省长 副主任：省政府副秘书长，省教育厅厅长（兼省政府总督学） 委员：省发改委、省卫计委、省教育厅、省公安厅、省财政厅、省人保厅、省住建局、省审计厅
2	龙岩市人民政府办公室关于成立龙岩市人民政府教育督导委员会的通知（龙政办〔2015〕70号）	2015年3月31日	主任：副市长 副主任：市政府副秘书长、市教育局局长 委员：市发改委、市卫计委、市教育局、市公安局、市财政局、市人社局、市住建局、市审计局
3	泉州市人民政府办公室关于成立泉州市人民政府教育督导委员会的通知（泉政办网传〔2015〕4号）	2015年4月27日	主任：副市长 副主任：市教育局局长，市政府办公室副主任 委员：市发改委、市教育局、市公安局、市财政局、市人保局、市国土局、市住建局、市规划局、市卫计委、市审计局
4	宁德市人民政府办公室关于成立宁德市人民政府教育督导委员会的通知	2015年5月14日	主任：市政府分管领导 副主任：市政府副秘书长，市教育局局长，市教育督导室主任 委员：市发改委、卫计委、科技局、公安局、财政局、教育督导室、人社局、住建局、国土资源局、审计局、体育局、安监局、城乡规划局
5	三明市人民政府办公室关于成立三明市人民政府教育督导委员会的通知（明政办〔2015〕75号）	2015年7月25日	主任：副市长 副主任：市政府办副主任，市教育局局长 委员：市委编办、市发改委、市教育局、市公安局、市财政局、市人社局、市住建局、市卫计委、市审计局
6	南平市人民政府办公室关于成立南平市人民政府教育督导委员会的通知（南政办〔2015〕104号）	2015年9月15日	主任：副市长 副主任：市政府副秘书长，市教育局局长，市教育局调研员 委员：市发改委、市卫计委员、市公安局、市财政局、市人保局、市住建局、市审计局
7	莆田市人民政府办公室关于成立莆田市人民政府教育督导委员会的通知（莆政办网传〔2015〕15号）	2015年9月30日	主任：副市长 副主任：市政府副秘书长、市教育局局长 委员：市发改委、教育督导室、市公安局、市财政局、市审计局、市人保局、市住建局、市规划局、市卫委员

续表

序号	文件名称（文号）	时间	组成人员
8	厦门市人民政府办公厅关于成立厦门市人民政府教育督导委员会的通知（厦府办〔2016〕10号）	2016年1月20日	主任：副市长 副主任：市政府副秘书长，市教育局局长 委员：市发改委、市教育局、市卫生计生委、市公安局、市财政局、市人社局、市规划委、市国土房产局、市建设局、市审计局
9	漳州市人民政府办公室关于成立漳州市人民政府教育督导委员会的通知（漳政办〔2016〕31号）	2016年2月22日	主任：副市长 副主任：市政府办、法制办主任，市教育局局长 委员：市教育工委、市发改委、市公安局、市卫计委、市科技局、市财政局、市审计局、市人社局、市住建局、市规划局
10	福州市人民政府办公厅关于成立福州市人民政府教育督导委员会的通知（榕政办〔2016〕111号）	2016年7月11日	主任：副市长 副主任：市政府副秘书长，市教育工委书记、市教育局局长 委员：市发改委、市教育局、市建委、市卫计委、市公安局、市财政局、市审计局、市人社局

资料来源注：以上均通过福建省各级政府官网公开信息整理，未列明文号的为信息未公开，未获取。

其次是规范督导程序。2012年国务院《教育督导条例》发布后，福建省“两项督导”程序主要根据该条例要求实施：评估前，向当地社会发布公告，公开评估组电话，听取群众意见；评估期间，通过听取汇报、座谈访谈、实地检查、查阅资料、意见反馈、接受申辩等方式进行；评估结束，综合评估组初评意见和被评估单位申辩意见，分县下达“督导意见书”。为进一步规范、细化教育督导程序，统一评估量分尺度，增强督导反馈效果，福建省人民政府教育督导办公室还编制了《2015年教育“两项督导”评估工作手册》，用以具体指导实施工作。

最后是优化督导机制。在检查机制上，除了注重对既往整改项目效果进行查验外，坚持实地督查检查重心下移，侧重抽查农村完小和教学点，同时还特别关注县域各级各类教育协调发展的情况。在反馈机制上，2014年福建省开始将汇报会与反馈会合并举行，以减少会议次数。在信息公开机制上，福建省连续三年（2012~2014年）在省教育厅官网公布了年度县级政府履行教育职责情况督导报告。此外还公布了2014年和2015年省“两项督导”的全部结果，优化了既往以公布“对县督导”优秀等级结果为主的做法。在保障机制上，2014年福建省启用了教育督导信息系统，进一步提升了教育督导的基础服务能力。

（四）阶段小结

这一阶段是福建省在上一轮五年“两项督导”实施基础上的继续深化、夯实基础的阶段，也是全面落实国务院《教育督导条例》精神和要求的新阶段。新修订的“两项督导”文件提高了对县域教育治理水平和能力的要求。面对综合了“双高普九”、“两项督导”、“县域义务教育基本均衡县”和“教育强县”四大任务的督政新格局，福建省采取了分类评估、统筹推进、相互结合的策略，着力促成新时期综合督政体系的优化。各级政府教育督导委员会的成立促进了“两项督导”的体制机制优化。同时，伴随着这一时期学前教育专项督导、中等职业教育专项督导、中小学校责任督学挂牌督导工作专项督导、农村义务教育办学基本条件专项督导及“义务教育质量监测”等诸多任务的开展，福建省教育督导也逐步从督政和督学并重向督学、督政和评估监测“三位一体”的体系转变。福建省“两项督导”实施的程序、内容和机制也正是在这样宏观背景和形势变化的要求下不断走向完善。

三　福建省第三轮（2016~2020年）“两项督导”实施

（一）教育督导地方法治化水平提升，“两项督导”制度体系不断完善

2017年，《福建省教育督导条例》颁布，填补了福建省在教育督导方面地方性规章的空白，标志着福建省教育督导地方法治化水平迈上新台阶。这一时期，福建省修订了“两项督导”“教育强县”评估标准和办法，出台了《福建省人民政府办公厅关于印发对设区市级人民政府履行教育职责督导评估办法的通知》（闽政办〔2018〕2号）。该办法是福建省在已开展的“两项督导”“教育强县”和对乡镇政府教育工作督导评估的基础上，针对即将开展的对设区市级政府履行教育职责督导评估工作所制定的规范性文件，标志着福建省构建起了市、县、乡三级政府履行教育职责督导评估综合督政体系的制度框架。

与这一变化趋势相适应，设区市政府也加快了对“两项督导”制度供给的基层探索和创新。在“对县督导”制度方面，2018年，《厦门市人民政府办公厅关于印发对区级人民政府履行教育职责督导评估办法的通知》（厦府办〔2018〕59号）发布，明确规定由厦门市人民政府教育督导委员会统筹领导，厦门市人民政府教育督导室组织实施对区督导。其对区督导具体分为两种情况：一是对省级督导评估“双随机”抽查（对县督导）对象开展市级核查；二是对省级督导评估抽查对象之外的其他区，结合年度重点工作和补短板项目，抽取重点指标开展督导评估。厦门市这一基层制度的颁布，开启了福建省强化设区市统筹管理县域教育主体责任、以设区市为主实施“两项督导”的改革之路。

在“督导考核”制度方面，2019年，莆田市发布了《关于做好县区党政主要领导和市政府教育督导委员会成员单位履行教育职责专题汇报工作的通知》和《2019年对县区党政主要领导及市政府教育督导委员会成员单位履行教育职责督导要点及评估细则》。这两个文件将县区党政和市政府教育督导委员会成员单位主要领导每年需就履行教育职责情况向市委常委会汇报一次，向市政府常务会议汇报两次的做法用制度的形式确立了下来，开创了全省本级督政的制度先河。

（二）强化“两项督导”规范性，丰富“两项督导”内容

“十三五”时期，福建省着力通过“两项督导”推进县级教育治理责任落实和县域教育现代化进程加快。2017年，“两项督导”办法和标准修订，其最大亮点就是全面地吸收了前两轮“两项督导”经验，对“两项督导”的内容、实施、评价和结果应用进行了全方位规范。结合2017版办法、标准要求和形势发展需要，各个设区市普遍加强了对县（市、区）督导考核的全覆盖，以改善既往的“两项督导”省级评估中只有个别县市接受市级核查的情况。如2019年泉州市持续对已通过省级督导评估的10个县（市、区）开展问题整改和水平提升跟踪督导，巩固提高督导评估成果；莆田市也明确要求每年度对所有县区履行教育职责开展督导评估，实现县区督导全覆盖。

伴随着“十三五”福建省教育发展关键任务的推进和落实，“两项督导”的内容更加丰富，其推进县域教育治理现代化进程的作用也日益凸显。根据北大法宝数据库的不完全统计，“十三五”期间，福建省至少有19项

省级地方性法规政策涉及“两项督导”，具体如表 3-3 所示。在促进区域教育总体发展方面，“十三五”教育规划明晰了教育督导在健全督政、督学和评估监测“三位一体”教育督导体系，优化政府督导工作机制，促进各级政府有效履行教育职责等方面的总体任务目标。在督导内容方面，一是加强了对新时期教育强县创建、学前教育普及普惠实现、职业教育改革发展、社区教育开展情况的督导；二是将城乡义务学校“小片区管理”改革、落实捆绑考核工作、中小学教师“县管校聘”管理改革、教师进修学院建设综合性改革项目纳入督导；三是将与教育软硬件保障有关的教师队伍建设投入、财政经费投入使用管理情况、乡村教师队伍建设情况、新时代基础教研工作情况纳入督导；四是将事关学校办学质量的美育和消除大班额情况纳入督导。

表 3-3　福建省“2015～2020”年涉及“两项督导”的省级规范性文件一览

序号	标题	发文字号	发布日期	主要涉及“两项督导”的内容
1	福建省教育厅关于加强城区义务教育学校“小片区管理”捆绑考核工作的意见	闽教综〔2015〕37 号	2015 年 11 月 17 日	各地推进城区义务教育学校“小片区管理”改革、落实捆绑考核工作情况纳入“对县督导”“教育强县”“义务教育学校管理标准化达标县”等评估体系
2	福建省人民政府办公厅关于印发《福建省乡村教师支持计划（2015—2020 年）实施办法》的通知	闽政办〔2015〕155 号	2015 年 12 月 20 日	要把乡村教师队伍建设情况纳入“两项督导”“教育强县”等督政的指标体系，建立督导公报制，推动各项政策措施落实到位
3	福建省教育厅关于开展“义务教育管理标准化学校”建设与评估的通知	闽教基〔2016〕18 号	2016 年 3 月 15 日	县（市、区）推进（义务教育管理标准化学校）情况纳入省“教育强县”和“两项督导”评估体系
4	福建省人民政府办公厅关于印发福建省“十三五”教育发展专项规划的通知	闽政办〔2016〕67 号	2016 年 4 月 28 日	健全督政、督学和评估监测“三位一体”的教育督导体系。优化政府督导工作机制，促进各级政府有效履行教育职责
5	福建省人民政府办公厅关于全面加强和改进学校美育工作的实施意见	闽政办〔2016〕69 号	2016 年 5 月 4 日	把美育工作纳入“对县督导”“教育强县”评估体系，重点加强对学校开足开齐美育课程、专任教师队伍建设、专用教室配备等情况的督导检查

续表

序号	标题	发文字号	发布日期	主要涉及“两项督导”的内容
6	福建省教育厅、福建省委编办、福建省财政厅、福建省人社厅关于加强教师进修院校建设的意见	闽教师〔2017〕15号	2017年4月27日	将进修院校建设情况纳入“对县督导”评估体系，并适时开展专项督导检查，确保教师进修院校建设各项工作落到实处、取得实效
7	福建省人民政府教育督导办公室关于印发县级人民政府教育工作督导评估办法和标准（修订）的通知	闽政教督办〔2017〕13号	2017年8月16日	对“两项督导”评估的内容、实施、评价及结果应用进行了全方位修订和规范
8	福建省人民政府教育督导办公室关于印发县（市、区）党政主要领导干部抓教育工作督导考核办法和标准（修订）的通知	闽政教督办〔2017〕14号	2017年8月16日	督导考核”与“对县督导”原则上合并进行，程序与“对县督导”省级督导评估相同，即：确定对象（“双随机”方式抽取）——前期准备——实地督导考核——印发督导反馈意见
9	福建省人民政府教育督导办公室关于印发福建省“教育强县”督导评估办法和标准（修订）的通知	闽政教督办〔2017〕15号	2017年8月16日	明确“教育强县”督导评估是在对县级人民政府教育工作督导评估（以下简称“对县督导”）的基础上开展；将近三年按“对县督导”标准（2017年修订）最近一次省级督导评估得分达到90分以上作为申报“教育强县”条件之一；实施方式上允许“教育强县”与省级“对县督导”合并开展；提出跟踪监测发现“对县督导”或“教育强县”指标严重下滑且整改不力的，撤销“教育强县”称号
10	福建省教育厅、中共福建省委机构编制委员会办公室、福建省财政厅、福建省人力资源和社会保障厅关于深入推进中小学教师“县管校聘”管理体制改革的实施意见	闽教师〔2017〕85号	2017年11月14日	将“县管校聘”管理改革工作纳入“教育强县”“对县督导”等综合督政评估范围，加强督查指导
11	福建省教育厅关于印发《福建省教师队伍建设规划（2017-2020年）》的通知	闽教师〔2017〕100号	2017年12月29日	将各地教师队伍建设情况列入“两项督导”、“教育强县”和区域教育现代化水平监测考核指标

续表

序号	标题	发文字号	发布日期	主要涉及“两项督导”的内容
12	福建省教育厅、中共福建省委文明办、福建省民政厅等十部门关于进一步加快发展社区教育的实施意见	闽教职成〔2017〕90号	2017年12月29日	教育督导部门要把开展社区教育督导作为推进教育现代化的重要内容来抓，将社区教育纳入“对县督导”“教育强县”评估指标
13	福建省教育厅关于建立义务教育阶段大班额防控长效机制的通知	闽教基〔2018〕61号	2018年8月16日	省政府教育督导委将消除大班额任务落实情况作为“对市督导”“两项督导”“教育强县”等综合督政的重要指标，对工作不力、发现问题不做处理或处理不当，造成不良影响的，将予以通报，并追究相关单位和人员责任
14	福建省教育厅转发教育部关于印发新时代教师职业行为准则和师德失范行为处理办法等文件的通知	闽教师〔2018〕87号	2018年11月30日	要将师德建设作为学校工作考核和办学质量评估的重要指标，纳入教育强县、对县督导、文明校园、高中校达标晋级、义务教育管理标准化学校评估体系，对存在严重师德师风问题的实行“一票否决”
15	福建省教育厅、福建省发展和改革委员会、福建省工业和信息化厅、福建省财政厅、福建省人力资源和社会保障厅、福建省农业农村厅、福建省退役军人事务厅七部门关于印发福建省职业教育改革工作方案的通知	闽教职成〔2019〕22号	2019年7月18日	将推进职业教育改革发展作为对各级政府履行教育职责评价的重要内容，加强对各地各有关部门履行职责的督导评价，将督导评价结果作为政策支持、绩效考核、表彰奖励的重要依据
16	福建省教育厅关于报送2018年法治政府建设情况的函	——	2018年12月26日	出台“对市督导”办法，修订“两项督导”“教育强县”评估标准，形成对市、县、乡三级政府履行教育职责督导评估的完整综合督政体系
17	福建省人民政府办公厅关于印发进一步调整优化结构提高教育经费使用效益实施方案的通知	闽政办〔2019〕53号	2019年12月27日	各地财政教育经费投入使用管理情况纳入省对市、县级人民政府履行教育职责考评重要内容

续表

序号	标题	发文字号	发布日期	主要涉及“两项督导”的内容
18	福建省教育厅关于印发县域学前教育普及普惠督导评估工作方案的通知	闽教督〔2020〕4号	2020年6月19日	评估结果作为对县级人民政府及其主要负责人履行教育职责评价和教育发展水平综合评估的重要依据，并纳入对设区市级人民政府履行教育职责评价的重要内容
19	福建省教育厅、福建省人力资源和社会保障厅、福建省财政厅关于加强和改进新时代基础教育教研工作的实施意见	闽教基〔2020〕46号	2020年12月29日	将评估结果作为评价政府履行教育职责行为和对教研机构及教研员实施绩效奖励、评优评先等方面的重要参考依据，并作为衡量一个地区、学校办学质量和水平的重要指标

资料来源：以上信息根据自北大法宝数据库相关文件进行整理。

福建省“两项督导”对县域教育和全省基础教育发展促进作用明显。如根据2020年福建省对22个县（市、区）“两项督导”报告的统计：4个县（市、区）共追补资金3.5亿元，18个县（市、区）在近三年补充编内教师累计9308人，7个县（市、区）共募集社会捐赠资金8.1亿元。而截至2020年，福建省适龄幼儿学前三年入园率、九年义务教育巩固率、高中阶段毛入学率分别达到98.81%、99.36%、97.33%，分别比2015年提高1.52、1.16、3.23个百分点，适龄残疾儿童少年入学率达99%以上，圆满完成规划目标任务，全省基础教育主要发展指标保持在全国高位。

（三）深化“两项督导”体制机制改革，增强“两项督导”权威性

在督导体制方面，2020年福建省调整充实了省人民政府教育督导委员会委员，增加省委组织部、省委宣传部、省体育局、团省委、省残联5个单位为省人民政府教育督导委员会成员单位，总数达19个。为进一步促进本级协同教育督政格局的形成和引导设区市和县（市、区）政府完善督导体制机制改革创造了有利条件。

“十三五”期间，福建省建立了教育利益相关方广泛参与“两项督导”评价的机制。《福建省人民政府教育督导办公室关于印发福建省“教育强县”督导评估办法和标准（修订）的通知》（闽政教督办〔2017〕15号）

指出，在进行社会认可度调查时，要吸纳以下对象参与："学生、家长、教师、校长、人大代表、政协委员及其他群众，其中家长比例应达到50%。"《福建省人民政府教育督导办公室关于做好2018年"两项督导""教育强县"督导评估有关工作的通知》（闽政教督办〔2018〕31号）和《福建省人民政府教育督导办公室关于2019年"两项督导""教育强县"督导评估有关工作的通知》（闽政教督办〔2019〕7号）则规定，"两项督导"和"教育强县"的满意度调查将委托第三方专业机构专业人员组织实施。2018~2020年，福建省人民政府教育督导办公室分别委托福建教育学院、厦门市教育科学研究院和闽南师范大学教育督导研究院开展了"两项督导"的社会公众满意度调查，并将此调查结果作为"两项督导"结果评价的依据之一。

优化督导实施方式。为切实提高"两项督导"实效，满足督政、督学和评估监测"三位一体"体系提出的新要求，福建省不断优化督导方式。一是进一步强调市、县两级政府要加强对"两项督导"评估工作的组织领导，按规定程序和要求做好督导评估各项工作。二是在实施中力求持续为基层减负，力戒形式主义、官僚主义，切实防止层层加码、过度留痕，减少简单看材料、看台账、看痕迹，增加随机走访、深度访谈、查具体落实措施与实效等。三是强化信息技术手段应用，优化"福建省教育督导信息管理系统"模块和功能设置，充分利用互联网、大数据开展督导评估，进一步提高了教育督导信息化、科学化水平。

严格结果评价和加强督导结果运用，增强"两项督导"权威性。"十三五"时期，福建省逐步严格"两项督导"结果评价，坚持问题导向，大幅降低"优秀"等级比例，力促教育督导"长牙齿"。2019~2020年，"两项督导"共对43个县（市、区）实施督导评价，但只评出8个优秀县（市、区），其优秀率占比仅约为18.60%。同时，福建省也加强了对不合格等级的县的监督。2017年修订的"两项督导"办法明确："结果评定为不合等级的县，由省政府教育督导机构给予通报批评、限期整改；经跟踪监测一年后仍达不到合格要求的，给予黄牌警告。督导评估中发现政府履行职责不到位、出现重大责任事故、教育发展水平严重滑坡的县，省政府教育督导机构按规定程序进行约谈及问责。对被问责对象进行回访、复查，监督、指导问题整改。问责情况应作为单位或个人在考核、晋升、评优、表彰等方面的重要依据。"2020年1月，省政府教育督导办公室依据2019年"对县督导”结果，对2018年度义务教育教师保障不到位的部分县级政府负责人进行约谈，推动整改落实。

加强保障机制建设。一是注重教育督导人员队伍结构优化和能力提升。“十三五”时期，福建省第13届、第14届省政府督学换届工作得到全面升级，人员数量结构优化，队伍素质大幅提升，教育督导专家库不断丰富充实。截至2020年，全省共有省、市、县三级政府督学6400多名。这一时期，福建省实施“督学能力提升工程”，累计组织600多人次参加国家督学研修班和教育督导网络培训，1000多人次参加省级督学研修培训，近百人次赴京、津、沪等十几个兄弟省份开展省际学习交流。二是加强“两项督导”研究力量建设，为教育督导事业提供智力支持。为更好地满足福建教育督导领域重大理论和现实问题解决的需要，服务区域教育高质量教育发展大局，2020年福建省人民政府教育督导办公室确定闽南师范大学教育督导研究院、福建师范大学学生体质健康促进研究中心为首批福建教育督导智库项目建设单位。闽南师范大学教育督导研究院成立后，先后组织了“首届福建教育督导高峰论坛”，开展了包括福建省“两项督导”“学前教育普及普惠督导”“对市督导”等主题研究，开展满意度调查，组织了省政府督学培训、省中小学幼儿园责任督学培训、市县责任督学培训等。教育督导智库在政策建言、理论创新、舆论引导和社会服务等方面的功能初显。

（四）阶段小结

“十三五”时期是福建省“三轮”两项督导实施完成，全省教育督导治理体系和治理能力发生深刻变化的阶段。“两项督导”的扎实推进切实体现了教育督导的重要作用。2017年6月6日，时任省长于伟国批示：“教育督导是依法治教的重要举措，是国家基本教育制度之一。近年来，我省教育督导工作扎实开展，对推动我省成为全国第七个整体通过‘县域义务教育均衡发展’国家督导评估的省份、促进教育公平发挥了不可替代的作用，希望以《福建省教育督导条例》正式实施为契机，深化督导改革，创新方法手段，强化结果运用，更好地履行督政、督学、评估监测的职责，为提高教育治理能力、办好人民满意的教育提供有力保障。”

在深入推进教育分级统筹管理、管办评分离的改革大背景下，伴随着国务院“对省评价”的实施，福建省以“两项督导”为基础，结合开展对市督导、学前“双普”、教育强县等督导评价工作，形成了省、市、县、乡分级督政体系。不仅如此，结合十五年“两项督导”中市级核查和县、乡（镇、街道）基层督导的经验，福建省分级督政逐步向“逐级全覆盖、本级促协同、跨级重抽查”的模式转变。这一阶段，督政、督学、评估监测“三位一体”教育督导体系深入发展，地方教育督导法治化水平不断提高，“两项督导”的制度进一步完善、内容更加丰富、程序更加规范、方法更加多样、结果评价更加科学、追责问责更加严格，真正走上了稳步发展之路。

四　福建省三轮“两项督导”总体结果

（一）结果总体概况

经过2006~2020年的三轮督导，福建省先后完成了福州、厦门、莆田、三明、泉州、漳州、南平、宁德和龙岩九个设区市共计94个县（市、区，包括经济开发区）的267个县次的“两项督导”。为使督导的结果更加科学合理，福建省人民政府教育督导办公室（原福建省人民政府教育督导室[①]）分别于2006年和2017年发布了《福建省县级政府教育工作督导评估三类县（市、区）划分情况》，其中2006年将省内87个县（市、区）划分为40个一类县、28个二类县和19个三类县；2017年将省内92个县（市、区，含经济开发区）划分为17个一类县、25个二类县和50个三类县。福建省三轮“两项督导”都是结合上述区域分类情况和评估分数来综合评定其结果。

（二）“对县督导”等级结果分析

根据公开信息和调研的不完全统计，福建省三轮“两项督导”中“对县级人民政府教育工作督导评估”获得优秀等级的县（市、区）次数共计为145次，良好等级的为82次，合格等级的为31次，不合格等级的为5次，其余还有4县次等级情况数据未获得（具体见表3-4）。

---

① 2000年11月，省编办批复，省教育督导室更名为“福建省人民政府教育督导室”，2007年，省编办同意省政府教育督导机构调整，设立省教育厅督导处，省教育厅加挂“福建省人民政府教育督导办公室”牌子。福建省人民政府教育督导办公室．深化新时代教育督导体制机制改革学习材料选编（二）[Z]．福州．2021.

表 3-4　福建省三轮“两项督导”中“对县督导”结果情况统计

年份 等级	2006	2007	2008	2009	2010	2011	2012	2013	2014	2015	2017	2018	2019	2020	总计
优秀	6	6	9	14	15	10	13	10	12	15	14	13	5	3	145
良好	6	4	5	5	5	0	5	7	5	5	3	12	9	11	82
合格	1	5	3	1	1	0	0	1	1	1	2	4	6	5	31
不合格	1	0	0	0	0	0	0	0	0	0	0	0	1	3	5
未知	0	1	0	0	0	3	0	0	0	0	0	0	0	0	4
实督县次	14	16	17	20	21	13	18	18	18	21	19	29	21	22	267

资料来源：本表数据根据教育厅公开信息整理。

按区域分布来看，根据已获得优秀等级的县（市、区）次数与实际督导的县域次数相除获得的优秀等级比率来看，厦门、三明、泉州、福州、莆田占比较高，分别为 100%、70%、63%、61%和 58%；宁德、龙岩、南平、漳州占比较低，分别为 43%、38%、37%和 32%。结合区域类别来看，一、二、三类区域获得优秀等级的县（市、区）次分别为 74 次、41 次和 9 次，分别占比总优县（市、区）次数 145 次的 51%、28%和 6%，其结果鲜明地体现了县域教育发展与区域经济社会发展的密切关系（具体见表 3-5）。以“三轮”获得 100%优秀等级的厦门市来看，其区域经济社会发展的优势明显，所辖 6 个区在两次区域分类中都属于一类地区。

表 3-5　福建省三轮“两项督导”各地区“对县督导”优秀等级情况一览

区域	福州	厦门	莆田	三明	泉州	漳州	南平	宁德	龙岩	合计
县（市区、含开发区）个数	15	6	7	12	12	14	10	10	7	93
实际督导县（市、区）次数	41	18	19	37	35	38	30	28	21	267
其中一类地区	21	18	2	8	18	5	1	0	1	74
其中二类地区	2	0	7	8	3	6	7	6	2	41
其中三类地区	2	0	2	10	1	1	3	6	5	9
获得优秀等级次数合计	25	18	11	26	22	12	11	12	8	145
优秀获得率（%）	61	100	58	70	63	32	37	43	38	54

资料来源：本表数据根据表 3-4 整理。

（三）“督导考核”等级结果分析

关于“对县级党政主要领导干部抓教育工作督导考核”结果，建瓯市政府于 2008 年度获得“优秀”等级，这是福建省第一个获得党政主要领导干部抓教育工作督导考核“优秀”等级的县（市）。根据公开信息整理，2016~2020 年“十三五”期间“督导考核”的 91 个县（市、区）中，获得优秀、良好、合格和不合格等级的数量分别为 39、37、13 和 2 个，获得优秀等级的县（市）占比从 2017 年的 74%到 2018 年的 45%、2019 年的 24%和 2020 年的 31.8%（具体见表 3-6）。

表 3-6　福建省第三轮“两项督导”中“督导考核”结果情况统计

等级情况（个）/年份	2017	2018	2019	2020	合计
优秀	14	13	5	7	39
良好	5	13	10	9	37
合格	0	3	6	4	13
不合格	0	0	0	2	2
实际督导县（市、区）个数	19	29	21	22	91
优秀等级获得率（%）	74	45	24	31.8	43

资料来源：根据福建省教育厅 2017~2020 年公开的“两项督导”相关信息整理。

五　福建省“两项督导”的最新进展

“十四五”开局之年，福建省将全面深化新时代教育督导体制机制改革，进一步将完善逐级全覆盖、跨级重抽查、本级促协同的督政体系作为教育督导的重要任务，顺应这一形势发展需要，福建省“两项督导”在前三轮实施基础上有了更多新进展。

（一）福建省“两项督导”制度的优化完善

2021 年，《中共福建省委组织部 中共福建省委教育工作委员会 福建省教育厅关于印发县（市、区）党政主要领导干部抓教育工作督导考核办法和标准（修订）的通知》（闽委教综〔2021〕17 号）、《福建省人民政府教育督导办公室关于印发县级人民政府履行教育职责督导评估办法和标准

（修订）的通知》（闽政教督办〔2021〕34 号）发布，标志着福建省“两项督导”制度从省级为主实施，迈向省级统筹指导、设区市级为主实施的新阶段，分级督政制度形成。

（二）设区市地方政府“两项督导”制度确立

根据 2021 年修订后的“两项督导”办法和标准要求，设区市级政府可以在省定的“两项督导”标准基础上，结合实际细化内容要点的分值权重、测评细则等。基于此，截至 2022 年 1 月，全省 9 个设区市全部完成了地方性的“两项督导”实施方案或意见（详见表 3-8），为新时期以设区市为主体开展“两项督导”工作奠定了制度基础。

表 3-8　2021 年福建省 9 个设区市地方政府“两项督导”文件发布情况一览

序号	文件名	时间
1	福州市人民政府教育督导委员会关于印发县级人民政府履行教育职责督导评估实施意见的通知	2021 年 12 月 24 日
2	中共福州市委组织部、中共福州市委教育工作委员会、福州市教育局关于印发县（市、区）党政主要领导干部抓教育工作督导考核实施意见的通知	2021 年 12 月 24 日
3	厦门市人民政府教育督导委员会关于印发区级人民政府履行教育职责督导评估实施方案的通知	2021 年 10 月 18 日
4	中共厦门市委组织部、中共厦门市委教育工作委员会、厦门市教育局关于印发区级党政主要领导干部抓教育工作督导考核实施方案的通知	2021 年 10 月 29 日
5	莆田市人民政府教育督导委员会《关于印发县级人民政府履行教育职责督导评估实施意见》的通知	2021 年 12 月 24 日
6	中共莆田市委组织部、中共莆田市委教育工作委员会、莆田市教育局《关于印发县区党政主要领导干部抓教育工作督导考核实施意见》的通知	2021 年 12 月 29 日
7	三明市人民政府教育督导委员会关于印发县级人民政府履行教育职责督导评估实施方案的通知	2022 年 1 月 7 日
8	中共三明市委组织部中共三明市委教育工委三明市教育局关于印发县（市、区）党政主要领导干部抓教育工作督导考核实施意见的通知	2022 年 1 月 4 日
9	泉州市人民政府教育督导委员会关于印发县级人民政府履行教育职责督导评估实施方案的通知	2021 年 10 月 8 日
10	中共泉州市委组织部、中共泉州市委教育工作委员会、泉州市教育局关于印发县（市、区）党政主要领导干部抓教育工作督导考核实施方案的通知	2021 年 10 月 18 日

续表

序号	文件名	时间
11	漳州市人民政府教育督导委员会关于印发县级人民政府履行教育职责督导评估实施方案的通知	2021 年 12 月 24 日
12	中共漳州市委组织部、中共漳州市委教育工作委员会、漳州市教育局关于印发县（区）党政主要领导干部抓教育工作督导考核实施方案的通知	2021 年 12 月 13 日
13	南平市人民政府教育督导委员会关于印发县级人民政府履行教育职责督导评估实施方案的通知	2021 年 12 月 16 日
14	中共南平市委组织部、中共南平市委教育工作委员会、南平市教育局关于印发县（市、区）党政主要领导干部抓教育工作督导考核实施方案的通知	2021 年 12 月 16 日
15	宁德市人民政府教育督导委员会关于印发县级人民政府履行教育职责督导评估实施意见的通知	2021 年 11 月 19 日
16	中共宁德市委组织部、中共宁德市委教育工作委员会、宁德市教育局关于印发县（市、区）党政主要领导干部抓教育工作督导考核实施意见的通知	2021 年 11 月 19 日
17	龙岩市人民政府教育督导委员会关于印发龙岩市县级人民政府履行教育职责督导评估实施方案的通知	2021 年 12 月 9 日
18	中共龙岩市委组织部、中共龙岩市委教育工作委员会、龙岩市教育局关于印发龙岩市县（市、区）党政主要领导干部抓教育工作督导考核实施方案的通知	2021 年 12 月 31 日

资料来源：根据各设区市政府和教育部门官网公开信息和调研访谈获得信息整理。

（三）“两项督导”实施程序发生重要变化

自 2021 年开始，福建省将设区市级政府真正作为责任主体，履行对所辖县级政府的教育督导责任。自此，“两项督导”的督导程序由“县级自评—市级核查—省级督导”调整为“县级自评—市级督导—省级抽查”。在县级自评中，县级政府每年对本级政府相关部门（单位）和乡镇政府（含街道办事处）履行教育职责实施督导，对上一年度履行教育职责情况及相关问题整改落实情况、当年度相关重点工作推进情况进行自查自评，形成自评报告，连同相关材料一并报市级政府教育督导机构。在市级督导中，市级政府教育督导机构在市级政府领导下对所辖县级政府履行教育职责，每五年至少实施一次综合督导或专项督导，做到精细精准、常态长效、真督实导。市级督导主要程序与之前省级督导程序基本相同，主要包括：第一环节，确定对象；第二环节，督前准备；第三环节，实地督导；第四环节，汇总审核；第五环节，督导报告；第六环节，督促整改。其中对市级督导组织实施的情况，省政府教育督导办公室则将其作为“对市督导”的重要内容，可选择若干县进行实地抽查。

（四）省、市级政府教育督导委员会定位变化

与前三轮“两项督导”不同，目前各级政府教育督导委员会的定位主要是，省级政府教育督导委员会在省委和省政府的领导下，统筹指导全省“两项督导”工作，省政府教育督导办公室具体负责规则制定、质量监控与指导抽查等；设区市（含平潭综合实验区，统称市，下同）政府及其教育督导机构全面落实“加强对下一级政府履行教育职责的督导”要求，负责本市“对县督导”组织实施工作，设区市党委组织部门、教育工委和教育行政部门履行属地管理职责，市级政府教育督导机构具体负责本市“督导考核”组织实施工作。县级政府及其教育督导机构督促本级政府相关职能部门（单位）常态化协同开展自查自评等工作。由此福建省逐步形成了逐级全覆盖、跨级重抽查、本级促协同的督政体系。这一“分级教育督导体制机制”的构建旨在压实设区市督政职责和主体责任，补齐督政体系短板，从而推动市、县两级教育督导体制机制的健全完善，充实教育督导力量，健全机构设置，理顺管理体制。这一机制的探索和实施正是福建省新时期进一步推进教育分级统筹管理、深化新时代教育评价改革和完善教育督导体制机制的重要举措。

第三节　福建省“两项督导”工作成效

一　强化统筹导向，确保教育主体责任落实到位

福建省“两项督导”工作强化统筹导向，确保各级政府全面履行教育主体责任，加强党对教育的全面领导，坚持贯彻党的教育方针，落实立德树人根本任务，坚持社会主义办学方向，推动教育改革。逐步完善学校党建工作，充分发挥学校党组织的重要作用，推进教育全面发展，办好人民满意的教育。坚持把教育摆在优先发展，应充分发挥教育的基础性、先导

性、全局性作用，科学谋划，合理规划，补齐教育发展短板，使教育重点、难点、热点问题得到有效解决。

（一）加强了党对教育的全面领导

习近平总书记指出，加强党对教育工作的全面领导，是办好教育的根本保证。福建省“两项督导”工作始终坚持党的教育方针，遵循有关教育法律法规和中央重大教育决策部署要求，落实立德树人的根本任务，保障了中国特色社会主义教育发展道路、理论、制度、文化的全面贯彻。各县（市、区）基本形成党委统一领导、党政齐抓共管、部门各负其责的教育领导体制机制，并进一步推动了对乡、镇、街道教育督导制度的完善与优化。坚持党管办学方向、党管改革，充分发挥党委总揽全局、协调各方的领导核心作用，县、乡镇、街道各级党委领导干部高度重视教育发展与改革进程，建立起定期与不定期开展常委会研究教育工作的制度，举行常态化教育专题研讨与调研活动，协调县人大、政协及督导委员会各成员单位等共谋共促教育事业发展，基本形成了政府、学校、社会、家庭全面参与的协同育人工作机制。各县（市、区）教育系统党的思想建设、组织建设、作风建设、反腐倡廉建设得到了进一步加强，增强了县委党委的政治意识，找准了目标定位，明确了工作职责，把党对教育事业的领导落到了实处。

（二）落实了政府教育主体责任

福建省“两项督导”严格考核县级党政主要领导干部教育实绩，重点督导县各级政府对党中央、国务院重大决策部署及省委、省政府工作要求落实情况，以及贯彻落实教育优先发展战略。全县（市、区）各级教育普及化水平达到国家平均水平。学前教育入园率达 98.81%，九年义务教育巩固率达 99.36%，高中阶段教育毛入学率达 97.33%。压实县、镇、乡三级政府教育主体责任，各县（市、区）制定了一系列教育改革与发展相关政策和制度，建立县领导班子联系挂钩学校制度，出台有关乡镇（街道）党政主要领导干部抓教育工作的督导考核办法，并将其履行教育职责情况纳入干部考核、政绩考核。县域各级党组织领导教育目标责任制的建立与落实，坚持目标引领和问题导向，统筹规划、系统设计相关职能部门的协同作战，突出实效，推进教育改革与发展的落实。完善了教育督导整改与问责制度，2017年《福建省人民政府教育督导办公室关于印发县级人民政府教育工作督导评估办法和标准（修订）的通知》（闽政教督办〔2017〕13号）明确限期整改和通报批评机制，进一步增强对县乡镇政府发展教育的主体责任的监督与指导。

（三）完善了学校党建工作制度

抓好学校党建工作是全面从严治党的必然要求。福建省着重督促各县（市、区）强化基层党组织建设，开展县直机关单位党组织和农村小学党组织“结对子”共建，出台教育系统党风廉政谈话、问责方案，健全学校党建工作体制机制，制定教育系统干部管理办法，加强对各级各类学校领导干部的培养与管理。县（市、区）内各级各类学校深入学习、宣传贯彻党的十九届五中全会精神，扎实开展“不忘初心、牢记使命”主题教育，深入教育一线，精准推行课程思政，着力提升学校党建工作水平和思想政治工作水平，学校党建工作得到进一步规范，助力学校各项事业的发展，优化了教育发展环境。按照与教育管理体制相适应、管党建管业务相结合的原则，全省所有的县中小学学校党组织关系实现归口管理，形成县教育系统党组织主管、乡镇街道党（工）委协管的工作格局。各县（市、区）不断强化学校党建工作，积极构建反腐倡廉长效机制，营造教育系统风清气正的良好环境。

二　强化法治导向，率先出台地方性教育法规

福建省教育督导评估工作强化法治导向，“督导立法”名列全国第四，“督导制度建设”在全国处于领先地位。据北大法宝数据库收集的1988~2022年法律法规情况统计，福建省已颁发的内容涉及“教育督导”的地方法规总计有992个，其数量居全国31个省（自治区、直辖市）的第3位（见图3-1）。福建省教育督导评估工作不仅严格依据《中华人民共和国教育法》《中华人民共和国义务教育法》《教育督导条例》等法律法规展开，而且率先出台地方性法规，率先建立完善督导制度。督导评估具有法治权威，起到了良好的导向作用。

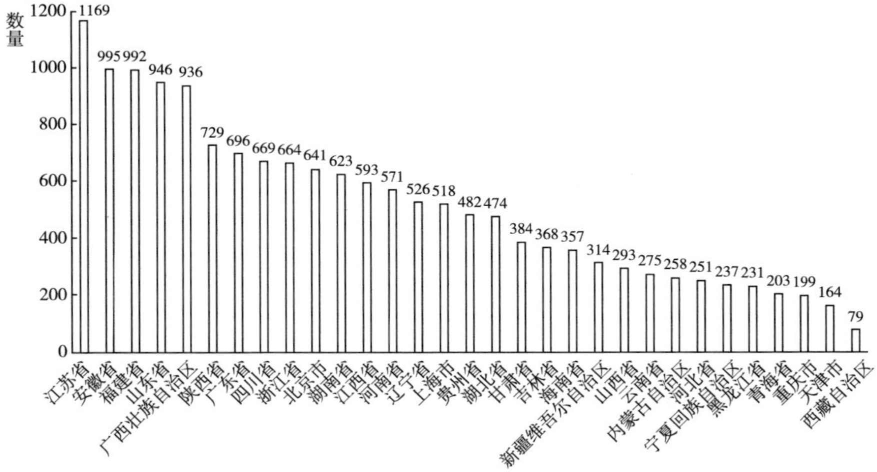

图 3-1　1988~2022 年 31 个省（自治区、直辖市）发布的关于“教育督导”的地方性法规数量统计情况

（一）出台《福建省教育督导条例》

2017 年 6 月，《福建省教育督导条例》颁布实施，成为全国第四个省级教育督导地方性法规。《福建省教育督导条例》（下称《条例》）细化了国务院《教育督导条例》法律条文，构建福建省督政、督学、评估监测“三位一体”的教育督导体系，对督学管理、教育督导实施、督导评估监测及结果运用等做出了具体规定，标志着福建省教育督导进入法治化阶段。

《条例》规定，教育督导机构应当将督导报告通过政府网站等方式向社会公布。学生及其家长、社会组织、社会公众对督导报告有异议的，可以向发布报告的教育督导机构反映；教育督导机构接到反映后，应当及时调查核实，并将处理情况反馈给反映人。教育督导机构根据督导情况，可以约谈被督导单位主要负责人和其他主要责任人员。“十三五”期间，约谈了部分县政府和教育局的相关领导，面对面制定“一县一策”均衡发展整改措施，追补义务教育法定“三个增长”经费约 26.7 亿元，成效斐然。

（二）以“两项督导”为基础，构建分级督政体系

分级督政制度已成链条，日趋提能增效。2018 年，福建省通过首次国

务院“对省评价”并获评“优秀”等级。除了对县“两项督导”，对省评价、对市督导、学前“双普”、教育强县等省、市、县、乡分级督政体系形成闭环，持续构建起“逐级全覆盖、跨级重抽查、本级促协同”的分级督政体系。在长期督导实践中，福建省逐步积累形成了督前、督中、督后衔接，线上线下、远程实地、减负增效结合，面上点上、综合专项互补，常态常规、热点重点兼顾，部门履职情况与学校实际感受对照，督导组评估、专家组复核与社会满意度调查、征集公众意见建议相配套等一系列经验做法和制度成果。

三 强化公平导向，提前实现全省义务教育基本均衡发展

福建省教育督导评估工作强化公平导向，助力城乡义务教育一体化发展。2016 年 10 月，福建省整体通过县域义务教育发展基本均衡国家督导验收，提前一年实现预期目标，位居全国第七，为义务教育迈向优质均衡发展奠定了基础。2016 年九年义务教育巩固率为 98.1%，2020 年为 99.36%，提高了 1.26 个百分点。2020 年义务教育管理标准化学校覆盖率达 57%。

（一）改善了各级各类学校办学条件

第一，兴建与改扩建了一批校舍。福建省通过“校安工程”“扩容工程”“全面改薄”等重大教育项目在扩大校舍建筑面积，增加中小学、幼儿园学位上下功夫，努力缩小城乡中小学校办学条件差距。“十二五”期间，“两项督导”重点督查义务教育学校标准化建设完成率，截至 2015 年，义务教育学校标准化建设完成率为 98.5%，80.4%的县（市、区）通过“义务教育发展基本均衡县”国家认定，比全国平均水平高 40%。2016 年调剂省级加大投入改薄资金 2.14 亿元，校舍建设竣工面积 113.53 万平方米，占“十三五”规划目标的 40.61%；完成设施设备购置 160722 万元，占“十三五”规划目标的 57.6%。以漳州市为例，据不完全统计，自 2005 年以来，全市新建幼儿园、中小学校、中职学校共计 50 多所，投入 30 多亿元用于新建、修缮与扩容校舍，总建筑面积为 80 多万平方米。第二，增加了教学基础设备设施。各地按照教育部以及福建省颁布的办学条件标准，逐步增加了学校实验仪器设备、体育音乐美术劳技设备设施、图书馆、体育运动场馆等办学硬件设施，实施特殊教育提升工程。截至 2018 年底，全省已完成

设备购置40.33亿元，全省义务教育学校全部达到“20条底线”要求。截至2020年，每个乡镇（街道）基本建有2所随班就读基地校，配备资源教室、职教教室和实训基地。第三，教育信息化水平得到提高。在县域各级各类学校建设“三通两平台”，中小学全面实现校校通，93%的班级实现班班通，教学点实现了数字教育资源全覆盖。莆田市成为全国基础教育信息化建设的典型。截至2020年，基本实现完全小学以上学校网络空间“校校通”“班班通”。初步建成省级教育资源公共服务平台，创建“福建省中小学教师网络空间”，建设互联网环境下省、市、县（区）、学区多级区域均衡发展支撑与管理系统，建设农村中小学远程互动教学多媒体（录播）教室，将信息技术更好地服务于提高学校管理水平和教育教学水平，实现教育教学资源互通、互补、共享。

（二）弱势群体享有教育公平得以保障

完善了特殊群体平等接受义务教育保障制度和关爱体系。第一，极大缓解了进城务工人员随迁子女入学问题。2011~2016年，省政府连续实施城区学校扩容为民办实事项目，累计投入30多亿元，新增50多万个学位，缓解了“大校额”“大班额”问题。厦门市和福州市是外来人口较多的城市，因此，两市的幼儿园、中小学学位较为紧张，大班额教学现状较为普遍。通过督导评估，两市随迁子女入学公办学校的比例逐年增高，学位数量逐年增长，晋江市在保障随迁子女入学公办学校的基础上，充分考虑外省高中学生回乡高考的具体困难，在全国率先建立外省学生异地高考体检制度，解决了务工人员子女高考后顾之忧。第二，进一步健全了农村留守儿童关爱系统。建立留守儿童档案和留守儿童关爱服务网络，顺昌县通过“留守流动儿童关爱工程”，形成扶贫助学的社会氛围和服务网络。泰宁县创造性地实施了“一二三四”关爱留守儿童管理办法，形成了富有特色的留守儿童管理模式。督促提高留守儿童食堂和宿舍的标准，屏南县在宁德市率先实施义务教育阶段寄宿生营养餐工程，一日三餐免费。周宁县不断提高农村寄宿制学校学生营养餐补助标准。督促农村幼儿园建设，常山区开展联动帮扶，健全农村学前教育网络，保障农村留守儿童入园。

四 强化问题导向，加大经费投入和加强教师队伍建设

教育经费投入和师资队伍是制约福建省县域教育改革与发展的两大关键问题。在过去的十五年督导评估工作中，福建省各级督导部门强化问题导向，不断加大教育经费投入，基本实现教育经费投入两个“只增不减”。优化教师队伍结构，特别是教师队伍年龄结构、学历结构、学科结构和城乡教师队伍编制结构、职称结构等。

（一）加大经费投入

1. 基本实现教育经费投入两个“只增不减”

通过三轮“两项督导”评估、整改、复评、再整改，各县域教育经费投入基本实现两个“只增不减”。全省教育经费投入逐年稳步增长，全省教育经费占公共财政总支出的比例，多年位居全国前列。全省财政性教育经费从2001年的95.21亿元增长到2010年的391.33亿元，年均增长17%。2020年全省教育经费投入10503251万元，占财政公共支出的20.07%，较2015年增长了1.14个百分点。2007年，教育经费总量中财政拨款就占到了73.16%，基本实现了“以财政拨款为主”的教育投入保障机制。2003~2007年，“双高普九”省级督导评估的45个县共追补、返还国家法定教育经费4.6亿元，用于改善办学条件的经费为30亿元，平均每县分别达到1000万元和6600万元。“十三五”期间，省政府教育督导办公室共督促各级政府追补相关经费79.9亿元。

2. 提高了精准扶贫力度

加大了对经济欠发达地区，尤其是革命老区、原中央苏区县义务教育的财政转移支付力度。2013~2015年，省级财政拨付给23个省级扶贫开发重点县5.75亿元支持教育发展。“校安长效”“全面改薄”等专项资金的80%用于23个省级扶贫开发重点县和原中央苏区县。2016~2020年再拨付给每个省贫县2000万元。宁德、三明、南平、龙岩、漳州等市教育扶贫措施更加有力。

3. 提高了对教育附加费“征管用”规范

福建省在“两项督导”中对某些县（市、区）教育费附加投入职业教育比例不足，征收、拨付、使用过程不规范等问题分阶段督查、整改、指

导。目前30%教育费附加投入职业教育的政策要求逐渐得到各县级政府的重视，全省各县（市、区）都能比较自觉地遵守教育费附加按30%比投入职业教育的规定。

（二）教师队伍建设得以加强

第一，全面加强师德师风建设。为落实立德树人根本任务，各县（市、区）将师德建设作为学校工作考核和办学质量评估的重要指标，把教师师德表现作为教师资格定期注册、业绩考核、职称评审、岗位聘用、评优奖励的首要内容，进一步完善“师德标兵”评优评先机制和优秀教师评选机制，严格执行师德表现一票否决制。实施师德养成教育，考察是否将新时代中国特色社会主义理论体系纳入师德教育内容，不断提高教师的理论修养和思想政治素质，培养教师成为有理想信念、有道德情操、有扎实学识、有仁爱之心的“四有”老师。同时，对教师的失德行为“零容忍”。2016~2019年，全省由于师德失范而受到党政纪处分教师8人，开除教师3人。

第二，提高教师收入水平。为落实中共福建省委、福建省人民政府印发的《关于全面深化新时代教师队伍建设改革的实施意见》，各市、县（市、区）人民政府要将教师工资收入作为教育投入重点予以优先保障。福建省进一步健全中小学教师工资长效联动机制，核定绩效工资总量时统筹考虑当地公务员工资收入水平，与当地公务员工资收入同步调整，已实现中小学教师平均工资收入水平不低于或高于当地公务员平均工资收入水平。

第三，保障乡村教师待遇。在全国率先实行城乡统一的教职工编制标准，并对农村小规模义务教育学校编制按照生师比和班师比相结合的方式核定。通过“农村紧缺学科教师师资代偿学费计划”“经济困难县补充农村学校教师资助计划”，实现了薄弱地区、薄弱学科的教师实施“精准补充”，确保乡村教师平均每人每月不低于300元生活补助。武夷山在7个乡镇新建300套教师周转房，泰宁县建设318套教师周转房，柘荣县为180多位教师解决住房问题。为提升农村教师专业发展能力，福建省督促扎实推进“结对帮扶”、城乡教师双向交流、农村教师跟岗学习转岗培训等机制的落实，全省乡村校长和教师轮训取得阶段性成效。

第四，加强教师培训与交流。各县积极开展委托培训、跟岗研修、教学论坛等多种形式的教师培训，促进名师与青年教师之间的共同成长。连江县创新培训机制，推行“三级跟岗”。思明区搭建起“青年教学能手—骨干教师—学科带头人—名师发展工作室—名师工作室”五级教师专业发展平台，推动教师校本研训纵深发展。运用小片区管理模式，通过岗位竞聘交流、青年教师跟班交流、骨干教师协作交流、管理骨干挂职交流、指导服务支教交流等多种形式，指导校际的中小学教师交流。

第五，优化教师结构。对县“两项督导”督促教师队伍结构优化建设，加大补充义务教育学科专业教师力度，建立起城乡教师的交流制度。2018年，全省小学专任教师17.2万人，比2014年增长1.4万人，专科及以上学历专业教师已占到93.8%，比2014年提高7.79个百分点；全省初中专任教师10.18万人，比2014年增长0.39万人，本科及以上学历占89.22%，比上年提高1.13个百分点；普通高中专任教师5.11万人，本科及以上学历已占到98.51%。按学科看学历结构，除了音乐和美术，截至2021年，中小学其他学科教师本科以上学历占比皆高于62%。2020年职业教育“双师型”教师占专任教师的63.05%，比上年有所增长。龙岩市从2007年开始打破小学近8年来没有新进教师的坚冰，新增教师118人。

五 强化质量导向，促进全省县域各级各类教育协同发展

福建省以“两项督导”评估监测为抓手，及时把握各级各类教育的难点和瓶颈，促进各级各类教育协同共进，向着高质量发展。“十一五”期间，“两项督导”以当年“双高普九”验收时发现的薄弱环节和“双高普九”未涉及的项目为重点进行评估，特别是加大对职业教育、幼儿教育、特殊教育的督查力度，县域内各类教育协调发展等问题都得到了不同程度的改善，教育发展步伐加快。随后的“十二五”和“十三五”，福建省持续推进各级各类教育协同发展，重点督促学前教育普及普惠率、职业教育经费投入和特殊教育规模扩大，构建起各级各类教育全面协调、齐头并进的发展格局。

（一）学前教育发展步伐明显加快

“十二五”伊始，福建省分步骤、分阶段围绕全面提高学前教育普惠性和优秀品质，开启为时三期的“学前教育三年行动计划”。当前，“普及普惠”是全省学前教育的核心要义，主要抓扩容增资源，抓扶持促普惠，抓

改革促公平，抓保教提质量。“两项督导”通过督导评估助力解决县域学前教育突出问题，确保全省所有县（市、区）按时实现学前教育发展的阶段目标。2016年末，98.6%的乡镇有幼儿园、托儿所，97.2%的乡镇有小学，38.5%的村有幼儿园、托儿所。截至2020年，全省现有幼儿园8756所。2020~2021学年初，福建省学前教育在校生总人数1698963人、专任教师99453人，分别比2012学年初、2013学年初增长21.36%、68.09%。2020年，福建省公办幼儿园在园幼儿占比达54.52%，普惠率达92.18%，全省各级示范性学前教育资源覆盖率超过40%。三明市泰宁县普惠率尤为突出，公办幼儿园和普惠性民办幼儿园在园幼儿占比达到100%。

（二）职业教育发展水平有了显著提升

2006~2011年“两项督导”着力督促县域在统筹各类教育发展时重视职业教育的发展规划，重点解决中等职业教育经费投入不足的问题，缓解普通教育与职业教育之间发展的不平衡，力促县域职业教育政策的执行与措施的落实。2020年，福建省中等职业教育财政性教育经费76.70亿元，比上年增加5.64亿元，增长7.94%。2016~2020年，全省中等职业教育财政性教育经费年均增长7%。2020年中职教育生均一般公共预算教育经费为19852.36元。“十三五”期间，率先在全国范围内出台职业院校学生实习补贴政策。在普职比方面，2021年高中阶段教育招生普职比为57∶43，比上年有所提升。2006年末，只有11.7%的乡镇有职业技术学校，2020年中职学校数量与当地经济社会发展水平、人口规模基本相适应。在就业方面，2021年，福建省中等职业学校（不含技工学校）就业学生数为93715人，平均就业率为98.90%，比2016年增长了1.3个百分点。《福建省“十四五”教育发展专项规划》提出，未来五年“扩容、提质、升位”是职业教育现代化发展的主题，“两项督导”将重点督促各县（市、区）推动职业教育类型教育一贯式发展，做“大”中职教育，巩固中等职业教育的基础作用，以特色发展吸引学生。

（三）义务教育发展迈出了重大步伐

福建省对县“两项督导”聚焦义务教育均衡发展的重点、难点问题，明确“普及、资源、制度”三块短板，结合国家规划实施一系列重大教育工程，有效厘清任务目标，狠抓落实，促使福建省义务教育均衡发展走在全国前列。第一，深化了素质教育的实施。“两项督导”通过评估监测，督促各县（市、区）中小学抓素质教育的主要问题与主要矛盾，做好整改落实，增强实施素质教育的主动性和创造性，成效显著。一是中小学生身体健康水平明显提高。目前，“健康第一”的教育理念已在县域各级各类学校得到进一步落实，学生健康的意识和生活习惯逐年加强。与 2014 年相比，小学六年级学生体质健康总体水平达标率上升，达 97.48%；高中二年级学生体质健康总体水平达标率由 93.55%提高到 94.64%，优秀率由 2.47%提高到 4.64%，均呈上升趋势。全省中小学生体质健康总体水平达标率总体上呈上升趋势。全省小学六年级学生、八年级女生、高中二年级体质健康总体水平达标率超过《福建省全民健身实施计划（2016－2020）》中“在校学生国家体质健康标准达标率达到 92%”的要求。2021 年，在发布“义务教育体育与健康质量监测报告”的基础上首次发布“普通高中体育与健康质量监测报告”。二是美育实施凸显特色。2016 年，福建省出台《福建省人民政府办公厅关于全面加强和改进学校美育工作的实施意见》，把美育工作纳入“对县督导”“教育强县”评估体系，重点加强对学校开足开齐美育课程、专任教师队伍建设、专用教室配备等情况的督导检查。截至 2020 年，各县（市、区）先后开发了地方特色校本美育课程，例如，秀屿区开发了莆仙戏曲等地方特色校本美育课程；漳浦县现有 1 所省级中小学校园文化美育环境（培育）示范校，16 所国家级校园足球特色学校，4 所省级校园足球特色学校，3 所省级体育传统特色学校。第二，控辍保学持续推进，各阶段重点突出，成效显著。“十一五”期间，福建省开展了“控辍保学”专项督导，以自查自纠为主要方式，持续监测控辍保学现实情况，以查促改，主要解决辍学率偏高问题。2005 年，全省适龄儿童小学入学率达 99.79%，三类残疾儿童入学率达 93%。“十二五”期间，逐步建立控辍保学工作机制。在制度与管理层面，形成了“教育行政部门—学校—教师”控辍网络和“县（市、区）—乡镇—村居”控辍管理的长效机制，完善了学籍管理制度、辍学学生报告和动员复学制度、困难学生助学制度。另外，控辍保学与教育强县建设相结合。“两项督导”评估从严要求义务教育阶段学生辍学率，对接受“教育强县”评估的县（市、区），凡城乡小学辍学率超过 0.5%，城区初中辍学率超过 2%，农村初中超过 3%的，实行“一票否决”，对已实现“教育强县”目标的县（市、区），若连续两年辍学率超过国家规定标准，撤销其“教育强县”称号。在全国较早实现义务教育“两免一补”、特殊教育“三免两补”，中等职业教育免学费，设立学前教育政府助学金，“三类”残疾儿童特殊教育普及水平居全国前列。“十三五”期间，控辍保学与脱贫攻坚相结合。福建省先后出台了《关于做好义务教育劝返复学及学习困难学生教育教学管理工作的指导意见》《关于进一步加强义务教育控辍保学台账管理健全联控联保机制的通知》，建立起常态化控辍保学工作机制、家庭经济困难学生精准资助育人长效机制。截至 2020 年，残疾学生入学率超过 95%，随迁子女在公办学校就读的比例达 92.8%，形成了从学前教育到研究生教育全覆盖的学生资助体系，教育脱贫攻坚取得显著成效。2021 年，福建省有效预防辍学，有力劝返复学，推选出 70 个义务教育阶段控辍保学优秀案例，起到了示范作用。

（四）促进了特殊教育改革与发展

福建省持续将特殊教育纳入“两项督导”范畴，着力促进了特殊教育发展。在特殊教育整体布局方面，要求有关县至少建有一所特殊教育学校，并保障特教学校专项资金全部投入使用。全省现有特教学校 78 所，其中单独设立自闭症学校 1 所，独立特教幼儿园 4 所，20 万人口以上县（市、区）特教学校基本实现布点全覆盖，所有市、县均成立特殊教育资源中心。“十三五”期间，全省累计投入 24.13 亿元专项用于提升特殊教育整体水平。特殊教育学校生均公用经费省定最低标准达到 9500 元。建立“一人一案”特殊教育安置机制，将适龄未入学残疾儿童教育安置纳入省纪委挂牌督办的义务教育控辍保学工作的重要内容，保障了残疾学生受教育的权利。2020～2021 学年，全省特殊教育在校生 11951 人，比 2012～2013 学年增长 57.77%；义务教育阶段在校残疾学生 2.73 万人，残疾儿童入学率超过 99%；全省近 80%特教学校开展自闭症教育，招收自闭症倾向学生 4012 人；全省 86 个县（市、区）开展重度残疾儿童“送教上门”服务，接受居家教育的残疾孩子 3993 人。很多县（市、区）探索出了特色化的办学模式，如安溪县探索特殊教育向职业高中延伸，逐步形成“普特融合+产教融合+康教融合”特教模式；永定区成立区特殊教育资源中心，创新特殊教育与学生康复就业有机结合的教育教学方式，推动特殊教育向学前和高中阶段“两头延伸”。

第四章　福建省“两项督导”促进县域教育发展个案研究

第一节　教育工作先进县（市、区）的发展经验

自2006年福建省开展“对县级人民政府履行教育职责督导评估”以来，共有145个县（市、区）次获得“优秀”等级。其中，鼓楼区、思明区、鲤城区、晋江市、上杭县、台江区、湖里区、石狮市、建宁县、大田县、福清市、海沧区、集美区、丰泽区、荔城区、福安市、仓山区、翔安区、沙县、泰宁县、长乐区、东山县、梅列区23个县（市、区）连续3次被认定为教育工作先进县（市、区）；柘荣县、古田县、永定区、连江县、城厢区、涵江区、三元区、仙游县、晋江市、南安市、龙海区、南靖县、建阳区、建瓯市、福鼎市、洛江区、将乐县、永安市、明溪县、永春县、惠安县21个县（市、区）连续两次被认定为教育工作先进县（市、区）。为便于陈述，本节主要选取台江区、集美区和上杭县作为案例，通过梳理这些教育工作先进县（市、区）的各项举措，可以发现以下四点共性，值得推广借鉴。

一　着力完善办学条件

创造良好的环境、提升办学条件是确保并提升教学效果的根本。教育工作先进县（市、区）积极探索，勇于改革，在办学条件提供和提升方面取得了丰硕成果。

（一）增加投入，办学条件逐步改善

福州市台江区财政对教育经费优先安排，重点保障，逐年增加。财政

拨款占教育总支出的比例从 2004 年的 75%、2005 年的 76%提高到 2006 年的 80.6%，投入总量与力度不断加大。早在 2006 年，区政府在财政困难的情况下，筹资 1.999 亿元实施教育“九大工程”，扩大校园面积 48.9 亩，新建校舍 3 万平方米，消除危房 1.25 万平方米，生均用地面积由 7.2 平方米提高到 8.7 平方米，生均校舍面积也提高了 0.31 平方米。整合 3 所薄弱小校，新建了台江实验小学、台三小鳌峰分校、光明小学、祥坂小学，扩建了台三小、交通路小学、三十七中教学楼和图书馆等。同时还投入 290 万元，新增电脑 967 台，全区学校都配备了多媒体设备和电子备课室；投入 46.8 万元，新增图书 16 万册，图书配置超过省均水平，图书馆建设整体水平较高。开展“九大工程”整合了区内教育资源，扩大了办学规模，大大缩短了学校之间办学条件的差距。

2008~2011 年，厦门市集美区委、区政府财政投入教育经费大幅度增加，办学条件显著改善。这三年间，区财政经常性收入平均年递增率为 19.79%，财政预算内对教育拨款三年平均递增率为 24.78%，义务教育阶段预算内生均教育事业费支出和预算内生均公用经费支出逐年均有较大幅度增长，预算内生均公用经费均高于省定标准。与此同时，全区新建 13 所学校，改建、扩建 25 所中小学、幼儿园，新增学校用地 898 亩，新建、扩建校舍近 40 万平方米，全区公办学校新建校舍达 80%，投入近 1.2 亿元用于校安工程建设。投入资金 5200 万元，修建塑胶运动场，绿化校园，配备安保监控报警系统，增添教学仪器设备和图书。全区公办中小学功能教室、教学仪器和图书配备基本达到省颁一类标准。公办学校普通教室大都装备了多媒体设备，全区机生比高标准达标。

（二）与时俱进，教育信息化步伐加快

福州市台江区教育信息化建设起步早，建设快，效果好。在 2004 年成为全省十个“中小学信息技术教育实验区”之一后，继续加大投入，加强信息技术教育，当年小学机生比为 1∶15，中学机生比为 1∶12，远超小学机生比 1∶20、初中机生比 1∶15 以上的评估标准。2006 年底建成的台江教育博客网站，实施“12121”工程，通过网络进行教学实况和现场教研实况转播，同步进行在线教研，探索信息技术与学科教学整合，促进全区中小学教学质量的提高，得到了有关部门专家的肯定。

（三）坚持不懈，硬件建设水平提升

龙岩市上杭县委、县政府把教育项目纳入县政府为民办实事和基础设施重点建设项目。2018 年《福建省人民政府教育督导办公室关于上杭县教育工作“两项督导”省级督导评估的反馈意见》表明，该县已投入近 1 亿元兴建第二实验小学和教师进修学校附小，完成上杭四中、五中初中部扩容建设。2017～2020 年规划再建 3 所小学、4 所城区幼儿园，扩建上杭五中高中部。提前完成“全面改薄”任务，截至 2017 年 4 月，全面改薄项目开工率为 122.66%，竣工率为 109.46%，完成设备购置 5000 万元，完成率为 144.37%。全面实现“宽带网络校校通”和“优质教育资源班班通”，农村完全小学以上学校的普通教室实现多媒体教学设备全覆盖并接入网络。

2014～2016 年，厦门市集美区教育经费达到“三个增长”的法定要求，区公共财政教育支出占公共财政支出的比例高于全省平均水平。近三年，投入资金约 8.8 亿元，新建中小学校、幼儿园 12 所；投入资金约 1.95 亿元，为各级各类学校添置教学仪器、设备、图书等；投入 2000 多万元，提升信息技术装备水平。全区办学条件进一步优化，学校管理与信息化水平不断提高。

（四）适度超前，学校建设快速推进

厦门市集美区委、区政府高度重视教育投入和学校建设。教育投入充分发挥财政主渠道作用，大幅度提高投入标准，2007 年生均公用经费初中达到 770 元，小学达到 580 元，并将财政核拨范围覆盖到全部 5 所民办学校，为随迁子女接受义务教育提供了有力保障。

2006 年实现“双高普九”以来，区委、区政府继续加大学校建设力度，坚持城乡一体化理念，多渠道筹措资金 5.3 亿元，启动新一轮中小学、幼儿园建设工程，三年内全区再扩大校园面积 769.5 亩，新建校舍 39.3 万平方米，新添电脑 3165 台，为中小学教室配备了多媒体教学平台，教育资源信息化建设走在全省前列；每个镇街都按高标准配置了公办独立中心幼儿园；全区校园建设基本实现“花园式”目标，公办学校的条件装备水平位居全省前列；每年拨出专项经费为民办学校配备教学仪器设备，充实办学条件，全区中小学办学实力明显增强，城乡义务教育资源配置趋于均衡。

二 重视师资队伍建设

建设并拥有一支高质量的师资队伍，是教育事业持续健康发展的关键。各教育工作先进县（市、区）高度重视师资队伍建设，采取各种措施，提升师资水平，取得显著成效。

（一）深化改革，教师轮岗交流工作取得突破

为促进义务教育教师资源均衡配置，早在 2007 年，福州市台江区就尝试开展中小学教师校际交流工作。确定为全省中小学教师管理体制改革试点单位以后，进一步完善管理机制，率先实施中小学教师轮岗制度，并结合“小片区管理”，统筹安排，深层次推进教师轮岗交流，大大缩小了校际教育教学水平的差异，成为全省的先进典型。2007~2011 年，全区共有 518 名教师参加了校际交流，占应交流教师的 42.8%。发挥名教师、骨干教师作用，定期组织教学名师“送培到校”、巡回讲学等活动，带动了教师队伍整体水平的提升，形成了优质校与一般校竞相发展的局面。此举引起媒体广泛关注，《中国教育报》、福建电视台等新闻媒体都给予报道。

（二）多措并举，教师队伍整体素质持续提升

厦门市集美区素来拥有“尊师重教”的传统，2012 年省人民政府教育督导办公室督导评估组经实地核查，认为集美区在师资队伍建设方面具备以下五个特色。一是加强学校班子建设。通过公开竞聘，近三年选任 49 位校长（园长），调整校级领导 21 人。二是重视校长教师培训。主动联系国家重点师范院校，开展多形式校长教师培训。通过实施农村教师教育教学能力与中小学教师教育技术能力建设工程和名师名校长工程，全面推进教师专业成长。三是努力改善教师结构。2010~2012 年共补充紧缺学科教师 288 人，组织一批富余学科教师实施转岗培训。四是围绕开齐开足开好课程的要求，调整小学各科教师结构比例，体音美等学科专任教师比例大幅度提高。五是高标准建设教师进修学校，进修学校的教学研究、专业引领作用得到充分发挥。

（三）狠抓落实，教师各种福利待遇得到保障

2006 年，龙岩市上杭县委、县政府把教师队伍建设作为发展教育的战

略重点来抓，通过落实待遇，加强管理，不断提高教师队伍素质。在建立教师工资保障机制的基础上，成立了教师救急救难基金会，对有困难的教师及时给予救助。人事部门在教师职称职数分配和编制的核定上套用高标准，给予一定的倾斜，以缓解农村校点分散、教师配备不足的问题。为优化小学教师队伍的年龄结构，县政府决定从当年开始每年新补充 30 名新教师，增强队伍活力。教育主管部门重视加强师德师风建设，大力弘扬“爱岗敬业、关心学生、遵纪守法、注重学习、廉洁从教”的师德风尚，提高教师队伍的思想政治素质。教师进修学校经常性组织开展教学开放日教研活动和多形式的教师继续教育活动，促进教师专业水平的提高。

厦门市集美区委、区政府充分认识到教师资源在教育工作中的首要地位，牢固树立“服务基层，服务教学，服务教师”的工作理念，中小学教师编制核定工作超前开展，在全省率先核定公办幼儿园教师编制标准；2007 年出台了教职工绩效津贴和各项补贴政策，高标准建立教师福利待遇制度（按每人每年绩效津贴 1.3 万元、加班补贴 9000 元，每人每月午餐补贴 220 元、工作补贴 163 元，山区教师交通补贴每人每月 300 元等，合计每人每年增加 2.6 万元），为全面提高中小学校长、教师队伍整体素质打下基础。重视校长、教师专业成长，每年按教师工资的 2%划拨教师继续教育经费，为中小学、幼儿园实施素质教育，推进课程改革提供强有力的支撑与保障。

（四）综合施策，队伍建设各种难题得以解决

2006 年，福州市台江区在全区范围内开展了以“赛教育教学管理，比行政工作水平；赛新课程改革，比教学研究成效；赛教育教学质量，比学校办学效益”为主要内容的“三赛三比”活动，对学校管理、教育教学、师资水平进行综合评价，对优胜单位进行表彰，区主要领导亲自颁奖。这一活动的开展，推动全区学校抓管理、抓教研、抓质量，促进学校内涵发展，使台江区的教师队伍素质、学校办学效益和教育的整体形象有了很大提升，各校生源明显增加，也使全区基础教育质量得到全面提高，各类教育协调发展。

龙岩市上杭县委、县政府针对师资队伍建设问题，于 2011～2017 年打出了一套漂亮的组合拳。一是建立教师专业技术职务聘任激励机制，调动教师工作积极性。除实行特岗特聘外，还出台了地方政策，解决了 600 多名

已评未聘教师的职称聘任问题。落实中小学教师按岗聘用制度，做好教师岗位5年聘任制和3年一轮职称聘任工作，将校长的绩效考核奖励和班主任工作补贴标准人均每年提高至6000元。二是努力解决教师队伍结构性矛盾。实施短期转岗、提前退休，分流富余学科教师，2015~2017年共补充紧缺学科教师352人，加大教师校际交流力度，对在同一所学校连续任职满两个任期的校长进行轮岗交流。三是加大教师队伍研训力度，引领教师专业成长。加大对教师的引进和培养，对接沿海优质资源开展对口教育协作，采用“走出去，请进来”等多种形式，落实乡村教师素质提升工程，大力实施校本培训，开展高端培训培养工作，开启新一轮五年教师全员轮训等，使不同类型教师的教育教学水平在研训中迅速提高。

三　不懈奋斗办好教育

通过开展“两项督导”，加强对教育工作的行政监督与指导，保障了教育法律、法规的贯彻执行，促进了政府法律责任的落实，进一步提高了各级党政领导对教育工作的认识，增强了各级政府抓好教育、办好教育的使命感和责任感，掀起了尊师重教热潮，为推进区域教育的均衡发展、促进县域各类教育的协调发展提供了有力保障。

（一）认识提高，着力突破教育重点难点

接受评估的绝大部分县（市、区）党委、政府对教育工作都十分重视，党政一把手发展教育的责任感、使命感大大增强。更加关注教育工作，调研更加扎实、决策更加精准、部署更加到位。在全县经济社会发展规划、年度工作计划和重点基建项目、为民办实事项目中，都能体现教育优先发展。针对教育改革与发展中的新情况、新问题，都能及时通过召开专题会议、现场办公会议和开展专题调研等形式，研究教育工作，解决教育热点、难点问题。各县（市、区）都建立了主要领导挂钩联系学校制度，建立起职能部门及乡镇教育工作目标责任制度和督导评估制度，并采取有效措施认真抓好落实，形成了党政领导重视，政府统筹实施，职能部门、乡镇和学校各负其责，共同推进教育改革与发展，促进了全社会关心、支持教育氛围的形成。如福州市台江区委、区政府仅2006年就先后召开有关教育工作的会议达36场，2007年新班子到任后又召开了12场，部署教育工作，

研究、解决教育问题。

（二）创新管理，教育改革创新亮点纷呈

福州市台江区委、区政府一手抓管理，一手抓服务，对全区教育事业进行通盘考虑，真抓实干，大胆创新，管理到位。在促进学校规范办学行为、建设校园文化、学校精细化管理、义务教育学校、“小片区管理”、创建教育特色等方面，教育行政部门创造性地建立学校考评机制（“三赛三比”），各项工作都能做到有政策支撑、有实施方案、有过程检查，工作扎实，效果明显。区域内原有的科技创新、体育活动等传统优势得以深化与拓展，培育了一批学生参与面广、成绩优异、省内外颇具影响的特色学校，终身教育工作受到省级表彰。成立全省首家青少年社会工作机构，以社工志愿服务方式协助政府开展青少年学生“心理健康”“学习困难辅导”“不良行为矫正”等项目，推行政府、社会、学校、家庭“四位一体”的德育工作方法，成为区域教育改革创新的一大亮点。积极开展婴幼儿早期教育，成为“全国早期教育示范基地”。

（三）勇担责任，实施教育优先发展战略

2005 年，龙岩市上杭县委、县政府把教育作为“科教兴县”的奠基工程，纳入全县经济社会发展的总体规划，研究出台了一系列促进教育改革与发展的政策、措施，为本县教育的健康、快速发展提供了有力保障。县政府建立定期研究教育工作制度，及时研究解决教育发展中的困难和问题。县委、县政府主要领导经常深入学校现场办公，为学校排忧解难。县直有关部门能够履行职责，为教育发展尽职尽责。财政、建设、计划、国土等部门为中小学危房改造开设“绿色通道”，简化报批手续，减免相关费用；综治委和公安、工商、文化等部门开展了校园周边环境治理，配备综治副校长，设立校园特别保护区，开展“创建平安校园”活动；关工委、教育局坚持联合开展“争当著名苏区好学生”活动，每年评选、表彰一批品学兼优的学生；县政府办公室协调财政、民政、教育等 12 个职能部门形成的资助贫困学生联席会议制度，定期研究解决贫困学生的入学困难和生活补助问题。各乡镇政府能认真履行职责，努力做好义务教育组织入学，协助县政府筹措教育经费。由于领导重视，部门支持到位，形成了全社会关心、

支持教育的良好氛围。

福州市台江区作为2006年度教育工作先进区，区委、区政府高度重视教育工作，坚持科学发展观，把教育工作纳入全区经济和社会发展的总体规划，列入政府为民办实事项目，教育优先发展战略地位得到进一步落实。2003年通过省政府“双高普九”评估验收后，区委、区政府提出了创建“教育强区”的奋斗目标，及时研究部署教育工作，成立教育工作领导小组，解决教育改革与发展中的规划布局、学校新建扩建、薄弱校改造等重大教育发展问题。2006年初，区政府出台了《关于建立区直有关部门、街道党政主要领导干部抓教育工作督导考核制度的通知》及考核实施方案等文件，与13个区直部门10个街道签订了年度教育工作责任书，并由区委组织部、区教育局、区政府教育督导室等单位联合进行督导考核，针对存在问题，发出整改通知书，取得良好效果。此外，区里还建立了领导挂钩学校制度，区四套班子领导经常深入学校建设工地调研，现场办公，了解教育项目工程进展情况，解决难题。全区上下形成了主要领导亲自抓，分管领导具体抓，部门、街道为主抓的工作机制，全社会关心支持教育的氛围日益浓厚。

四　确保教育经费投入

办教育需要大量的资金投入。稳定的经费来源、有力的经费保障，对于教育事业发展来说至关重要。如何筹措经费，保证对教育事业的财政投入，各教育工作先进县（市、区）开展了形式多样、种类繁多的有益探索。

（一）主动投入成效显著

厦门市集美区政府不遗余力地筹措资金，投入教育事业，主要取得以下成效。一是教育经费保持高位投入。2009~2011年预算内财政教育拨款平均增长24.65%，高于财政经常性收入增长水平。预算内生均教育事业费和生均公用经费保持全省前列。教师继续教育经费按工资总额的2%划拨。二是按城乡一体化理念，全盘考虑学校布局，并以全省少有的力度推进学校建设。2010~2012年财政主渠道投入资金15.6亿元，新建和扩改建39.8万平方米标准化校舍，新建校舍占总面积的80%；投入资金2000万元，专项用于学校信息技术装备。三是中职学校办学水平全省一流。三年来共投入资金 1.68 亿元，加快职业技术学校基础能力建设。职业学校主动对接产业发展，机械、光电等专业与国内多家知名企业形成稳定的校企合作关系，教育质量大幅度提高，办学特色显现，率先通过国家级“中等职业教育改革发展示范学校”验收。

福州市台江区政府从 2016 年以来，确保财政一般公共预算教育支出逐年只增不减，一般公共预算教育经费占一般公共预算支出比例高于省均水平，各项学生资助政策及惠民政策全面落实到位。中小学班主任补贴资金从绩效工资中剥离，列入部门专项预算，每年安排专项经费 50 万元，提高名优骨干教师津贴。

为解决城区学校扩容问题，2011 年龙岩市上杭县政府划拨 136 亩教育用地，用于新建 2 所小学、4 所幼儿园，多渠道投入资金 1.5 亿元，扩大校园面积 133 亩，新建校舍 16 万平方米；投入 2700 多万元，新增电脑 3000 多台，添置图书 12 万册，常规仪器设备基本达到配备标准，38 所学校实现标准化，按规划完成了 50%的标准化建设任务。

（二）多方筹资，保障经费

龙岩市上杭县自实行义务教育管理新体制以来，克服财政困难，发挥县级财政对教育投入的主渠道作用。龙岩市上杭县率先将教师工资收归县管，建立教师工资保障机制，认真落实全县教师医疗保险、社会劳动保险等各项经济待遇，并对教师住房给予政策上的倾斜和资金上的优惠。在确保主渠道投入的同时，努力拓宽渠道，增加投入总量。概括地说，龙岩市上杭县通过下列途径多方筹资，积极投入教育：一是通过向学校无偿划拨土地，置换资产，减免各项行政性收费等方式，间接增加教育投入；二是充分发挥革命老区的优势，积极争取专项资金发展教育；三是积极引导企业、个人和社会关心、支持教育，开展捐资助教活动；四是实施学校后勤服务社会化改革，吸引社会资金投入学校基础设施建设等，通过各种渠道，为教育发展引资聚财。县财政部门加强对各项教育专项资金的管理，做到专款专用，充分发挥资金的使用效益。

2007 年接受省市教育“两项督导”以来，福州市台江区不断加强薄弱环节整改，进一步完善教育经费保障机制，确保财政教育投入法定增长。五年来，结合旧城改造、校安工程筹措资金 5 亿元，投入教育扩容和薄弱学校改造，新建与改扩建 12 所学校，加固改造 22 所学校，建筑面积达 9.87 万平方米，学校布局和校舍条件得到大幅度改善。筹措资金 1.1 亿元，兴建台江区青少年文体活动中心，扩大了青少年活动空间。近年来，为实现义务教育均衡发展，台江区政府投入资金 2467 万元，专项用于学校内部设施和教学设备的更新充实，全区义务教育阶段 26 所学校全部实现标准化，随迁子女全部就读公办学校。

第二节　县域教育工作进步显著的典型个案

从福建省三轮“两项督导”的结果来看，部分县域在第一轮“两项督导”时，教育督导结果被评定为合格或良好等级，但在“两项督导”的督促、指导下，教育发展步伐不断加快，进步显著，在第二轮或第三轮“两项督导”时，教育督导结果从最初的“合格”或“良好”等级，转变为“优秀”等级，如漳平市在三轮“两项督导”中，其教育督导结果分别为“合格—良好—优秀”等级；如将乐县、屏南县、城厢区、宁化县、寿宁县的教育督导结果由“良好”等级发展为“优秀”等级。本节将结合这几个县域教育发展的具体情况，总结这几个县域的教育督导结果为“合格”或“良好”等级时所存在的共性问题；探讨这几个县域如何在省政府教育督导办公室的推进和指导之下，其教育发展从“合格”或“良好”转向“优秀”的经验，以期为其他县域的教育发展提供有益借鉴。

一　县域教育发展为“合格”“良好”等级存在的共性问题

在第一轮“两项督导”中，这几个县域的教育督导结果仅被评为“合格”或“良好”等级，通过对它们所存在问题的比较、探讨，发现它们之所以教育发展比较落后，主要在于其教育发展中存在以下五个共性问题。

（一）教育投入不足，配套资金不到位，专项资金管理不规范

教育投入是支撑教育事业发展的重要物质基础。从这几个县域的第一轮教育督导结果来看，均存在教育投入不足、教育经费短缺、管理不规范的情况。

以宁德市屏南县为例，该县财政投入欠账较多，配套资金严重不足，虽

说县预算内的财政对教育拨款总量在逐年加大，但财政拨款占县财政总支出的比例在逐年下降，从2004年的27.15%下降到2007年的20.7%，财政投入的总量逐年增大，教育投入所占比例反而下降，教育费附加的投入水平较低，2005年和2007年，教育附加的投入分别只占总数的15.4%和38%，截至2007年底仍有滚存结余390万元未下拨使用。义务教育阶段免杂费配套资金当年不能落实到位。2006年和2007年是通过追补才到位的，2008年的配套资金145万元未按时到位。危改工程、布局调整工程、农村寄宿生宿舍建设工程已完工和在建项目中，县级配套资金仍有368万元缺口。

再如宁德市寿宁县，由于县域经济水平较低，财政收入有限，教育投入总量与实际需求有较大差距。新增教育经费对农村薄弱学校倾斜不够，农村规模较小的学校公用经费更是明显不足。此外，义务教育免杂费配套资金、校舍维修改造资金、农村寄宿制学校配套资金、教师继续教育经费还存在缺口。2009年，县财政未按新的省定生均公用经费标准（小学350元、初中550元）安排预算。

（二）教师队伍整体素质偏低，师资结构不合理，教师资源配置差异大

从几个县域第一轮的教育督导结果来看，均存在教师队伍整体素质偏低的情况，与全面实施素质教育和新课改的要求存在差异，制约县域教育事业的发展。这也是这些县域教育督导结果被评为“合格”或“良好”等级的原因。这几个县域教师素质偏低，主要表现为：学科结构不合理；教师教育理念落后、不能适应新课程改革以及素质教育的要求；教师年龄结构失衡，教师资源配置不合理。

以三明市将乐县为例，在其2005年度人民政府教育工作督导评估结果中指出，该县的教师队伍总体水平不高。教师培训经费不足，中、高级职务职数比例低，中小学学科师资结构、年龄结构矛盾较为突出，史、地、生、理、化、英等学科专任教师缺乏，寄宿制学校后勤服务人员、生管教师紧缺。农村学校教师配置更为薄弱。再如三明市宁化县，在其2007年度人民政府教育工作督导评估结果中指出，该县存在职业中学、宁化六中等学校教师短缺、学科不配套且农村小学教师队伍老龄化、结构不合理的情况。

（三）控辍形势严峻，义务教育普及程度偏低，学额巩固措施不力

从几个县域的第一轮教育督导结果来看，其控辍形势严峻，影响了义务教育普及程度的巩固，具体表现在以下两个方面。

第一，初中“控辍”形势严峻。初中生辍学率均超过3%的评估标准，如莆田市城厢区2006年度人民政府教育工作督导评估结果指出，该县的初中生年辍学率达3.5%。三明市宁化县2007年度人民政府教育工作督导评估结果指出，该县的初中生年辍学率达4%。宁德市寿宁县2008年度的人民政府教育工作督导评估结果指出，该县的初中生年辍学率达4%。

第二，“控辍保学”责任落实不到位，义务教育普及程度有待巩固。以漳平市为例，在其2006年度人民政府教育工作督导评估结果中指出，该市乡镇政府对落实政府行为、发动学生入学、动员辍学学生返校等工作普遍不落实。有的乡镇分管领导甚至对其所承担的控辍职责认识不清，初中学额巩固情况不稳定。宁德市屏南县2007年度人民政府教育工作督导评估结果指出，该县的乡镇政府在落实政府行为、发动学生入学、动员辍学学生返校等工作方面力度不够。学龄人口基数不明，文化户口台账不清，个别乡镇“控辍”力度不够，初中学额巩固情况不稳定。有的将控辍责任完全推给学校。一些学龄人口随家长外出，他们受教育的情况不明，影响了全县普及程度的落实，同时也给控辍保学工作增加了一定的难度。三明市宁化县2006年度人民政府教育工作督导评估结果指出，该县乡镇政府对发动学生入学、动员辍学学生返校等工作还不够明确；一些乡镇，学校对外出学龄人口受教育情况不明，初中学额巩固情况不稳定。

（四）城乡学校办学条件差距大，教育观念落后，管理工作粗放

从几个县域教育发展来看，普遍存在城乡教育差距大，农村办学条件差，校舍、教学仪器不达标等问题，具体体现为以下两个方面。

首先，城乡教育水平差距较大。例如，漳平市2006年度人民政府教育工作督导评估结果表明，该市农村学校无论是硬件设施还是软件水平等均低于城区中小学，教育管理水平与城区相比有着较大的差距。再如，宁德市屏南县2007年度人民政府教育工作督导评估结果指出，该县的农村学校无论是办学条件、师资配备还是教育教学管理，与城区相比，都有较大的

差距。农村中小学的教育教学管理相对粗放，个别农村学校的校长教育理念落后，农村学校教师结构性短缺的现象比较严重，很难适应新时期教育改革与发展的要求。

其次，农村办学条件差，校舍简陋，教学仪器匮乏等。莆田市城厢区 2006 年度人民政府教育工作督导评估结果指出，该区的农村中小学校园环境、配套设施仍然薄弱，部分校舍、厕所不符合标准，全区仍有 1 万多平方米砖木结构、土木结构的校舍，学生实验设备、教学仪器及体、音、美等学科专用教室和器材配备不足。部分农村寄宿制学校师生生活设施还较为简陋。漳平市 2006 年度人民政府教育工作督导评估结果表明，该市的一些农村学校，不仅校舍破旧，而且实验设施设备严重不足，运动场所缺乏。农村学校学生生活设施，特别是寄宿生宿舍、学生食堂普遍十分简陋，存在较大的安全隐患。宁德市屏南县 2007 年度人民政府教育工作督导评估结果表明，该县的农村校舍多为低标准校舍，实验设施设备配备不足，体、音、美专用教室匮乏，标准运动场所严重缺乏，寄宿生宿舍拥挤且严重不足，食堂简陋，存在安全隐患。不少学校图书陈旧，桌椅和门窗破损，校园硬化、绿化水平较低。不仅如此，三明市的寿宁县、将乐县、宁化县等均存在校舍面积不足，卫生条件差，教学仪器、器材、图书资料缺乏等问题。

（五）学前教育滞后、特殊教育薄弱、高中教育不足

从几个县域的第一轮教育督导结果来看，普遍存在各类教育发展不均衡的情况，其中学前教育、特殊教育、普通高中教育、职业教育均存在问题。

首先，学前教育相对滞后。以三明市寿宁县为例，其 2008 年度人民政府教育工作督导评估结果指出，该县全县幼儿园入学率低于 85%，14 个乡镇中有 8 个没有公办中心幼儿园，26 所民办幼儿园中有 25 所没有达到办园条件要求。农村小学附属幼儿班存在学前教育小学化倾向。全县幼儿园总体薄弱，学前教育总体水平低。再如，三明市宁化县 2007 年度人民政府教育工作督导评估结果指出，宁化县全县的学前教育整体水平偏低，无论是在规模还是内涵上都与国家和省的要求有较大差距；甚至县实验幼儿园校舍达不到同类幼儿园建设标准，全县 16 个乡镇中有 12 个未建独立公办中心幼儿园，多数民办幼儿园及村小学幼儿园附设班办学条件差，园舍陈旧。

其次，高中教育、职业教育、特殊教育的入学率偏低。例如，三明市将乐县2005年度人民政府教育工作督导评估结果指出，将乐县的高中阶段教育办学规模偏小，容量不足，高中阶段教育毛入学率仅34%，明显偏低。宁德市屏南县的高中阶段教育毛入学率偏低，高中阶段教育发展滞后，造成初中升学竞争压力的加剧。三明市宁化县2006年度人民政府教育工作督导评估结果指出，宁化县的普通高中教育存在挤占中职教育资源的问题，高中阶段教育对在外地就读学生的取证工作落实得不够到位。莆田市城厢区的6~15岁三类残疾人口筛查工作不规范，入学率不高。

总而言之，几个县域在第一轮的教育督导中，其教育督导结果之所以被评为“合格”或“良好”等级，主要是由于这些县域在上述方面存在较大的问题。然而，这些县域按照“两项督导”中的整改意见进行认真、有序整改，在第二轮或第三轮的“两项督导”中摆脱了原有的“合格”或“良好”等级，均被评为“优秀”等级。

二　县域教育工作转向“优秀”等级的发展经验

经过对几个县域教育发展情况及教育督导情况的比对、分析，发现这几个县域在第二轮或第三轮的“两项督导”中，其教育督导结果被评为“优秀”等级，主要有以下六个共同的经验。

（一）多措并举，推动县域教育快速发展

从几个县域第二轮及第三轮的教育督导结果来看，在主要成效部分存在的共性之一是县域的领导逐步转变观念，高度重视教育，认识到位，多措并举，落实教育优先发展地位，推动县域教育快速发展。

1. 转变观念，落实教育优先发展

这几个县域的县（区）委、县（区）政府主要领导认识到教育在社会发展中的基础性、全局性、先导性地位，切实把教育摆在优先发展的战略地位，并出台一系列相关政策以推动本地的教育发展。例如，三明市宁化县2006年度人民政府教育工作督导评估结果指出，该县县委、县政府把教育作为重要的民生工程，列入经济社会发展规划，出台一系列保障教育优先发展的政策措施，坚持做到社会发展规划优先安排教育、教育项目优先、财政资金及公共资源优先满足教育。再如，莆田市城厢区2010年度人民政

府教育工作督导评估结果指出，该区区委、区政府把教育发展作为全面建设小康社会的重点工程，坚持做到“六个优先”，即教育发展优先规划、教育经费优先安排、学校用地优先保障、教育人才优先引进、教师待遇优先落实、教育问题优先解决。

2. 齐抓共管，履行教育工作职责

几个县域均建立乡（镇）政府教育工作评价制度，并实施教育工作的目标管理责任制，以督促乡镇主要领导及县直各有关部门履行教育工作职责，共同为教育发展尽力。例如，漳平市 2012 年度人民政府教育工作督导评估结果指出，该市政府采用建立责任制的方式，将义务教育“控辍保学”纳入乡镇政府、村民组织目标管理。再如，三明市寿宁县 2011 年度人民政府教育工作督导评估结果指出，寿宁县将教育目标任务纳入职能部门年度考核的重要内容。

正是因为这些县（市、区）党政领导转变了观念，加大了对教育的重视程度，将教育优先发展放在突出的战略地位，为本县域教育可持续发展提供了强有力的政策和制度保障，在全社会形成“齐抓共管、八方抬教”的良好氛围，才能根据教育督导中发现的主要问题和省人民政府教育督导办公室提出的督导意见，及时且有针对性地做出整改，促使这些县域教育在短期内获得迅速发展。

（二）突出重点，重视教育督导工作

教育督导对于实施素质教育、提高教育质量、促进教育公平、推动教育事业发展具有十分重要的意义，因此，各个县域高度重视教育督导工作，充分发挥教育督导的职能。以莆田市城厢区为例，区政府教育督导室从 2007 年起就在全市率先实施乡镇教育工作的督导评估制度，并将督导结果列为乡镇政府绩效考评的重要内容。在全市率先建立督学责任区制度，为每位督学分好“责任田”加强对学校日常工作的监督与指导。再如，三明市寿宁县 2011 年度人民政府教育工作督导评估结果指出，寿宁县委、县政府高度重视教育督导工作，出台了关于加强教育督导工作的意见，明确了教育督导工作的基本任务和主要职责。全面充实督导队伍，划拨专项经费，配备交通工具，有效保障了督导制度的运行。督导机构重视充分发挥自身的职能优势，积极开展督政和督学工作。按照全省统一部署建立了乡镇政

府教育工作的督导评估和乡镇党政主要领导干部教育工作督导考核制度，评估结果得到了较好的运用；建立对学校实施素质教育常规督导工作机制，按照三年一轮的要求制订评估计划，认真开展中小学督导评估，促进了学校素质教育的实施。

（三）完善机制，教育投入稳定增长

从第一轮教育督导结果来看，大部分县域（市）均存在教育经费投入不足或有待提高以及经费结构不合理、管理使用不规范的情况。在这些县域（市）的教育督导整改意见中，均提出应当进一步加大教育经费投入以及制定合理的教育经费保障制度。

以漳平市为例，省政府教育督导办公室在第一轮督导评估中提出整改意见：不断增加教育投入，规范经费使用。但该市在第二轮教育督导评估中，依然存在教育经费投入不足、使用不规范、人员经费超支的情况。针对漳平市在第二轮教育督导中所存在的经费使用问题，省政府教育督导办公室提出以下意见：应当进一步加大教育投入，将列入教育费附加开支的人员经费调整到预算内支出，确保教育费附加主要用于改善办学条件；返还 4 所学校的预算外资金全额，规范预算外资金管理；按照省财政厅（闽财政〔2013〕143 号）文件要求，按新标准做好中小学生均公用经费的测算，预留资金，按时下拨。

在 2016 年的“18 个县基本均衡整改情况”中，省政府教育督导办公室指出，漳平市的经费保障有待进一步完善，2013 年、2014 年市预算内教育经费拨款占财政支出的比例均未达到 21%的要求。教育费附加专项资金的管理有待进一步规范，2013~2015 年均存在超范围开支的情况，而且教师继续教育经费、学校食堂炊事员工资、学校保安人员工资等教育经费未足额纳入市级财政年度的预算。

结合第一轮、第二轮教育督导意见以及 2016 年省政府教育督导办公室提出的基本均衡整改报告，漳平市政府不断加大教育经费投入，在第三轮“两项督导”中，漳平市教育督导结果显示：漳平市实现教育经费投入稳步增长，建立合理的教育经费保障机制。具体来说，漳平市 2017~2019 年的一般公共预算教育经费增长高于财政经常性收入增长幅度，各级教育生均公共财政预算教育事业费和公共经费逐年增长，财政教育投入达到“三个

增长”要求。2017年市一般公共预算教育经费支出占一般公共预算支出的比例达19.98%，超过省均水平。三年来义务教育保障资金支出8499.6万元，“全面改薄”和校安工程款总额为4.2亿元，终身教育经费核拨75万元，学生资助资金1.07亿元，惠及学生80657人次。2017年9月开始对乡村教师按距离主城区远近不同实行分类生活补助。

（四）夯实基础，不断改善办学条件

各县域把改善办学条件作为教育基础性工程来抓，有序推进学校建设，启动中小学幼儿园新建、扩建和改造工程，不断改善和优化学校办学条件。

以漳平市为例，针对第一轮教育督导中出现的办学条件方面的问题，省政府教育督导办公室在2006年度提出的反馈意见为，应当建立校舍维修改造长效机制，有计划、有步骤地完成危改工程，即要在科学论证的基础上统筹规划，将危改项目与中小学布局调整相结合，与农村义务教育薄弱学校改造相结合，提高危改资金效益和学校整体办学水平。经过几年的建设，在第二轮“两项督导”中，其教育督导结果指出：自2012年以来，在薄弱学校改造方面，漳平市在完成校安工程的基础上，根据发展需要，又安排15个建设项目，计划新扩建校舍建筑面积3.5万平方米，到2013年12月已完成6个项目，其余项目正在按计划推进。然而，漳平市在办学条件方面，依然存在办学容量不足、班生额超过省定标准等问题，因而省政府教育督导办公室在2012年度提出的反馈意见为，针对此办学条件问题，提出以下整改意见：抓紧实施实验小学等城区4所学校（幼儿园）的整体搬迁工作，扩大办学容量，并通过合理调整生源等途径，尽快解决实验小学、桂林逸夫小学等城区学校大班额问题；落实第二轮学前教育三年行动计划，加快乡镇中心幼儿园建设，扩大容量，实现标准化办园。

结合省政府教育督导办公室在第一轮、第二轮“两项督导”后所提出的整改意见，漳平市政府大力改善办学条件，加快学校扩容建设，制订一系列教育发展规划文件，实施学校扩容工程。自2015年以来，以校安工程、全面改薄工程、中小学校改扩建工程、幼儿园建设工程等为载体，实施教育建设项目36个，投入资金6.28亿元，改扩建漳平一中等4所中小学，新建2所小学，新建改建7所乡镇公办中心幼儿园和3所城区幼儿园，新增645个幼儿园学位。

（五）统筹推进，不断提升师资水平

从这些县域教育督导结果来看，无论是处在“合格”“良好”等级还是“优秀”等级，县域政府主要领导均注重教师队伍建设。具体举措有以下三个方面。

1. 着眼长远，营造尊师重教氛围

百年大计，教育为本；教育大计，教师为本；教师大计，师德为本。可见，师德修养不仅是教师自我成长的内在需要，也是建设高质量教师队伍的基本保证。大部分县域都极其重视师德师风建设，并营造重教氛围。例如，2019年《福建省人民政府教育督导办公室关于漳平市“两项督导”省级督导评估的意见》指出，漳平市建立激励机制，并着力提高农村教师的福利待遇，提高教师工作积极性。2019年《福建省人民政府教育督导办公室关于宁德市屏南县“两项督导”省级督导评估的意见》表明：该县通过教学奖促进教师队伍发展，连续三年奖励各级各类优秀教师、教学成果突出学校近600万元，并通过社会乡贤捐资助学等方式拓宽教学奖渠道。莆田市城厢区2010年度人民政府教育工作督导评估结果指出，城厢区在全区中小学开展以“忠诚履职、爱生乐教”为主线的师德建设年活动，有效规范教师教育教学行为，提高教师的政治素质和师德水准。三明市宁化县2010年度人民政府教育工作督导评估结果指出，宁化县每年召开教育表彰大会，树立师德师风典型，营造“尊师重教”的良好氛围。

2. 多措并举，优化教师队伍结构

在义务教育师资方面，由于师资结构不合理，存在不少初中、小学一些学科缺乏教师的情况，而一些学科又存在教师富余及教师队伍年龄老化的问题，各个县域采取多种举措以逐步优化师资队伍结构。第一，建立教师补充机制，并做好富余学科转岗工作，以改善学科结构。例如，三明市将乐县2012年度人民政府教育工作督导评估结果指出，将乐县科学分析全县中小学、幼儿园现有教师学科余缺情况以及今后每年退休人数、生源变化趋势，统筹制订教师补充计划。2009年以来，在满编的情况下，仍补充紧缺学科教师77名，努力改善教师学科结构。委托福建教育学院进行富余学科教师转岗培训，3年累计培训教师186名。漳平市自2013年起，组织全市初中富余教学人员进行分批脱产培训，为教师再次上岗做好准备。第

二，建立交流、帮扶制度，合理配置教师资源。针对城乡优质资源不均的情况，各县域结合本地实际建立教师定期交流或结对帮扶制度，以达到教师资源的合理配置。例如，三明市宁化县2010年度人民政府教育工作督导评估结果指出，宁化县制定了《关于城乡教师“校对校”交流的实施意见》，城乡交流教师共1008人，三年双向轮岗面积达30%以上。实施城乡校长流动措施，选派优秀校级领导到农村学校挂职，开展城区学校骨干教师“送教下乡”“教学开放周”等多种形式的支教活动，增进了学校教师间的教育教学业务交流，起到了城乡教育互动的效果。

3. 完善机制，规范教师队伍管理

各县域为了促进本县教师专业成长，不断加大对教师的培训力度，出台了一系列的激励措施和考评机制，以规范教师队伍管理。第一，注重对教师的专业技能培训。以漳平市为例，其2012年度人民政府教育工作督导评估结果指出，为了加强书法教育，漳平市在2013年暑期组织全市700名教师进行专项培训；组织校长、骨干教师到省内外国家课改实验区如上海、北京等地开展学习、观摩、培训等。开展暑期委托式培训，到国家教育行政学院参加培训，引进福建教育学院专家团队来漳平授课培训，举办多期培训班，参训人数达700多人次。第二，建立激励机制，并着力提高农村教师的福利待遇，提高教师工作积极性。三明市将乐县2012年度人民政府教育工作督导评估结果指出，将乐县建立了边远教师补助津贴制度，给乡镇教师每月50元、村校教师每月110元的补助，为该县稳定农村教师发挥了积极作用。2018年《福建省人民政府教育督导办公室关于莆田市城厢区“两项督导”“教育强县”省级督导评估的反馈意见》指出，莆田市城厢区率先落实中小学、幼儿园教师每年增发一个月绩效工资给学校统筹使用的规定，每年核发72.2万元专项资金用于校级干部绩效奖励，农村教师管理工作补贴和生活补助不断提高，不同类型的教师每月补助分别达到500元、620元、670元，有效激励了校长、教师的工作积极性。对校际交流的教师每月给予230元的交通补贴。2014年以来，每年教师继续教育经费实际到位金额均超过全区教职工工资总额2%的要求，追补后达到2.5%，有力支持了教师继续教育工作的开展。第二，制定考评机制，规范教师队伍管理。这些县域高度重视教师队伍的规范管理，纷纷出台相关的师资队伍管理的政策性文件，为教师队伍建设和管理提供政策支持。例如，漳平市2019年度人民政府教育工作督导评估结果指出，漳平市出台了一系列的教师考评制度，如《漳平市中小学幼儿园领导人员绩效管理考评办法》《漳平市公办学校班主任绩效管理考评办法》。再如，三明市宁化县2010年度人民政府教育工作督导评估结果指出，宁化县教育局每年制订学校教育目标考评方案，抓队伍、抓管理，规范学校教育教学行为，以提高课堂教学质量为切入点，建立绩效考评机制，不断提高教育质量和水平。

（六）统筹兼顾，推进各级各类教育协调发展

从几个县域的教育发展来看，县域主要领导均高度重视各类教育的协调发展。具体来说，主要采取以下三种措施。

1. 注重学前教育增量提质

长期以来，学前教育存在公办幼儿园不足、入公办园难、入民办园贵的问题，因此，这些县域重视学前教育的发展问题，认真实施学前教育三年行动计划，以确保县域公办幼儿园数量的提升，解决入公办园难的问题。例如，漳平市2019年度人民政府教育工作督导评估结果指出，漳平市制订了学前教育三年行动计划，截至2012年，全市16个乡镇（街道）全部设立了公办幼儿园；3~5周岁幼儿入园率达到95.7%，而且就读公办园比率高达75%。截至2018年，公办幼儿园和普惠性民办幼儿园在园幼儿占比达95%。

2. 注重义务教育普及提高

控辍保学工作是“普九”工作的重中之重，也是全面推进以素质教育为核心的教育现代化进程中的重要内容，因此，各个县域均注重控辍保学工作。例如，截至2012年，漳平市政府将“控辍保学”单列为考评学校，并建立期初、期末专项督查和通报制度，使全县小学、初中连续三年辍学率均控制在省定范围以内。再如，莆田市城厢区2010年度人民政府教育工作督导评估结果指出，城厢区在各镇（街）建立了适龄儿童入学状况电脑管理制度和异地就学学生就学情况取证制度，加强对中小学生学籍变动和辍学情况的动态监测。建立辍学学生动员复学机制，实行镇（街）包村（居）、村（居）包户和学校处（室）领导、班主任、课任教师包学生等措施，初中生年辍学率得到有效控制。

3. 注重特殊教育稳步发展

教育公平的推进和教育现代化的实现，离不开特殊教育的高质量发展，

因而各个县域对特殊教育的发展充分关注。以漳平市为例，2012 年度人民政府教育工作督导评估结果指出，漳平市政府通过多渠道筹措资金，为特教学校新建综合楼，扩大校园面积 2000 多平方米，添置教学和康复器材，形成了以特殊学校为骨干、以随班就读为主体的办学体系，加快了当地特殊教育的发展。除此以外，2019 年度人民政府教育工作督导评估结果指出，经过几年的发展，漳平市特殊教育学校通过省级标准化验收，基本形成以特教学校为骨干、以普通学校随班就读为主体、以送教上门和社区康复为补充的特殊教育发展格局，并逐步向学前和高中阶段“两头延伸”。比如，三明市宁化县政府自 2008 年以来，每年下发文件，对残疾儿童少年调查摸底、筛查鉴定和组织入学工作进行专项部署，特殊教育的基础性工作水平大幅度提高。2009 年以来投入资金 380 万元，新建了特教学校的学生宿舍和康复楼，校舍条件明显改善，办学规模明显扩大，逐步建立了以特殊教育学校为骨干、以普通学校随班就读为主体的特殊教育体系。

第三节　县域教育中典型问题解决研究——以教师队伍建设为例

通过三轮“两项督导”，发现阻碍教育发展的问题主要集中于教育经费投入不足，城乡教育发展不均衡，农村教师队伍结构不合理及教师素质不高，初中“控辍”形势严峻，学前教育发展相对滞后，特殊教育亟待加强，教研员队伍素质无法满足开展教学研究和引领课改的需要等方面。其中很多问题都可以通过投入更多的资金来解决，而教师队伍建设却是一个较为复杂的问题，也是最难以解决的问题，虽经三轮督导，仍然需要持续重点关注。本节先论述本省教师队伍建设存在的问题，然后介绍本省解决教师队伍建设中问题的督导措施，最后总结三轮督导中各县（市、区）在教师队伍建设方面的经验，以供相互借鉴或推广，促进教师队伍建设问题的有力解决。

一　教师队伍建设存在的问题

福建省重视教师队伍建设，中小学校的教师数量呈增长趋势（见表 4-1），但是教师队伍建设方面还存在一些问题，主要是结构不合理，非编教学人员比例高，农村优秀教师流失率高，以及教师队伍整体素质偏低。教师队伍结构问题，包括学段结构、城乡结构、学科结构、年龄结构、职称结构等不合理。例如，小学教师超编，高中阶段和学前教育阶段教师不足，公办幼儿园教师缺口尤其大；科学、英语、心理健康、综合实践活动课程、信息技术、历史、地理、生物、体育、音乐、美术教师普遍不足；农村校长、教师老化，青年教师不足；高级职称教师少而无职称教师多，农村学校骨干教师短缺严重等。有的小学学段教师在编比率仅为67%，缺编总数达到32%，缺口部分主要通过“合同制”模式过渡，即使这样，教师缺额仍有730人，导致“农村学校因此无法按课程计划开足开齐，严重影响素质教育的实施”。

表4-1 福建省2013~2019年中小学校和幼儿园专任教师数

单位：人

年份	中职学校	高中	初中	小学	幼儿园	特教学校
2013	17710	52049	96638	153941	59163	1636
2014	17187	51602	96962	154490	65226	1729
2015	17102	50923	97933	158698	70405	1825
2016	17103	50463	97965	162496	74840	1924
2017	16732	50424	98789	165910	79381	1993
2018	16479	50720	99880	159952	85310	2070
2019	16485	51144	101846	172012	90917	2147

资料来源：根据福建省教育年鉴2013~2019版数据分析整理。

在第一轮“两项督导”的报告中已对教师队伍建设问题做了一些总结。如在2006年《关于开展县级人民政府教育工作督导评估情况的汇报》中对教师队伍问题总结如下。

由于推进城镇化建设、农村劳动力人口转移、实行计划生育国策等，农村生源急剧减少，按现有农村学校编制标准衡量，各地小学教师的超编现象较普遍。由于在教师人事制度改革上缺乏强有力的政策支撑，推进缓慢，数量上体现为超编较多。受到编制限制，新教师和紧缺学科的教师得不到及时补充，有的县5~6年未进新教师，造成年龄断层，学科结构不合理。小学教师年龄普遍老化，各县农村小学教师平均年龄都在43岁以上，惠安县的平均年龄最高，已达到48岁。小学英语、信息技术、音乐、体育、美术等学科教师紧缺的问题未得到根本解决。此外，高中阶段教师的总量不足，学前教育的教师编制无法得到有效落实。由于缺乏经费，加上各地教师进修学校建设不平衡，教师培训工作无法适应教师队伍建设需要，农村教师队伍整体素质亟待提高。农村教师福利待遇低，住宿条件差，文化生活匮乏，影响了农村教师队伍的稳定，造成农村优秀教师流失，城乡教师资源的差距不断扩大。

在第二轮“两项督导”时，各县（市、区）在教师队伍建设方面都进行了一定的探索，取得了一定的成效。但是，教师队伍建设一直是个难题，无论是教育强县还是其他被评定为优秀、良好的县（市、区），在第三轮“两项督导”时仍然存在教师结构性缺编。如 2018 年石狮市部分学科尤其是小学体育、音乐、美术、科学、信息技术、英语等学科专任教师未能配齐配足，专职心理健康教师及校医配备不足。该轮“两项督导”发现的教师队伍学段结构问题如表 4-2 所示，教师队伍学科结构问题如表 4-3 所示。

表 4-2　第三轮“两项督导”发现的部分县（市、区）教师队伍学段结构问题举例

县区	高中教师	初中教师	小学教师
翔安区 2019	缺编 82 人	缺编 9 人	缺编 683 人
顺昌县 2019	大部分学科缺编 40 人，个别学科超编 16 人	语文、历史、体育、艺术、综合实践等学科缺编 20 人，个别学科超编 3 人	语文、科学、体育等学科缺编 127 人，个别学科超编 11 人
尤溪县 2019	超编 10 人	超编 267 人	语文、数学、外语等学科缺编 63 人

表 4-3　第三轮“两项督导”发现的部分县（市、区）教师队伍学科结构问题举例

等级	县区	超编学科	缺编学科
优秀	福州市长乐区 2019	语文、数学、外语等学科教师分别超编 136、268、31 人	体育、音乐、美术、学前教育等学科分别缺编 496、218、12、408 人
	翔安区 2019	语文、数学、外语等学科超编 82 人	中小学幼儿园非在编合同教师共 937 人，占核编总数的 22.5%
	涵江区 2019	初中语文、数学等学科超编 95 人	音乐、体育、美术、综合实践等学科缺编 71 人，学前教育缺编 255 人
	建宁县 2019	语文、数学、外语等学科超编 77 人	体育、音乐、美术、综合实践等学科教师缺编 33 人，学前教育缺编 86 人
合格	连江县 2019	语文、数学、外语等学科超编 344 人	体育等学科缺编 208 人，全县专职心理教师仅 17 人

二　教师队伍建设中问题解决的督导措施

（一）从严制定教师队伍建设相关督导评估标准

福建省自2006年起，已先后制定并修改了四版“两项督导”标准，为便于了解其中“两项督导”标准对教师队伍建设的要求，本文仅以2017版“两项督导”标准为例来阐述。在该年度版本中，教师队伍建设相关标准在“条件与保障”A级指标部分，共3个B级指标和6个C级指标和17条具体标准，详细规定了各县（市、区）教师队伍结构、教师资格、管理制度、校际交流、培训工作和培养工作等方面的要求，为各县（市、区）人民政府开展教师队伍建设相关工作提供了方向与具体指导（如表4-4）。

表4-4　2017年版教师队伍建设相关督导评估指标

	B级指标	C级指标
A2.条件与保障	B12.师资配备（5分）	C26. 队伍结构（3.5分） （1）各类学校教职工按省定编制标准配足，建立学校教职工编制统筹配置机制（1.5分）。（2）配齐各学科教师，不断完善教师学科结构，满足开足开齐开好课程需要（0.5分）。（3）中职学校“双师型”教师比例在专业课教师的60%以上（0.5分）。（4）按规定配备专职心理健康教师、校医（0.5分）。（5）按规定确定教师进修学校教职工编制和岗位结构比例，配齐配足教研员（0.5分）
		C27. 教师资格（1.5分） 中小学、幼儿园专任教师具有相应教师资格证比率达100%（1.5分）
	B13.队伍管理（5分）	C28. 管理制度（3.5分） （1）建立健全县级教育行政部门在核定的教职工编制总额和岗位总量内，统筹分配各校教职工编制和岗位数量制度（2分）。（2）落实乡村教师支持计划，职称评聘向乡村学校倾斜，统一城市、县镇、农村中小学校教职工编制标准（0.5分）。（3）落实中小学教师按岗聘用制度和师德教育、考核制度（0.5分）。（4）健全教师激励机制和表彰制度（0.5分）
		C29. 校际交流（1.5分） 组织义务教育阶段教师（含骨干教师）、校长在城镇学校与农村学校、优质学校与薄弱学校、中心小学与完全小学（教学点）之间合理流动（1.5分）

续表

	B 级指标	C 级指标
A2. 条件与保障	B14. 培训培养（3分）	C30. 培训工作（1.5分） （1）保质保量完成5年一轮教师全员培训任务，确保每位教师每学年接受不少于90学时培训（1分）。（2）实施乡村教师素质提升工程，提升乡村教师专业水平（0.5分）
		C31. 培养工作（1.5分） （1）开展名校长（骨干校长）、名师（骨干教师）培养工作（0.5分）。（2）县级名师工作室（学科工作室）数量达到适当比例（0.5分）。（3）教师参加省市教师教学技能大赛获奖（0.2分）。（4）教师参加省级或国家级“一师一优课、一课一名师”比赛获奖（0.3分）

（二）依据督导办法和标准定期开展督导工作并及时反馈

福建省的“两项督导”依据《办法》和《标准》开展督导工作并及时反馈，提出整改意见，并限期整改，促进各地重视教师队伍建设。

例如，2006年第一轮省级“两项督导”时，省政府教育督导办公室对莆田市城厢区教师队伍建设提出了“继续加强制度创新，促进教师资源的合理配置”的督导意见，包括补充新教师、城乡交流，通过转岗培训、引导教师参加相关学科第二学历进修的办法，加强紧缺学科教师队伍建设，不断改善教师队伍的学科结构，满足学校开齐开足课程的要求等。2010年第二轮省级“两项督导”时，发现莆田市城厢区在解决教师队伍结构性问题方面取得了相应的成效。一是推进人事制度改革，以高出自然减员总量36个百分点的力度，招聘教师和寄宿生管理员共330多人，有效缓解了农村学校教师学科结构性矛盾。二是有序开展教师转岗培训和支教活动，选派城镇骨干教师到农村学校支教，组织城乡学校开展结对帮扶、送教下乡、专题教研等活动，促进了农村教师的专业成长和教师资源的优化配置。2018年第三轮省级“两项督导”时，莆田市城厢区教师队伍建设得到了持续推进，探索实施教师“退一进一”补充、农村新任教师代培、区域内和区域外（福州5所名校）教师交流、教师省外跟岗培训的教师队伍管理4个机制。同时，省政府教育督导办公室也提出了进一步整改意见：“教师队伍建设有待进一步强化。近年来教师队伍自然减员幅度大，虽然每年均有补充，但仍存在结构性缺编问题。专兼职校医、心理健康教师存在缺编；公办幼儿园配备公办教师数额不够，体美音、科学等学科教师不足。”相信经过整改，教师队伍结构问题能够得到进一步解决。

又如，2007 年对石狮市进行“两项督导”时，提出了与农村教师队伍建设相关的整改措施：市、镇（街）两级政府及有关部门要进一步学习贯彻落实党的十七大精神，科学制订全市义务教育均衡发展规划，将基础教育工作重点转移到农村和薄弱学校，在经费投入、项目安排、师资配备上予以倾斜。2018 年对该市进行“两项督导”后也提出了下一步整改意见，包括进一步加强名优教师的辐射功能，加大力度培养具有区域特色的教育家型校长，完善名师工作室管理制度，指导学科建设，培养骨干教师，开展教育教学研究；按照省级示范性县级教师进修学校的标准，推进进修校新校区建设，整合培训、教研、科研、电教等资源，充分发挥“研究、培训、指导、管理、服务”作用。可见，督导小组通过检查总结经验，发现问题，并针对问题提出改进意见，使县级政府和教育行政部门明确了问题和今后工作努力的方向。

除了对每一个县（市、区）的反馈外，还对全省的教师队伍建设问题进行了总结与反思。例如，2014 年对上一年度的督导工作总结中指出：“各县都能按照省政府文件规定，核定中小学教师编制，补充紧缺学科教师，开展教师校际交流，推进教师合理配置。各县均已建立农村教师岗位津贴制度，为稳定农村教师队伍发挥积极作用。龙岩市将乐县制订教师补充六年计划，并按年度实施。漳平市组织初中富余教学人员进行分批脱产培训，为教师再次上岗做好准备。平潭县按照小岛教师岛龄、教龄长短及实际困难，陆续安排小岛教师到大岛学校工作，解除后顾之忧，并对农村、小岛学校教师每人每年补贴 6000 元。”

三　教师队伍建设中问题解决的典型经验和成效

各县（市、区）积极落实《乡村教师支持计划》（国办发〔2015〕43 号），优化教师资源配置，加强农村和薄弱校师资力量，稳定农村教师队伍、促进教师队伍业务水平的提升和辖区内教育均衡发展。本部分主要对教师队伍结构性问题解决、农村教师待遇问题解决、教师素质提升问题解决、师德师风建设问题解决等方面的经验加以总结。如通过按班师比核定农村学校编制、增加紧缺学科编制、富余教师转岗或分流等解决教师队伍结构性问题；通过发放补贴与提供周转房、职称评聘倾斜等提高教师的生活水平；通过建立城乡教师专业成长共同体（如城乡结对帮扶，农村教师代培、跟岗、挂教培训，小片区管理与集团办学等），提升农村教师的素质，促进城乡之间教师整体水平的均衡；开展丰富多样的师德师风建设活动等。

（一）解决教师队伍结构性问题的典型经验

1. 按班师比核定农村学校编制

莆田市涵江区规范编制管理，定期为学校核定编制，根据生源变化，实现动态管理，并在坚持编制标准的前提下，根据实际情况向农村倾斜，特别是针对农村校点分散、生源减少的情况，编制部门按班师比来核定学校编制，保证农村中小学正常教育教学工作开展和教师队伍的稳定。漳州市长泰县高标准配备教师队伍，在中小学教师编制管理上，城区按省定生师比标准进行核定，农村按学校课程开设需要，以班师比核定，总体上高于省定标准。三明市建宁县也充分考虑农村学校布点分散、规模小的实情，从宽核定农村学校编制标准。

2. 增加紧缺学科编制

厦门市各区在紧缺学科编制单列和建立教师补充机制方面进行了探索。如厦门市思明区通过“公开招聘、高校直招、人才引进”等形式灵活开展师资补充工作，坚持对小学英语、心理健康教育等学科教师单列增编。2012年以来，该区补充了1719名教师，有效缓解了紧缺学科教师缺编问题。厦门市同安区也落实省中小学编制标准，增加心理健康、计算机、网管教师等专项编制。三明市将乐县建立队伍补充机制，在满编的情况下仍补充紧缺学科教师，努力改善教师学科结构。此外，经过整改，三明市梅列区全区体育、音乐、美术、科学教师在教师总数中占比高于省平均水平。

3. 富余教师转岗或分流

许多县（市、区）委托高校进行富余学科教师转岗培训，把初中富余教师转岗到小学，或把小学富余教师转岗到幼儿园，从而解决超编和缺编并存的学科不配套的结构性矛盾。例如，三明市将乐县委托福建教育学院进行富余学科教师转岗培训，3年累计培训教师186名。2008~2009年，龙岩市永定县（现为永定区）部分超编学校教师通过转岗到幼儿园和职业学校任教，缓解了学科紧缺的矛盾，优化了队伍结构。2010 年，漳州市平和县有序地开展教师转岗工作，选调 16 名中学教师补充到小学紧缺学科的教学岗位上。2011 年，福州市永泰县对 105 位小学富余学科教师进行转岗培训。南安市 2012~2014 年组织小学教师转岗培训 366 人，组织 539 名中学富余学科教师到小学支教，使校际师资结构性矛盾得到缓解。漳州市长泰县将部分过剩初中教师转岗到其他事业单位，缓解了教师队伍结构性超编的矛盾。龙岩市上杭县实施短期转岗、提前退休，分流富余学科教师，近三年共补充紧缺学科教师 352 人。2019 年，莆田市涵江区采取超编初中教师交流到缺编小学支教等办法，缓解了农村学校教师年龄偏大、学科配备不全等结构性矛盾。

（二）解决教师待遇问题的典型经验

1. 周转房建设典型经验

武夷山市在全省率先实施农村教师周转房项目建设，共投入 1700 万元，在 7 个乡镇新建 300 多套教师周转房，改善了农村教师生活条件，从改善农村教师待遇入手，有效稳定了农村教师队伍。三明市泰宁县建设教师周转房 318 套，进一步改善了农村教师住房条件。莆田市荔城区 2014 年正式启动中小学教师周转宿舍建设，近三年投资 3614.8 万元，为 18 所农村学校建设周转房约 1.84 万平方米。“十三五”期间，规划建设农村中小学教师周转宿舍的项目学校 35 所 1034 套，入住教师 1034 人。南平市光泽县实施了农村中心小学教师“安居工程”，建设农村教师周转房 147 套共计 6615 平方米。三明市梅列区加强教师周转房建设，农村教师异地任教和支教住宿问题基本解决。

2. 加大农村教师补贴补助力度典型经验

几乎所有的县（市、区）落实了农村教师经济补贴。福安市在全省率先实施“特岗教师工程”，设立“农村特岗学校”（199 所）。全市共确定特岗教师 1000 人，实行特岗补贴，从 2007 年起每年补贴每位特岗教师 2000 元，并推出“六项优先政策”，2008 年每人又增加 500 元，使 180 名中心校教师自愿到农村边远山区任教，确保农村边远学校有一定数量和质量的教师。在原有乡镇工作补贴的基础上，2016 年开始按 10 个档次执行乡村教师生活补助，极大提高了广大边远山区教师的工作积极性。又如福州市仓山区出台《仓山区乡村教师支持计划（2016—2020 年）实施办法》，在乡村教师生活补助政策和乡镇工作补贴方面落实较好。2016年发布的督导文件表明，南平市建阳区将农村教师纳入乡镇工作人员补贴范畴，并按照教职工工资总额的2%拨付继续教育经费；福清市和厦门市翔安区对边远山区、海岛乡村教师的生活补贴为每人每月600~800元。有的县（市、区）还对边远山区工作的教师给予按月交通费补贴或进修交通生活费补助。

（三）提升教师素质典型经验

1. 普通教师素质提升问题解决的典型经验

（1）结对帮扶或城乡交流

福州市仓山区通过校对校“结对子”等形式，开展教师对口支援和帮扶共建工作。实行城区学校教师到农村、薄弱校任教服务期制度，规定城区教师评聘高级职称必须有一年至两年农村学校和薄弱学校任教的经历；福安市开展城区优质校与薄弱校帮扶的“结盟重建”行动。帮助薄弱校实现师资队伍、教育科研、组织管理三大重建工程，带动薄弱校的发展，使强校更优，薄弱校变强。

三明市宁化县出台《关于城乡教师“校对校”交流的实施意见》，城乡交流教师共1008人，三年双向轮岗面达30%以上。实施城乡校长流动措施，选派优秀校级领导到农村学校挂职，开展城区学校骨干教师“送教下乡”“教学开放周”等多种形式的支教活动，起到了城乡教育互动的效果。莆田市涵江区建立优质学校与薄弱学校对口支援和帮扶制度，组织开展名师送教下乡、优秀教师巡回讲学和农村教师进城挂教等双向交流活动，带动了农村教师队伍素质的提高。2008年、2009年涵江区分别选派了83名和78名城区优质学校教师下乡支教，分别选送了66位和55位农村教师进城挂教学习。同时，加强了流动教师的跟踪管理和考核工作，建立表彰和通报制度。龙海市坚持制度创新，实行教师调动积分制，建立农村小学教师合理流动的新机制，有效促进城乡学校共同发展，推进资源均衡配置。

（2）农村教师跟岗培养

农村教师跟岗培养在省内比较普及。如莆田市涵江区加强农村骨干教师的培养，实行农村学校新录用的教师先在城区优质学校跟班学习一年制度，为新教师上岗提供一个良好的实习和锻炼平台。南平市安排5个扶贫开发重点县25名教师到市属学校跟岗学习，选派50名教师到省属、福州和泉州优质校跟岗学习。宁德市出台《宁德市乡村校长助力工程实施办法》和《宁德市乡村教师素质提升工程实施办法》，安排6个扶贫县共选派60名优秀教师、校长到厦门优质学校跟岗学习。

（3）乡村教师长期任教聘任或表彰

全省各县（市、区）在落实在农村学校任教累计满25年的教师不受岗位职数限制直接聘任，为乡村学校从教30年教师颁发荣誉证书等政策方面，比较到位。武夷山市更是突破职数限制，对在农村小学任教10年以上的小学高级职称教师全部给予聘任。

2. 高素质教师队伍建设典型经验

（1）引进优秀教师

福州、厦门、泉州各县（市、区）在人才引进、安家、培育等方面建立了一系列制度。例如，2014年，福州市鼓楼区出台了《全面实施鼓楼区高素质人才培养工程的意见》《推进中小幼教师校际交流工作实施方案》，通过安排周转房、给予安家费和住房补贴等政策，吸引一批名优教师和重点高校毕业生到鼓楼任教，近三年补充教师401人，研究生以上学历的教师达130人。2018年，福州市鼓楼区通过面向国内师范类高校招收优秀毕业生、面向全省公开招考在职优秀青年教师、面向全国公开招考高层次教育人才、建立全区临聘教师补充机制四种渠道补充教师队伍，并落实人才激励政策，对引进的优秀教育人才按不同层次给予安家费、住房补贴。该区中小学专任教师学历层次和体、音、美等紧缺学科专任教师占专任教师比率高于全省平均水平。石狮市出台教育人才引进和培育实施意见，按6类人才标准分别给予5万~60万元安家补助；落实人才优惠政策，首批认定的267名石狮市培育人才按不同层次发放每人每月260元至800元奖励金。

又如，2017年，厦门市思明区制定《思明区教育系统引进高层次人才暂行办法》等文件，不断完善人才激励机制。2018年，泉州晋江市推进“三名”工程建设，率先在乡村小规模学校设立“特岗骨干教师”，出台激励名教师担当作为发挥作用八条措施。

（2）搭设成长平台

福州市鼓楼区按教职工年工资总额的2.5%核拨教师继续教育经费，健全“区、学区、学校”三级培训网络，全面打造“教师成长链”，积极选拔和推荐优秀教师参加各级教育主管部门和业务部门举办的各类名校长、名师培养工程，为教师成长创设优质平台，促进了名师的成长，市级以上名优骨干教师139人，区级名师190人，占专任教师总数的19%。厦门市思明区针对不同层次教师的发展需求和目标，搭建平台，量身定制培养和管理办法，构建教师专业发展五个层级的目标体系，搭建“青年教学能手—骨干教师—学科带头人—名师发展工作室—名师工作室”五级教师专业发展平台，分级培养，分层培训，综合考评，动态管理，促进教师专业提升；厦门市思明区率先在全市开展“教师专业发展学校”创建活动，推动教师全员培训和校本研修向纵深发展。厦门市海沧区创新培训模式，建立特级教师工作室、名师发展工作室和学科核心组三大教师学习共同体，开展学习和研讨，促进学科交流与教师专业提升。全区有各类名师工作室52个，正高级教师4人，特级教师14人，区级以上各类骨干教师905人（占比居全市前列）。2017~2018学年，全区投入900万元用于中小学教师培训，每年教师培训突破1万人次。近两年，教师参赛，6人获省级优质课奖、4人获省教学技能奖、47人获市级教学技能奖；参加“一师一优课，一课一名师”比赛，14节获部级优课、24节获省级优课、26节获市级优课；2018年省第四届中小学教师教学技能大赛，2人荣获特等奖。

（3）加强研训工作

晋江市努力提高队伍整体素质。一是重视校长队伍建设，实施高规格培训，组织214名学校管理干部分五期参加教育部中小学培训中心的高级研修，组织校长异地名校挂职锻炼，举办名师名校长讲坛，有效地提高了学校班子的综合素质和管理水平。二是坚持研训结合，开展多形式、多层次的内容丰富的研训活动，组织教师校际、省际和国际间的交流与合作，促进队伍整体素质的提高。厦门市已成功举办十余届海峡两岸百名中小学校长论坛；厦门市海沧区采取“请进来，走出去”的学习模式，聘请教育界著名专家到海沧讲学，组织教师到国内各大师范院校培训；承办“海峡两岸名师大课堂”“同课异教”精品课堂教学等多种研讨、培训活动，为教师成长提供多样平台；启动“书香海沧，教师领航”教师阅读工程，举办“教育阅读节”，开展“共读一本书”读书征文活动，打造学习型教师队伍，多手段、多策略提高教师队伍素质。

3. *师德师风建设典型经验*

在师德师风建设方面，省内各县（市、区）都十分重视，普遍开展了各种评选活动，如评选“十佳师德标兵”“十佳教师”“感动教育十大人物”等，开展“师德师风建设年”“双满意”“师表工程”“读书修身”等活动，强化广大教师“当人民满意教师”的观念。每年表彰一批优秀、先进教师和先进教育工作者，鼓励教师终身从事教育，热爱教育，进一步树立尊师重教的良好社会风尚。

例如，2008 年，龙岩市永定县（现为永定区）开展“以管理促养成，树典型扬正气”“树新风、扬正气、促发展”等为主题的师德师风建设活动，出台了《关于加强中小学、幼儿园教师管理的若干规定》等一系列文件，规范教师从教行为，加强教师队伍管理，提高教师思想政治素质和师德素养，引导教师树立良好社会形象。福州市连江县加强师德教育，推行“师德先行，名师孵化，学历提升，情暖师心”四项工程，通过评选师德标兵，组织师德巡回演讲，量化师德考核，倡导爱岗敬业、无私奉献的精神。福清市组织宣讲党的十九大精神，举办师德征文比赛、演讲比赛、巡回报告等系列活动，开展“甘守三尺讲台，争做四有老师”专场活动，表彰先进班主任和优秀教育工作者，举办班主任核心素养大赛，健全师德建设长效机制。永安市把“为人师表、乐教爱生”作为教师队伍核心价值追求，争当“五型”教师和城区驻村体验等活动富有特色，涌现出首届省最美教师苏元省等一批优秀典型。组建省级劳模（教师）工作室、名师工作室，充分发挥了名师、劳模的引领示范作用。厦门市海沧区通过组织实践活动使教师的道德体验落实到行为上。例如，组织开展校长、教师进社区、进家庭活动，2007 年共有 1200 多名校长、教师与特殊家庭结成“一对一”帮扶关系，帮扶学生 1325 人。

各县（市、区）都重视树身边的典型，立身边的模范，以先进的事迹感染人，以光辉的榜样引导人。漳州市各县区在教师中广泛开展“学习阮文发，岗位创佳绩”师德教育活动（诏安县），或组织“阮文发先进事迹报告团”巡回报告（龙文区），倡导爱岗敬业的良好风尚，提高教师队伍的思想政治素质和职业道德水准。宁德市周宁县和福州市永泰县分别开展“十比十看”“扬三平精神、深化双满意”等活动，建瓯市评选“十大感动校园人物”。厦门市思明区定期组织评选“师德标兵”“身边的好教师”，开展“教育价值观论坛”等活动，树立先进典型，积聚教育正能量。完善优秀教师评选机制，发动社会各界参与“好教师”评选活动，既增强了优秀教师评选的客观性、公正性，又营造了尊师重教的氛围，社会反响良好。

第五章　福建省“两项督导”的经验、思考与展望

第一节　福建省“两项督导”的成功经验

2006年以来，福建省共完成了三个五年周期的“两项督导”。截至2020底，共有145个县（市、区）次获得“对县督导”“优秀”等级；有39个县（市、区）次获得“督导考核”“优秀”等级。在三轮督导过程中，福建省不断积累经验，既重视对中共中央、国务院关于教育督导精神的领会与贯彻，也重视本省教育督导制度的建设与改革；既重视顶层制度设计的引领作用，也重视基层实施过程的保质保量；既重视树立优秀县（市、区）典型发挥榜样示范作用，也重视督促并积极帮扶后进县（市、区）整改提高。以下就对福建省十五年的三轮“两项督导”经验进行阐述。

一　重视顶层设计，督导工作有序开展

（一）坚决落实中央教育督导政策

根据国务院《教育督导条例》和《福建省教育督导条例》，以及《国务院办公厅转发教育部关于建立对县级人民政府教育工作进行督导评估制度意见的通知》（国办发〔2004〕8号），福建省快速做出反应，发布了《福建省人民政府办公厅转发省教育厅关于建立对县级人民政府教育工作督导评估制度意见的通知》（闽政办〔2004〕130号）。在充分领会中央精神的前提下，福建省结合教育发展实际情况，认真制定“两项督导”工作办法和评估标准，全面推进“两项督导”。

2006年1月23日，福建省人民政府办公厅发布了《福建省人民政府办

公厅转发省教育厅关于全面开展县级人民政府教育工作督导评估意见的通知》（闽政办〔2006〕15 号），文件提出了督导评估的内容和标准；规定了评估要点和工作方案；确立了督导评估程序和省级督导评估方式；要求在每届政府任期内，对各县（市、区）进行一次省级督导，并下达教育督导评估意见（通报）。

2015 年起，在《国务院教育督导条例》《福建省教育督导条例》以及面向县域督导文件的基础上，福建省总结两轮“对县督导”的经验，并对 2011 年印发的县级人民政府教育工作督导评估办法和标准进行了修订，制定了《福建省县级人民政府教育工作督导评估办法（修订）》和《福建省县级人民政府教育工作督导评估标准（修订）》，发布了《福建省县（市、区）党政主要领导干部抓教育工作督导考核办法（修订）》和《福建省县（市、区）党政主要领导干部抓教育工作督导考核标准（修订）》等相关文件，通过督促党政领导干部亲自抓教育，带动县域教育质量不断提升。

（二）努力营造“两项督导”良好工作生态

注重加强领导，健全督导体制机制。2014 年 6 月，福建省人民政府教育督导委员会成立，2020 年调整成员后，目前副省长任主任，教育厅厅长、政府副秘书长任副主任，19 个部门为委员单位。市县两级政府普遍成立教育督导委员会，组建中小学校挂牌督导工作责任区，形成“县级政府、教育局和政府教育督导室、督导责任区、责任督学”纵向衔接和“责任督学、学校、社会”横向联系的工作机制。

要想“两项督导”工作顺利开展，必须有一支业务能力与执行能力强的督学队伍。通过督导业务培训，这支队伍不断进步，从源头上保障了督导工作的专业性与先进性，打造了科学有效有活力的“两项督导”良好工作生态。

为全面推动“两项督导”的深入开展，福建省开展了面向省人民政府督学、特约督学的培训工作。通过精心设计旨在提升督导水平的专业课程，聘请教育督导领域的国内外优秀专家，对督学进行业务培训，从而有力地推动了教育督导专业化水平的提高。

为提高教育督导行政监督效率，要求县级以上地方人民政府教育督导委员会在本级人民政府领导下，依法独立行使教育督导职能，负责统筹、协调、指导本行政区域内的教育督导工作，这对于提升政府教育治理水平有重要促进作用。

（三）精心制定“两项督导”工作程序

省人民政府教育督导办公室对“两项督导”的工作程序有清晰的安排，这使督导工作能够遵循规定的程序有效开展，能够保障督导工作有序推进。

“两项督导”工作的基本程序是根据国务院及省政府、省教育厅的督导工作文件，明确当年督导任务、督导对象及督导内容，并以正式文件下达至各县级政府，使各县级政府能够及时掌握评估信息，了解评估任务，做好准备工作。

在明确督导任务的基础上，督导工作分为县级自评、市级核查与省级督导评估三个层级的工作。县级自评的时间是每年3月31日之前，县（市、区）要将自评报告报送设区市政府教育督导机构；设区市政府教育督导机构则在县级自评的基础上，于4月30日前将核查材料报送省政府教育督导办公室；省政府教育督导办公室则在每年年初按“双随机”方式抽取若干县（市、区）作为年度督导评估对象，并组织督学和专家组，提前一个月发送督导评估通知。省级督导评估严格按照确定对象、督前准备、实地评估、接受监督、汇总审核的程序，开展督导检查工作。

在督导报告里，严格遵循“主要成效—主要问题—整改意见—评估结论”的技术路线，将工作重心放在找出问题、解决问题上，工作思路清晰，工作流程清楚，工作重点突出，报告简练聚焦，大大提升了工作效率，突出了督导工作的主旨。

在程序严格、秩序严明的前提下，对县督导评估工作得以顺利、有序的开展，保障了“两项督导”工作规范、科学、有效开展。

二 重视全面覆盖，督导工作严谨扎实

（一）督导内容全面，涵盖广泛，科学明确

根据2017年版《福建省县级人民政府教育工作督导评估办法（修订）》和《福建省县级人民政府教育工作督导评估标准（修订）》，福建省“两项督导”涉及领域包括“职责与治理”“条件与保障”“结构与发

展”“质量与水平”4个A级指标和23个B级指标，督导内容全面，涉及基础教育工作各领域。

对历年“两项督导”结果反馈报告进行梳理可以发现，从2006年到2020年，教育督导工作严格按照督导规则与督导评估标准，做到督导内容全覆盖。具体表现在以下几个方面。

1. 督导县级政府对统筹管理、依法治教、监督指导、规划布局、安全稳定和依法投入6个B级指标的实际情况。统筹管理部分，主要考查主体责任、管理体制和社会参与，包括是否落实了教育的优先发展地位，是否将教育纳入为民办实事及基础设施重点建设项目，是否制订并落实了教育五年发展规划；是否推进了教育管理体制改革，并推进学校与社区、学校与家庭、学校与社会的交流与合作。

依法治教部分，重点考查县级政府及学校是否依法治教、依法治校，是否依法维护师生合法权益，并做到政务、校务、办事公开；是否开足、开齐义务教育课程，并落实义务教育学校管理标准，积极创建“义务教育管理标准化学校”。

监督指导部分，注重教育督导委员会履职情况，依法开展督政、督学、评估监测，并接受社会、媒体和县政协、县人大的监督。

规划布局部分，注重考查中小学、幼儿园的布局是否科学合理，是否做到了配套学校建设与住宅建设首期项目同步规划、同步建设、同步交付使用。

安全稳定部分，注重考查校园周边环境治理情况和校园反恐、维稳、护学岗、解决问题的能力及突发事件应急预案与处理情况等。

依法投入部分，主要关注县域教育经费使用是否实现了“三个增长”（义务教育财政拨款增长，义务教育学生生均义务教育费用增长，义务教育阶段教职工工资和生均公用经费逐步增长）的要求。各县域学校在教育经费使用方面均有详细数据列入督导反馈报告之中。

2. 督导县级政府对支出监管、其他经费、校园校舍、教学装备、教育信息化、师资配备、队伍管理和培训培养8个B级指标的落实情况，包括公共财政教育支出的比例，生均公用经费拨款制度，农村税改转移支付专项资金使用，以及教育经费审计监督机制和绩效评估制度及教育专项资金使用情况。此外，对教师工资发放、福利待遇及农村教师生活补助政策的落实等，进行了全方位的监督。

3. 督导县级政府在学前教育、义务教育、高中阶段教育、特殊教育和终身教育 5 个 B 级指标方面的落实情况。重点考查学前教育的普惠发展、普惠水平、保教活动方面的依法、依规、保质、保量情况。考查义务教育均衡发展情况，包括规范招生、公平入学、控辍保学方面是否达到了要求。全方位督导普通高中、中职教育、特殊教育及终身教育领域的规范办学、考核激励与健康发展情况。

4. 对县级政府在德育、智育、体育、美育 4 个 B 级指标方面的落实情况进行监督。具体包括德育实践活动与落实机制，教学质量，体育课程的开展与技能掌握，美育课程与活动对学生艺术素养的培养等方面。

（二）督导工作扎实，过程严谨，成效突出

1. 教育优先发展战略的落实。督导县级党委、政府将国家教育优先发展战略列入议事日程。将县级政府的教育发展方略、过程、结果纳入考核体系，通过督政着力推动县域落实教育优先发展战略。

2. 教育风气与工作氛围的建设。督导教学风气、校园文化、校园安全、学习风气等能体现县级学校教育风气的建设成效；督导应急预防、教育收费、校园周边环境治理等方面的工作效果；督导德育基地建设、社会实践基地建设等教育实践活动成效。

3. 教育经费使用与办学条件的改善。督导县级政府对教育经费的使用情况，考查其是否做到了优先投入、重点保障；考查各项政策措施是否落实到位；公用经费是否按照省定标准足额拨付并按规定使用；考查税费改革转移支付危房改造资金、两免一补等教育专项资金，中小学缴存财政专户的预算外资金，是否做到了及时返还学校，并检查有无挤占、截留、挪用等现象。在考查教育经费使用情况的同时，关注学校的危房改造工程、校园硬件建设情况，确保农村办学条件逐步改善。

4. 师资队伍建设水平与保障体系。考查学校教师工资与待遇问题，比如工资发放、培训经费、职务职数核定比例等问题。通过对师资队伍建设的督导，促进县级政府不断优化队伍结构，制定和出台相应政策与措施，如政策倾斜、加强师德师风建设、组织开展教研活动、要求教师参加规划课时继续教育等，提升师资专业水平，提高管理队伍的管理水平，探索校长负责制、

教职工全员聘任制、岗位责任制等管理体制改革，激发队伍活力，开展“送教”“支教”“结对子”帮扶活动等，促进教师队伍水平不断提高。

总而言之，“两项督导”在全面督导县级教育工作的过程中，不仅内容全面，还深入各层面检查具体执行情况。在督导工作中，除了县级政府的自评报告外，还对市级核查意见和基础数据统计进行全面审核，切实将督导工作落到实处。

三　重视榜样示范，以点带面典型引路

（一）福建省教育工作先进县（市、区）概况

自 2009 年起，每年“两项督导”工作都会从两个方面抓落实：一是根据督导反馈结果，发现问题，分析问题，探讨解决问题的方法，给予政策引导、制度保障和行动支持；二是表彰先进县（市、区），以优秀带动普通，以先进带动后进，推动教育高质量发展。

2006~2020 年，福建省通过“两项督导”工作，根据评估结果评出部分教育工作先进县（市、区）（详见表 5-1），以此树立榜样，发挥示范带头作用，引领全省县域教育工作获得快速发展动力，促进教育水平全面提升。

表 5-1　2006~2020 年福建省“两项督导”评估后认定的教育工作先进县（市、区）

年度	优秀县（市/区）
2005	鼓楼区、思明区、鲤城区、晋江市、上杭县、柘荣县
2006	台江区、湖里区、石狮市、邵武市、建宁县、大田县
2007	马尾区、福清市、海沧区、集美区、龙海市、丰泽区、三元区、荔城区、福安市
2008	仓山区、晋安区、闽侯县、同安区、翔安区、南安市、沙县、泰宁县、涵江区、湄洲岛国家旅游度假区、永定县（现为永定区）、建瓯市、松溪县、古田县
2009	长乐市（现为长乐区）、连江县、闽清县、罗源县、南靖县、东山县、洛江区、永春县、惠安县、梅列区、明溪县、清流县、仙游县、建阳市（现为建阳区）、浦城县
2010	集美区、丰泽区、石狮市、城厢区、永安市、宁化县、新罗区、武夷山市、光泽县、福安市
2011	台江区、晋安区、湖里区、龙海市、华安县、鲤城区、晋江市、泉港区、湄州湾北岸经济开发区、上杭县、永定县（现为永定区）、政和县、寿宁县

续表

年度	优秀县（市/区）
2012	龙文区、长泰县、安溪县、仙游县、将乐县、明溪县、武平县、延平区、福鼎市、古田县
2013	—
2014	仓山区、长乐市（现为长乐区）、翔安区、同安区、南靖县、常山华侨经济开发区、惠安县、南安县、建宁县、大田县、建瓯市、蕉城区
2015	鼓楼区、福清市、连江县、思明区、海沧区、东山县、洛江区、泉州台商投资区、荔城区、梅列区、泰宁县、尤溪县、沙县、建阳区、柘荣县
2016	未实施“两项督导”
2017	鼓楼区、思明区、集美区、湖里区、鲤城区、丰泽区、梅列区、城厢区、福鼎市、永安市、福安市、荔城区、福清市、上杭县
2018	仓山区、海沧区、晋江市、石狮市、永春县、东山县、漳州招商局经济技术开发区、三元区、大田县、沙县、泰宁县、漳平市、屏南县
2019	台江区、长乐区、翔安区、涵江区、建宁县
2020	晋安区、同安区、将乐县

注：表中年度是所表彰实际取得工作业绩的年度，实际督导的年度在该年度的第二年，本表根据历年“两项督导”实施结果统计列出。

通过比较历年教育先进县域反馈结果发现，优秀县域经验县（市、区）具有以下共性。

1. 县级党委、政府高度重视教育工作，重视县域教育经费投入；重视学校教育高质量发展，关注学校管理水平、学风校风建设、师资队伍建设、办学条件改善等方面，确保教育的优先发展地位。

2. 政府积极建立与学校的联系，关注学校发展动态，积极为学校发展解决问题。比如通过多方筹措资金为学校排忧解难，带来学校变革动力，促进学校发展。

3. 政府重视学校办学条件改善，通过引进、开发教育资源，改善办学条件，充实教育资源，发挥资源整合优势，充实学校教育力量，促进教育发展。

4. 重视师资力量建设，落实教师待遇。通过政策激励、专业培训、设立特岗等方式，加强教师队伍建设，激发教师队伍工作热情，提升教师专业素养与履职能力，优化师资队伍结构，提升师资整体水平。

5. 重视学校管理者水平提升，采取多种措施提升管理水平，改进学校管理，提高工作效率。

6. 通过增加教育经费，提高教育财政投入，增建校舍等硬件资源，培养优秀师资等软实力，加强教育资源配置。

（二）福建省“两项督导”先进典型的经验

从2005年以来福建省“两项督导”优秀县域的反馈结果中可以发现，教育发展先进县或由后进转为先进的县域，有一些共通经验，即县（市、区）委、县（市、区）政府重视发挥党政主要领导干部在教育督导中的作用，确保教育发展优先地位，强化主体责任落实，重视教育管理体制改革，重视教育经费投入与保障，重视师资力量培养，重视学校办学条件的改善等，通过多方举措，促进学校办学质量提升，同时重视薄弱学校改造，提升办学实力。结合福建省历年政策文件、督导结果与反馈报告，福建省“两项督导”先进经验可归纳为以下三个方面。

1. 政策先行，引领有方

福建省人民政府、省教育厅非常重视对国家教育督导政策的解读、领会、执行与宣传。历年教育督导工作通知文件均对政策动态与制度变化进行特别说明，给予政策指引。这种理念在实际的“两项督导”工作中得到充分体现。比如，通过省政府督学培训，邀请国内外教育督导专家解读国家教育督导精神与工作方针，更新教育督导理念，提升教育督导认知，从总体和大局上把握省级教育督导工作要领；通过责任督学培训，解读国家、省级教育督导文件精神，进一步提升督导人员的督导水平与教育督导能力。此外，在深入基层督导评估工作过程中，严格要求，全面推进，落实教育督导工作要求，通过发现问题、反思问题，积极寻求解决问题的方法，对有需要的县（市、区）教育发展给予精准指导。

在国务院《教育督导条例》和《福建省教育督导条例》基础上，福建省先后多次出台（修订）关于“对县督导”评估办法和标准、县（市、区）党政主要领导干部抓教育工作督导考核办法和评估标准等一系列文件，通过各级督学培训和对各地教育督导工作人员的培训，使教育督学队伍及时了解国家和地方教育督导政策，根据各地教育发展基本情况，因地制宜地开展教育督导工作，促进县域教育高质量发展。

2. 领导出力，政府尽责

长期以来，福建省坚持对县级政府教育工作进行督导，以充分激发政府依法履行教育职责的自主性和积极性。

“两项督导”的成功是各级政府得力领导的力证。上级政府制定的制度，能够在下级政府中得到很好的贯彻执行。从根本上说，教育发展是全体人民关心的大事，从顶层设计到基层执行，全省上下均对“两项督导”给予充分支持与配合。

历年获评教育工作先进的县（市、区），均注重党政主要领导干部在教育工作中的作用，从制订教育发展规划到制订具体的行动计划；从筹措资金助力教育到改革教育管理制度，充分利用教育资源；从重视“对县督导”的载体作用，到每一步工作的部署；党政主要领导干部能够发挥教育治理能力，对县域义务教育发展给予充分重视和关注。以连江县为例，该县虽属福州市，但因历史原因和地理环境影响，其在经济发展与教育基础方面均不具备先天优势。但在“两项督导”工作持续开展的过程中，该县两次获得教育发展先进县荣誉称号。从政府领导层面看，连江县的做法在优秀县域教育发展经验中具有共性，如：持续增加教育投入，确保财政一般公共预算教育支出逐年只增不减；持续改善办学条件，改扩建学校、新建学校，并将教育建设项目纳入政府年度为民办实事和基础设施重点建设项目；不断提高义务教育均衡水平，注重教育公平，构建家庭、学校、社会共同关心留守儿童与流动儿童健康成长的教育体系；建立健全义务教育“小片区管理”、农村薄弱学校“委托管理”办学机制，推进城乡义务教育学校均衡协调发展；提升高中阶段教育发展水平；重视特殊教育发展，学校探索创设的综合性模拟社区，有效提高了特殊教育学生适应社会的能力；培育特色学校；注重爱国主义、集体主义、社会主义教育，注重劳动教育与艺术教育，促进学生综合素养提升。

3. 重视整改，成效凸显

“两项督导”工作开展前期，发现了县级教育存在的不少问题。共性的问题包括教育经费投入不足、依法治教不到位、学校管理不科学；一些农村学校“控辍”任务落实不到位，巩固学额工作形势严峻；城乡教育发展不平衡，师资配备存在结构性失调、农村师资力量薄弱、办学设施简陋且缺乏；学前教育、特殊教育、中职教育发展相对滞后；普通高中办学方式单一，县际、校际差距大等。

针对督导过程中发现的种种问题，省政府、省教育厅、省政府教育督导办公室积极出台各项政策，用于扶持县级政府教育发展，提升教育发展水平。具体措施包括以下几个方面。

一是直面问题，精准解决。例如，关于教育经费使用问题，采取措施促使县级政府有关部门健全教育投入保障机制与监督机制，保障教育优先发展的地位，持续加大教育投入。通过政府力量，不断改善教学条件，提高教育水平。

二是明确责任，确保改进。例如，教师交流轮岗制度，教师工资待遇保障制度，义务教育“控辍”行动，均需要进行详细的调查取证，并针对问题，发动多方力量解决问题。以“控辍”为例，漳州市诏安县政府在“两项督导”带动下，要求乡镇政府把农村初中“控辍保学”工作列入重要议事日程，依法明确责任，建立有效工作机制。同时，教育部门和学校依法实施素质教育，关爱农民工子女、留守儿童和学习困难学生等特殊群体；开展残疾儿童少年的筛查和医学鉴定工作，办好特教学校（班），形成三级特教网络；重视中职教育的组织入学工作，做好社会宣传，加强政策引导，组织更多初中毕业生加入中等职业学校学习，加快高中阶段教育协调发展。这些措施有力保障了“控辍”效果。

三是畅通信息，提高效能。根据国家教育督导团办公室（现教育督导局）《关于建立信息报送制度的通知》（教督办〔2007〕4号）精神，福建省自2007年起建立了教育督导信息报送制度。通过对各地区教育督导工作信息进行采集、筛选、加工和上报等，及时上传下达，及时发现问题，迅速解决问题，提高工作效能。

四是督导约谈，推动落实。为改变过往教育督导“检查多、问责少”的状况，福建省自2015年起启动了教育督导约谈问责机制。通过约谈被督导单位主要负责人和其他主要责任人员，逐步实现反馈、约谈、问责机制常态化，打通教育政策落实“最后一公里”，切实推动政策执行不打折扣。

总之，福建省“两项督导”实施以来，取得了显著的成效，有力地推动了福建省教育工作水平的快速提升。

第二节 福建省“两项督导”的思考

十五年来，福建省“两项督导”取得了较快的发展，成效显著。但在深化教育督导体制机制改革、推进教育改革发展的新形势下，福建省须系统思考“两项督导”工作中的不足，着力解决存在的问题，以真正体现教育督导的导向性、权威性、科学性、实效性。福建省“两项督导”工作主要存在五个方面的不足。

一是管理体制方面，实施“两项督导”的督导机构设置不规范、缺乏相对的独立性，部分督导委员会成员单位在服务“两项督导”方面的领导力、作用力和影响力不强。二是运行机制方面，督导既当运动员又当裁判员的现象普遍存在；督导方式还比较落后；实地督导工作还比较粗放；“督导考核”的运作程序还不够严谨，权威性和针对性还不够强。三是结果运用方面，督导的震慑作用不够，整改问责制度缺乏系统性，督导反馈意见未能真正落实，督导结果问责功能、评价功能、指导功能、反馈功能发挥不足。四是督学队伍建设方面，督学队伍建设不够完善，结构化失衡较为明显，各级督学人员的专业化水平亟待提升，督导小组的组建规范化不足，合力还不强。五是保障机制方面，督导工作运行的组织保障不足，督学的派出未能与各地实际相结合，各地督导工作经费普遍不足，特别是督学应有的工作补贴多数地方未能落实。督导信息化平台建设滞后于实际需要，使用上仍不够熟练等。

一 督导管理体制仍须进一步完善

第一，机构设置尚待完善。福建省人民政府教育督导委员会成立后，各设区市、县（市 、区）两级政府先后成立了本级政府教育督导委员会，至 2014 年，初步确立省政府教育督导委员会领导体制。2017 年，进一步明确省政府教育督导办公室为委员会办事机构，省教育厅厅长兼任省政府总督学，分管副厅长兼任省政府副总督学和省政府教育督导办公室主任，2020 年，省政府教育督导委员会成员单位增至 19 个。发展至今，省级教育督导系统已有较为清晰的组织架构。然而，依据国务院《教育督导条例》和《福建省教育督导条例》，各级政府教育督导机构的工作规程尚未细化完善，职责权限在实践中尚难以有效地实现，甚至近几年个别设区市、县（市、区）级教育督导机构因“机构改革”被强行降低级别，严重地阻碍了包含“两项督导”在内的教育督导工作的正常开展。教育督导机构设置既要保证督导职权的行使，又要符合我国行政管理体制的要求。目前教育督导机构处于多头管理、多头指挥的尴尬境地，层级关系不清晰、不明确，与教育行政部门、政府及有关职能部门之间的权责关系难以厘清，在实际实践中缺乏独立性，各级教育督导机构设置不规范问题较为突出。因此，应合理定位教育督导机构，提高督导机构规格，确保其独立行使职能。

第二，各级教育督导委员会成员单位的协同管理还未充分实现。“两项督导”的实施需要本级其他党政部门和单位的协作与支持，但目前各级教育督导委员会成员单位的职责与功能尚不明晰，各级教育督导委员会及其成员单位间的协同作业能力较弱。例如，“两项督导”运行需要与本级财政部门合力解决经费支持问题，需要与人社部门和编办部门解决专职督学的选任和编制问题，需要与审计部门合力监督财政教育资金使用情况。因此，教育督导委员会应健全各成员单位的沟通协调机制，全面落实成员单位职责，推进信息共享，加强上下协同，形成督导工作合力。

二　督导运行机制仍须进一步强化

从横向上看，“两项督导”运行都涉及通报和公开、反馈和督促整改、跟踪复查和正向激励、约谈和问责等一系列工作环节的规范化和制度化，从纵向上看，深化改革“两项督导”必然要建成省、市、县完整体系全面运行机制。因此，我们必须从横、纵向两个角度反思当前对县“两项督导”运行中的问题。

第一，进一步强化督导过程，实施全周期全过程管理。“两项督导”的过程实质上是督政、督学并举实施的过程。督导过程重在“督”和“查”，难在“整改提升”，针对督中查摆的问题，如何高效地实现问题反馈、问题跟踪、问题整改落实，以提高督导过程的科学性和实效性是贯穿整个对县督导改革发展的两个必须反复斟酌与思考的关键问题。应在督前提前介入，对照标准查找差距，分析存在的主要问题和困难程度，帮助制定达标评估监测标准的具体实施方案。在督中实施联合督查，不仅协同各成员单位及成员参与督查，还可以增加其他有利于更加高效地开展督查、整改工作的相关部门。同时，坚持督政与督学相结合，“两项督导”过程应该以督政为主，督学为本。通过督政来考核主要领导干部是否切实贯彻落实国家各项教育方针，促进教育公平，提升学校教育质量；而通过督学来证实主要领导干部切实履行教育职责的成效。

第二，进一步强化对县“两项督导”，实施“对乡镇督导”，压实各级政府主体责任。在过去的15年中，福建省“两项督导”不断探索、改进、创新督政工作机制，其间积累了不少好的做法，但必须清楚地认识到当前较为突出的两大问题。一，“县级自查”工作机制尚不健全，特别是对乡镇和县级有关教育行政部门教育工作的自查机制。当前县级教育督导机构“督政”工作还未完全受到乡镇政府的重视，督政自查结果常常不能也不敢直面问题，工作失真、流于形式，应进一步完善“以县为主”的义务教育管理体制以及县级自查督导工作机制。二，个别设区市对县“两项督导”标准细化工作不规范、不到位。2021年8月，福建省修订了《县级人民政府履行教育职责督导评估办法和标准》（闽政教督办〔2021〕34号）和《县（市、区）党政主要领导干部抓教育工作督导考核办法和标准（修订）》（闽委教综〔2021〕17号），但据县乡两级督导工作人员反馈，这一新考核指标系统如何组织实施、各级考核指标的权重分值如何设置、督后问题反馈与巩固如何追踪等实施环节须深入设计，以保证福建省对县“两项督导”的公信力和权威性。三，对乡镇督政工作不平衡。乡镇教育水平的高低直接影响县域教育发展水平，“两项督导”实质是考核县域内各乡镇学校教育和教育管理的总体情况。因此，对乡镇督政是县级人民政府通过教育督导推动乡村教育发展、助力乡村振兴的有力手段。伴随着我国教育管理体制改革的深入推进，乡镇教育职责虽然逐步减少，但乡镇学校对满足当地人民群众更高质量教育需求的作用却日益增强。乡镇学校办学条件的改善、义务教育学额的巩固、普惠幼儿园的建设、教育公平的实现、尊师重教氛围的营造、校园及周边的安全、社区（乡村）教育的实施、学习型社会的创建等问题，深刻影响县域教育工作的发展，因此，完善对乡镇督政工作机制，既是推动乡镇教育高质量发展的需要，也是对“两项督导”工作的有益补充。

三 督导结果运用仍须进一步加强

我国教育督导已从行政监督型督导阶段走进监督—指导型督导阶段，这意味着督导结果既要服务于监督责任主体是否管好教育，也要服务于指导责任主体办好教育，这与督导结果运用关系密切。然而，现行“两项督导”结果运用存在权威性不足、震慑力不强的状况，其“利剑”的作用有待进一步发挥。

第一，还未较好地遵照执行教育督导问责办法。问责是督导结果运用的新型治理手段，问责约谈实践活动需要法规制度来规范“谁来谈”、“谈什么”、“怎么谈”和“谈后怎么办”等问题。2021 年 7 月，国务院教育督导委员会印发了《教育督导问责办法》（国教督〔2021〕2 号）（以下简称《办法》），为严肃问责地方政府及有关职能部门、各类学校和其他教育机构、有关工作人员等被督导对象，存在不履行、不完全履行或不正确履行教育职责的问题，严格依照我国教育法律法规、部门规章和政策文件等要求设计条款，明确了问责主体、对象、情形、程序、组织实施等内容，使今后督导问责工作各环节有法可依、有章可循。然而，当前“两项督导”问责尚未真正做到“长牙齿”，仍存在问责约谈不想谈、不敢谈、不懂怎样谈和泛泛而谈等现象。

第二，教育督导问责结果的公开化须进一步加强。当前门户网站等信息公开载体越来越多，“两项督导”结果不仅应在内部备案通报，还应扩大其信息公开的广度。应以适当方式向社会公开督导报告和整改结果，接受群众监督；通过新闻媒体及时曝光对落实党中央、国务院教育决策部署不力、违反有关教育法律法规的行为，以及在督导中发现的重大问题和整改不力的问题。

第三，督导人员的责任意识仍须进一步强化。从事督导工作人员是“两项督导”的关键力量，使命光荣、责任重大。自《关于深化新时代教育督导体制机制改革的意见》、《教育督导条例》和《教育督导问责办法》颁布实施后，督导人员面临新的使命和挑战，督导工作人员不能只拿尺子量别人，也要量自己，要联系督导实际、时时对照，严守政治纪律和政治规矩，恪守职业操守，坚持原则，无私无畏，敢于碰硬，做到忠诚、干净、担当，树立督导工作人员的良好形象，为“两项督导”增添光彩。

四 督学队伍专业化建设仍有短板

近五年来，福建省实施督学能力提升工程，着力完善选拔、聘用、培训等督学队伍管理机制，把好入口关，实施分级分层培训、督前培训或项目培训，畅通专职督学职称评聘渠道，系统地提升各级督学人员工作的积极性和主动性。但须认识到福建省督学队伍专业化水平有待进一步提升，“十四五”期间，加强督学队伍专业化建设是当务之急，应深入思考两个方面的问题。第一，如何配齐配好各级督学。福建省督学队伍虽然初具规模，但总体而言督导人员仍然不足、专职少兼职多、年龄结构老化、专业水平有待进一步提高、条件保障不够、吸引力不足。第二，如何严选择优各级专职督学。专职督学应当具备热爱党的教育事业，熟悉教育法律、法规、规章和国家教育方针、政策，具有相应的专业知识和业务能力，能够坚持原则，办事公道，品行端正，廉洁自律，具有大学本科以上学历，从事教育管理、教学或教育研究工作10年以上，工作实绩突出，具有较强的组织协调能力和表达能力，身体健康，能胜任教育督导工作等条件。选好用好、配齐配强督学队伍，促进督学管理科学化、规范化、专业化。目前福建省在督学人员聘用管理制度方面，督学人员的选拔录用标准尚未明确，特别要从督政角度考虑督学人员的选聘标准、选聘方式、选聘渠道、选聘程序等，确保督学队伍的权威性、专业性。第三，督学人员退出机制尚未形成，须深入思考和设计督学人员的行为规范、职业道德等，通过严格的考核制度和定期的考核工作建立“两项督导”督学的退出机制。

五 督导保障机制仍须完善

第一，“两项督导”经费问题仍须着力解决。“两项督导”是当前福建省最重要的督政项目，各级政府应将“两项督导”工作经费纳入本级财政预算，单独设立财务账户，由督导机构独立统筹使用。省市县财政部门、人社部门、教育部门应尽快联合制定督导经费使用专门规定，妥善解决“两项督导”工作人员尤其是兼职督学因教育督导工作产生的通信、交通、食宿、劳务等费用，以提高教育督导人员的工作责任感和积极性。对认真履职、工作实绩突出的督学，以适当方式给予表扬与奖励。

第二，福建省教育督导智库建设仍须加强，作用仍待充分发挥。教育督导研究是促进教育督导制度化、规范化和治理现代化的重要支撑力量。目前福建省已经建立了闽南师范大学教育督导研究院和福建师范大学学生体质健康促进研究中心两个教育督导智库建设单位，这两家智库建设单位已经开始围绕福建省教育督导事业发展需要，以问题为导向，组织开展了理论与应用研究，并着力提升智库理论创新、咨政建言、综合研判能力。作为刚起步不久的教育督导类智库建设单位，很多方面的工作亟待加强。一是为更好地发挥督导研究单位建言献策、研发的能力，应优化督导研究单位的研究团队，设计发布更为详细的建设实施方案，制定研究任务，明确任务清单。二是省教育督导机构应加大对督导智库的支持力度，尤其是在抓规划、定方向、建机制等方面予以指导，委托智库建设福建省教育督导基础数据库。三是要进一步制定相关政策和制度，如政府购买决策论证制度、重大政策评估制度、重要项目专研制度、研究成果转化为决策制度等，建立密切联系渠道，加强“两项督导”信息沟通；加大对重大研究成果支持、奖励力度，激励智库充分发挥作用，持续不断推出新的研究成果。

第三，教育督导信息化仍须加强。当前“两项督导”以线下实地督导为主，信息化手段运用率较低，教育督导信息化平台还很不完善。鉴于大数据、云计算等新技术的运用将改革教育督导的工作理念、工作流程、工作手段，应积极探索新技术的引入，着力实现定性与定量相结合、过程督导与结果督导相结合的考核考查方式。新技术引入能减少实地督导的人力和财力输出，降低时间成本，助力实现教育督导的现代化治理，从数据挖掘、分析、处理上更精准地监测与指导教育质量，促进教育公平事业的加速发展。因此，应加强教育督导实践中信息化技术的运用，推进信息技术与教育督导的深度融合，加快信息化进程，以提高教育督导效益。应正视“两项督导”的数据支持、信息支撑、管理保障与服务决策能力不足的短板，切实提升“两项督导”的信息化、现代化水平。

第三节　福建省“两项督导”的工作展望

截至 2020 年底，福建省已完成 3 个五年周期的“对县级人民政府履行教育职责督导评估”和“县级党政主要领导干部抓教育工作督导考核”。在这历时 15 年的 3 个五年周期内，福建省政府教育督导办公室先后于 2011

年、2017年对“两项督导”的办法和标准进行了修订。2021年再次对“两项督导”的办法和标准进行了修订，2021年版现已开始使用。2021年，福建9个设区市均对省制定的办法和标准进行了细化并发布政策，已开始实施。根据中共中央和国务院印发的《深化新时代教育评价改革总体方案》、中共中央办公厅和国务院办公厅《关于深化新时代教育督导体制机制改革的意见》、国务院《教育督导条例》、福建省《关于深化新时代教育督导体制机制改革的实施意见》等文件精神和要求，“两项督导”工作尚存在进一步提升的空间，评估标准还须与时俱进地调整，与“两项督导”密切相关的体制机制、方式方法还须不断完善，督导手段的现代化、信息化程度须进一步提升，督学队伍建设还须进一步加强等。着眼于“两项督导”工作的未来发展，现将若干具有一定前瞻性且侧重于实际操作的思路阐述如下。

一　完善分级督政体系，推动各级政府全面履行“两项督导”职责

中共中央办公厅、国务院办公厅《关于深化新时代教育督导体制机制改革的意见》（以下简称《意见》）指出，“各级教育督导机构要严格依照《教育督导条例》等法律法规”，“构建对地方各级政府的分级教育督导机制，督促省、市、县三级政府履行教育职责”，“加强对下一级政府履行教育职责的督导”。据此，“两项督导”的实施主体应当是市级政府。此前，福建省“两项督导”评估采取的是“县级自评、市级核查、省级督导评估”分级负责的方式。此种方式在某种程度上削弱了市级政府在对县“两项督导”评估中的责任，而由省级政府代替市级政府承担了主体责任。目前，福建省已经对“两项督导”的办法进行了修订，调整明确了“两项督导”中省级政府和市级政府的职能，省、市各负其责、各司其职。“从2021年起，市级政府及其教育督导机构负责本市对县‘两项督导’组织实施”，“省政府教育督导委员会统筹指导全省‘两项督导’工作，省政府教育督导办公室负责规则制定、质量监控与指导抽查等”。省政府教育督导委员会应根据国务院教育督导委员会办公室拟定的教育督导规章制度和标准，进一步完善省级的相应实施办法和评价标准。《县级人民政府履行教育职责督导评估办法和标准的通知》（闽政教督办〔2021〕34号）指出，省政府教育督导办公室把市级督导的组织实施情况作为对市级政府履行教育职责督导

评估（简称“对市督导”）的重要内容，应该尽快具体地体现或补充在“对市督导”的办法和标准中。为了做好“两项督导”，每年应在全省范围内选取若干县（市、区）进行实地抽查评估或开展专项督导与综合督导，以体现省级督导机构“统筹指导”“质量监控与指导抽查”的职能。市级政府教育督导机构应切实负起主体责任，扎实推进“两项督导”工作，但应充分关注由市级政府教育督导机构实施后面临的新形势和新问题，须注意对该项工作自身实施情况的评估。因地制宜，制定评估办法，尤其要细化省颁评估标准内容、要点的分值权重，制定标准细则原则上不能降低省定标准，确实需要的，应书面向省政府教育督导办公室报告，经同意后方可实施。鉴于各地2021年已出台了文件，省督导机构可以委托智库对各地的办法和标准进行审核，若有偏离，应要求各地予以修订。为进一步提高分级督导效率，建议省政府教育督导机构每年及时提供全省义务教育质量监测、普通高中学业水平考试合格率、中职学校学业水平考试中的合格性考试合格率等数据，为“两项督导”的县级自评和市级督导评估提供必要的数据支持，确保“两项督导”工作精准、按时完成。

二　坚持发展性价值取向，实现“两项督导”新突破

教育督导是国家法定的一项基本教育制度。进一步完善“两项督导”工作，需要坚持发展性价值取向。《意见》明确要求“全面落实教育督导职能”，各级教育督导机构“加强对下一级政府履行教育职责的督导”。全面落实教育督导职能就应做到依法督导、全面督导、有效督导，坚持督导发展性价值取向。作为教育督导督政工作的重要组成部分，“两项督导”应以发展性为价值取向，全面落实对县督导的职能，推动县域高质量教育体系建设，确保党和国家教育方针和政策在县域落地生根。

“两项督导”要把“发展性”督导作为今后一段时期追求的目标，不仅要发现问题，还要对问题进行诊断，提出改进建议，最终促成问题的解决。《意见》指明了教育督导的发展性价值取向，明确了教育督导“重在发现问题、诊断问题、督促整改，确保党和国家的教育方针政策落地生根”，不仅要重视“督”，还要强调“导”。“两项督导”的重心从重“结果”转向重“过程结果相结合”，从重“监督检查”转向重“监督指导相结合”，即更加注重“发展性”。一是导向性与主体性相结合原则。坚持以全面贯彻教育

方针，办人民满意的教育为导向；坚持落实县级（领导）抓教育主体责任，全面提升教育发展水平。二是督导性与指导性相结合原则。坚持依法督导，法定职责必须为，法无授权不可为、莫乱为，严格履行督导责任。坚持给予被督导对象以具体的“导”，使其能够全面地理解和执行教育政策和法规的要求，根据督导目标方向去做。针对督导对象容易疏忽和出错之处或没有想到的问题和事项，予以指导提示。三是服务性与合作性相结合原则。坚持教育督导服务意识，心系地方、学校发展，力尽督导所能，及时为被督导对象提供服务、给予支持。坚持督导人员厉行廉洁自律，勤俭督导，轻车简从，以身作则。坚持与被督导对象的精诚合作，多交流，多协调，多沟通，营造和谐、融洽的氛围，齐心协力，共同做好工作。需要注意的是，强调“两项督导”的发展性职能并不是弱化对存在问题的县级政府或主要领导的问责，而是强调教育督导发现的问题是否得到纠正。“两项督导”不仅要发现问题，还要对问题进行诊断，分析产生的原因，提出解决问题的建议，督促问题真正解决，唯此方能促进“两项督导”成效的整体提升，为持续推动教育事业发展和提高教育质量奠定基础。

三　改进教育督导方式方法，构建“两项督导”新平台

“两项督导”的实施，也应根据《意见》的要求改进教育督导方式方法。“两项督导”必须贯彻落实中央和福建省委关于持续解决困扰基层的形式主义问题的有关要求，在督导过程中力戒形式主义和官僚主义，防止出现层层加码、过度留痕等不良现象，避免简单看材料、看台账、看痕迹等做法。“两项督导”的开展在遵循教育督导规律的前提下，改进结果评价，强化过程评价，探索增值评价，健全综合评价，坚持综合督导与专项督导相结合、过程性督导与结果性督导相结合、日常督导与随机督导相结合、明察与暗访相结合，做到真督督真、实督督实，做到摸实情、讲实话、出实招、收实效。要不断提高教育督导方式方法的合理性和科学性，提升“两项督导”的针对性和实效性。

今后的“两项督导”应高度重视评估监测的作用。《意见》指出要“加强和改进教育评估监测”，“加强对教师队伍建设、办学条件和教育教学质量的评估监测”。《意见》着重指出的教师队伍建设、办学条件和教育教学质量是“两项督导”的重要内容。应通过“基层报表”等数据对这三部分

进行科学监测，准确掌握县域教育现状，找准问题，分析原因，对症下药，制定改进对策，使“两项督导”更具针对性，更有指导力。

为促进“两项督导”方式方法的创新，福建省关于“两项督导”办法的修订明确指出，运用大数据、区块链、云计算、人工智能等现代信息技术手段开展“互联网+教育督导”。随着大数据时代的到来，数字化督导将会成为教育督导的重要手段。通过对县级政府履行教育职责相关数据的全面采集，可以经由数据分析来发现运行问题。为加快福建省教育督导信息化步伐，省、市教育督导办公室应配备有专长的高级专业技术人员，专施教育督导信息化工作。应尽快建设以教育基础报表、省教育考试和质量管理监测数据为核心的教育督导大数据库，整合现有各级各类教育督导信息化平台，形成福建省以现代信息技术和大数据为支撑的智能化督导体系，为创新开展“智慧督导”“云督导”提供条件。在“两项督导”的实践中，要坚持网络评价与实地督导相结合，逐步实施基于数据监测和量化操作的价值判断评估，从而使“两项督导”的评估模式转变为过程性的、协商性的、发展性的现代督导评估模式。

四　持续完善督导程序，增强“两项督导”的权威性、科学性

教育督导的程序应当具备正当性、公开性、透明性和可操作性，这样才能最大限度地保证督导工作的客观性、公正性和合理性。福建省人民政府教育督导办公室把“两项督导”的程序从“县级自评—市级核查—省级督导”调整为“县级自评—市级督导—省级抽查”。在市级政府领导下，市级政府教育督导机构对所辖县（市、区）开展实地督导，五年内实现县域全覆盖。市级督导主要程序为确定对象、督前准备、实地督导、汇总审核、报告反馈、督促整改等，着力打造形成“监测—反馈—整改—提高”的闭环。“两项督导”应当主动回应人民群众的期盼和关切，确保群众的知情权，接受群众的监督，这是实现督导评估透明公开的要义之所在。从横向上看，每个层级的督导运行都涉及通报和公开、反馈和督促整改、跟踪复查和正向激励、约谈和问责等一系列工作环节的规范化和制度化；从纵向上看，深化“两项督导”必然要建成省、市、县完整体系的全面运行机制。首先，要广泛征求社会公众及相关利益主体对“两项督导”的方法、评估标准、指标体系设置的意见和建议；其次，在实地督导评估之前，不仅要

主动公开整个督导评估的流程，还要为社会各方监督督导评估过程提供更多的机会和方便；再次，在“两项督导”的制度设计上，进一步完善社会公众参与督导的环节，精心设计调查问卷，把群众的满意度作为“两项督导”的重要补充；最后，在“两项督导”实施对相关负责人进行约谈和问责后，要及时向社会公布过程和处理结果。

从发展的眼光来看，“督导考核”的程序权威性更需要进一步增强，可以通过深化督导考核程序改革来解决此问题。比如，“督导考核”实地评估中增加由分管干部工作的组织部副部长和“两项督导”评估组组长联合访谈“督导考核”对象（县级党政主要领导干部）环节；可以对县级党政主要领导干部参与“两项督导”活动提出更高的要求，比如干部规定县级党政主要领导干部主动积极参与“两项督导”活动，虚心接受“督导考核”，无不可抗拒的原因必须参加见面会和反馈会，确实无法参加应书面向市委组织部和实地评估组请假，县级党政主要领导干部因特殊公务无法参加反馈会，反馈会须择日召开，要确保县级党政主要领导干部出席反馈会，提高反馈会的针对性和有效性；进一步提高“督导考核”的针对性，书记、县（市、区）长的考核指标应该根据不同的工作特点、任务而有所不同，他们的述职报告必须分开而不可以合二为一，制定“督导考核”标准时，应根据他们不同的工作制定不同的考核标准，现场考核时，根据各自的工作成效分别赋分，分别公布书记、县（市、区）长的姓名以及各自的等级或分数。

目前，教育督导已逐步呈现社会化的趋势，第三方将成为教育督导的重要力量。让非政府的、独立的第三方机构参与“两项督导”，可以使督导评估主体更加精准、更加从容地完成督导任务。未来的“两项督导”可以考虑增加第三方力量从事监测督导评估过程的程序。省级可以邀请熟练掌握“两项督导”办法和标准且具有组织实施和统计分析方面专业优势的机构作为第三方，通过网络，实时把握设区市实地督导进程中的评估和评议情况，有针对性地对现场督学提出指导性或否定的专业意见，使督导结论更具权威性、科学性，“两项督导”结果更客观真实。

五　充分运用督导结果，着力提高“两项督导”有效性

福建省 2021 年新修订的“两项督导”办法标准对督导结果的认定进行

了调整，指出对县“两项督导”结果呈现方式、认定规则等，由各市结合实际研究确定。对设定并评为最高等级的，应按规定进行公示，省政府教育督导办公室可根据需要进行抽查。目前，分级督导实施后，针对“两项督导”已经主要由设区市教育督导机构实施的情况，省政府教育督导办公室须十分关注各设区市的督导结果，严防以前各市对县（市、区）督导普遍“优秀”的错误做法，对于有明显差错的县（市、区）可采取省级抽查的办法，并对有关负责人问责。对贯彻落实党中央、国务院决策部署以及省委、省政府工作要求不力，保障人民群众教育权益不力，处置人民群众反映强烈的教育热点难点问题不力，存在弄虚作假行为，近三年学校出现重大安全责任事故的，应从严从紧审核把关。在督导结果发布方面，要求充分利用政府门户网站等载体，拓展督导结果的公开途径。

充分运用督导结果是提高“两项督导”有效性、实现“两项督导”最终目的的关键环节。福建省人民政府教育督导办公室要求优化督导结果运用机制，建立健全报告、反馈、整改、复查、激励、约谈、通报、问责等各项制度，促进党委、政府不断提高政治判断力、政治领悟力、政治执行力。具体到“两项督导”的结果应用，市县两级党委、政府应当将督导报告作为考核、奖惩、任免被督导单位及其主要负责人的重要依据。《意见》中也提出完善督导通报和公开制度的有效建议，如建立健全教育督导结果向党委政府报告、向党委组织部门报备、向相关单位报送的通报制度和联动机制。应当进一步优化督导结果运用机制，建立健全报告、反馈、通报、问责等各项制度，上级党委、政府应当把县级党政主要领导干部抓教育工作督导考核的得分情况作为县级党政主要领导干部政绩考核的重要组成部分，应当将督导报告作为考核、奖惩、任免被督导单位及其主要负责人的重要依据，从而增强县级党政主要领导干部抓教育的责任感和使命感。

当前要特别强化教育督导结果通报制度。通报的范围要扩大，通报的形式要多样。督导评估结果，不仅要在党委、政府内部通报，也要向人大、政协、纪委监委通报；不仅要以纸质文件形式在一定范围内通报，还要通过有关媒体向社会公众通报。落实国务院教育督导委员会《教育督导问责办法》（以下简称《问责办法》），是“两项督导”“长牙齿”的关键，也是督导结果运用的最重要方面。《问责办法》规定的必须问责的“六种情形”均在“两项督导”内容之中。“两项督导”评估组织要有强烈的担当意识，敢于善于向派出的教育督导委员会提供应予以问责的人和事以及相关情况，让问责瞄准“靶子”，有的放矢，倒逼教育工作责任的落实。

六　加强督学队伍建设，为“两项督导”提供优质人力资源

“两项督导”是一项专业性、政策性很强的工作，督导人员必须具有胜任督导工作的专业能力和业务素质。福建省现任督学队伍在一定程度上存在参差不齐的问题，专业化程度也须进一步提升。只有做强做优督学队伍，提高督学队伍的整体专业化水平，才能为“两项督导”提供“数量充足、结构合理、业务精湛、廉洁高效”的工作队伍，建议从以下六个方面进行探索，建设一支高素质、善督导的督学队伍。

一是建立督学资格认定制度和准入制度。《意见》指出，“创新督学聘用方式。完善督学选聘标准，健全督学遴选程序，择优选聘各级督学”。逐步建立个人申请、单位推荐、督导机构审核、专业知识考试、经验性面试、情景模拟测试、岗前培训、颁发资格证书等步骤的省督学资格认定制度。只有获得督学资格，才准予参加“两项督导”的实地督导工作。

二是建立督学职级制度。督学职级可以分为初级督学、中级督学、高级督学、首席督学。组建“两项督导”评估组时，必须初、中、高级督学合理搭配，组长必须由高级督学担任。首席督学按领导职责、教师队伍、办学条件、教育经费、教育结构、教育质量六个专项设立，每个专项首席督学由 1 人担任，主要工作是从事相应专项的理论、标准、操作研究，以及指导督导实务、培训初中级督学、争议问题仲裁等工作。

三是健全完善督学培训制度。《意见》指出，“完善督学培训机制，制订培训规划，出台培训大纲，编制培训教材，将督学培训纳入教育管理干部培训计划，开展督学专业化培训，扎实做好分级分类培训工作，提升督学队伍专业水平和工作能力”。建议构建省、市两级的“两项督导”督学继续教育培训体系，遴选有资质和专业能力的培训组织，有计划、有步骤地对督学队伍进行专业培训，切实提高督学的履职能力。根据福建省的实际情况，本着专业集约、高效的原则，“两项督导”督学培训宜由省教育督导机构统一规划、指导，委托高校、研究机构、智库等相关第三方单位参与或实施。在培训内容方面，除了对督学进行教育督导的通识培训外，更重要的是开展从事“两项督导”工作专项督学的针对性培训，特别是教师队

伍、办学条件、教育经费三个专项的培训，以解决熟悉这三个专项内容的督学比较缺乏的问题。培训方式上可采取首席督学引领、学员分享、督导沙龙等，方法上可选择专题讲座、案例分析、督法探究等。

四是建立督学考核退出制度。督学退出周期可与督学考核、选聘的时间相一致，原则上三年一次。考核方法包括自评、评估小组组长初评、推荐单位复评、省教育督导委员会办公室综合考核。考核内容主要包括督学的专业水平、工作态度、工作情况、工作绩效、工作纪律五个方面。考核等级分为合格和不合格两个等级。建立督学退出机制，对评定为不合格的督学取消其督学资格，其不得再参加“两项督导”工作。

五是建立督学激励制度。首先要畅通专职督学职称评聘渠道。把“教育督导”纳入福建省专业技术职称系列，设置正高级督学、副高级督学、中级督学、督学四个等级，配套制定“教育督导”专业技术职称的办法和标准并认真实施。省教育督导委员会统一组建“教育督导”专业技术职称评委会，负责全省“教育督导”专业技术职称评审工作。各地的督学专业技术职数按实际需要安排，以助推专职督学专业化、技术化发展。其次要建立督学表彰制度。把督学表彰奖励纳入教育工作表彰奖励范围，大力表彰在教育督导工作中做出突出成绩和贡献的优秀督学，使督学成为受人尊重敬慕的职业。可以从督学考核中甄选部分优秀督学，由省教育督导委员会予以表彰，以激发全体督学的工作主动性、积极性。此外，可以将优秀督学的事迹汇编成册，鼓励其再接再厉，发扬光大，再创佳绩。

六是建立督学交流使用制度。省督导机构建立“两项督导”专家库，供各市选用合适的专家。原则上各市组织“两项督导”时，组长应邀请非本市的副处级以上督学担任，督导组专家至少有一半是非本市专家，专家要求 2/3 以上由省督学或特约督学担任。

附录　域外教育督导概况

一　英国的教育督导

（一）英国教育督导的产生和演进

英国教育督导制度从19世纪30年代到20世纪末，经历了产生、形成、发展和完善4个阶段。

1. 产生阶段：19世纪30年代到19世纪末

1833年起，英国议会决定拨款补助教育事业。但是，由于缺乏监督和管控，所以最终这些拨款并没能有效用于国家发展教育的需要。为了解决这一问题，英国政府开始筹划建立教育督导制度。1839年，英国首次设置直接掌管监督和控制学校教育的领导机构——枢密院教育委员会。政府于1839年首次任命了两名皇家督学，即J·艾伦和H.S.特曼赫尔。这标志着英国皇家督学团的产生，英国教育督导制度也由此建立。

2. 形成阶段：19世纪末到“二战”前

19世纪末，初等教育的普及大有成效，全国学龄儿童入学率已经达到90%。为此，英国政府也逐渐开始了对中等教育发展和普及的重视，英国中等教育督导开始实行。此外，《1902年教育法》的颁布对英国教育及教育督导制度产生了很大影响，形成了由中央和地方两级督导机构构成的近代教育督导制度。1944年通过的《巴特勒教育法》，进一步明确了皇家督学的督导内容、程序及要求，成为英国现代教育督导制度全面建立的基础。

3. 发展阶段：20世纪60年代末到80年代末

从20世纪60年代末到80年代末，女王督学团对普通教育质量展开全面的专题调查，出版了各种教育专题督导报告。《1988年教育改革法》宣布实施全国统一课程计划，在新的统一课程大纲实施后，督学必须按照统一课程所提出的标准对中小学进行督导。因此，女王督学团实行大改组后更名为教育标准局，目的是适应普通教育改革的需要，加强对国家课程实施的监督与评价。随着《1992 年（学校）教育法》的颁布，督导体制的进一步改革随之展开。

4. 完善阶段：20 世纪 90 年代至今

1992 年以后，随着督导制度的改革与发展，在教育标准局内部形成了专门从事管理、规划、政策制定、研发与监督督导质量工作的女王督学团队（二线督导），以及专门从事实际督导工作的中介机构与督导人员（一线督导）。另外，英国教育督导制度的职能与范围进一步扩大，督导职能由督导检查发展为促进学校的改进与发展，以及对失败学校的认定与整改。督导范围从抽样督导到每校必督，具体督导范围包括学前教育机构、公立学校、继续教育机构、职前教师教育和独立学校。英国教育督导制度更加完善，体现了政府对教育督导工作领导、规划、研发与监督的重视。

（二）英国教育督导的机构和人员

1. 督导机构

英国教育督导制度分为中央和地方两级，中央一级的督导机构为教育标准局（Office for Standards in Education，简称 Ofsted），而地方教育督导机构设立在地方教育局内，一般被称为视导处。

中央一级的教育标准局设在教育部内，直接向议会负责，而不是对教育行政部门负责，保证了督导活动的独立性和中立性。它在级别上为准部级机构，其主要负责人为英国女王总督学，从而保证督导工作具有较高的政府权威性。总督学之下设立执行委员会以支持总督学的工作，执行委员会由 12 名主任组成，分别负责确立战略重点、目标和任务。

地方一级则在教育局内设置教育督导机构，被称为郡（市）视导处（或视导团），其成员被称为视导员。机构的主要负责人被称为首席视导员或主任视导员，另设若干名高级视导员和一般视导员。视导处又下设地区视导办公室，办公室主任被称为地区视导员，直接向首席视导员或主任视导员负责，其下有若干视导员。

2. 督导人员

英国教育督导制度重视教育督导队伍的建设，形成了专门从事管理、规划、政策制定、研发与监督督导质量工作的女王督学团队（二线督导），以及专门从事实际督导工作的中介机构与督导人员（一线督导）。

二线督导由女王总督学、女王督学和补充督学组成。女王总督学是教育标准局的最高领导，全面负责教育标准局的督导与规范工作，负责教育标准局的组织、管理与人事安排，负责英国教育质量、儿童服务和技能培训的年度报告。女王督学是女王总督学的直接下属并对其负责。女王总督学在征得财政部的准许后，可聘用除女王督学之外其中意的人作为助手，这类“助手”被称为“补充督学”。补充督学的权力和女王督学的权力一样，主要是在女王总督学授权范围内协助其工作。

一线督导则由注册督学、督学小组成员和外行督学组成。注册督学指向标准教育局提出申请，经过严格选拔，与教育局签订合同，经过督学培训获得注册督学证书的兼职督学人员。[①] 相当于督学小组组长。督学小组成员是经过教育标准局认可的具有中小学校督导资格的独立督学。外行督学是没有任何学校教学或管理经验的“非教育专业人员”，他们没有学校管理和教育教学经验。另外，督学不仅包括专职督学，还包括大量的兼职督学。

3. 英国教育督导的内容和范围

英国教育督导的内容和范围概括起来可以分为学校督导、地方政府教育工作督导、专项或专题督导。

学校督导也即督学，是对以中小学校为主体的各类学校、教育办学机构的督导。学校督导在英国教育督导制度中占据核心地位。特别是在教育标准局时代，对公立中小学的督导从过去的抽样督导发展为每校必督。近年来，为了提高督导效率，英国提出了成比例督导的理念，对优质学校减少督导频率，对问题学校进行深度督导。

对地方政府教育工作的督导也即督政，督政是为了保证各地区教育的相对均衡发展。对地方教育局工作的督导主要是看其对学校工作的支持、本地区教育工作的规划服务、适当干预、协调与监督。具体来说，督政的主要内容包括县级以上人民政府对下级人民政府落实教育法律、法规、规

① 国家教育督导团办公室编《现代教育督导原理》，中国青年出版社，2003，第 354 页。

章和国家教育方针、政策的督导[①]。

专题督导一般是把一个横向的问题作为督导评价的对象进行督导，此类督导也被称为“专项督导”，一般分为科目调查、专题调查、学段调查、年级调查以及四者的总和。教育标准局每年都要制订专题督导的年度计划，为了使专题督导更加有针对性，更具有全国性和政策性意义，教育标准局在制订计划时要与儿童、学校与家庭事务部和创新、大学与技能部协商，了解它们所关心的教育热点和焦点问题。专项督导的主要目的在于为总督学年度报告提供证据、信息和建议，以形成全国性的关于教育发展优缺点和发展方向方面的总体评价；为帮助学校及其他教育机构做出改进，就某一专题提供详细的反馈信息；对机构的自我评价提供支持等。[①]

二　法国的教育督导

（一）法国教育督导的产生和演进

法国是世界上最早建立教育督导制度的国家，在 19 世纪 40 年代前后，形成了中央、学区和省三级督导制度。

1. 19 世纪上半叶法国教育督导制度建立

1802 年 5 月，法国政府颁布《国民教育总法》，对法国的教育制度进行改革。该法令明确规定建立教育督导制度，提出设立总督导，负责监督学校管理，督察初等、中等和高等教育，考察教员素质等。该法的颁布和实施标志着教育督导制度在法国的正式建立。同年 7 月，法国政府颁布法令，任命天文学家德朗布尔、数学教授德波尔克斯和文学教授诺艾尔 3 人为学业总督学，其使命是组织和监督全国的国民教育体系，督察学校，审查教员候选人并提出任用建议，挑选享受国家奖学金的学生人选，关注中学校舍的建筑和管理。1808 年，法国政府规定，每个学区设 1~2 名学区督学，按学区长的指示对中学和小学进行督察。1835~1840 年，教育部部长基佐下令在各省设省督学，负责对初等教育的检查与评估。1837 年，法国政府又设立了幼儿教育总督学。1840 年前后，法国已初步建立起包括总督学、学区

① 王璐：《英国现行教育督导制度的机构设置、职能范围与队伍建设》，《比较教育研究》2013 年第 35 卷第 10 期，第 34~38 页。

督学和省督学在内的三级教育督导体系。

2. 19世纪下半叶至20世纪上半叶法国教育督导制度的改革

19世纪下半叶到第一次世界大战爆发是法国教育督导制度开始向多元化、专业化发展和逐步走向健全的时期，呈现以下特点。(1) 督学的政治地位得到明显提高。从1852年起，教育总督学的任免改由教育部部长提名、共和国总统颁布任免令。(2) 在教育部内独立设置督导机构。1854年，拿破仑三世签署法令，正式成立教育总督导处，内设负责高等教育的总督学8名，负责国立、市立和私立中等教育的总督学6名，负责小学教育的总督学2名。(3) 总督学的队伍明显扩大。(4) 督学队伍的专业化倾向得到发展。

在两次世界大战的间隙，法国增设了初等小学教育总督学、行政事务总督学、体育总督学、驻阿尔及利亚总督学、殖民地和海外领地总督学5类总督学职位。1914年至1939年，国家教育总督导体制中设立的总督学职位达到9大类，先后任命的总督学人数达116人。

3. 20世纪50年代以来法国教育督导制度的发展

“二战”结束后，法国教育督导制度朝着多样化和专业化方向发展，一些教育督导的新团体应运而生。首先，在国家一级，1968年中等教育总督导按学科划分为数学、物理、自然、哲学、文学、历史和地理7个团体，技术教育出现了工业技术总督导和经济技术总督导两个总督导团体。其次，地区教育督学开始产生，与学区督学一起，协助学区长对学区范围内的教师进行督察评估。再次，1965年设立了国民教育行政督导处，将原来分散在部内各部门的行政总督学统一在一个新的督导机构中。从20世纪80年代末开始，法国教育督导制度进入了一个根本性的改革时期，政府制定和颁布了一系列有关教育督导的法规，重新调整了法国教育督导的工作重心和方向，标志着法国教育督导的发展历史进入了一个新的阶段。

（二）法国教育督导的机构和人员

1. 督导机构

法国的行政区划分为中央、大区、省和市镇四级，与此相应，法国教育督导机构设置分为中央、学区和省三级。

在中央一级，国民教育部设有总督导局。这是一个由国家总督学组成、直接受国民教育部部长管辖、直接对国民教育部部长负责的教育执法监督机构，负责对全国教育制度的运行进行监控和评估，并对学校的行政、教学等各方面工作进行督导、检查、评估、指导。按照职责分工，总督导局又分设国家教育教学总督导团和国家教育行政总督导团。在学区一级，学区教育厅设有督导处，作为国民教育部总督导局的派出机构，同时接受学区长的领导，因为学区长实质上是国民教育部部长派驻学区的代表。学区督导处配备有大量的学区督学，同样分为教育教学督学和教育行政督学两大类。在省一级，省教育局设有督导组，它同样是国民教育部总督导局的派出机构，但主要接受学区督导处和省教育局局长的领导，因为省教育局局长往往是由学区督学担任的。

2. 督导人员

督导人员包括四种类型：国民教育总督学、国民教育行政总督学、地区—学区督学和国民教育督学。前两者属于国家督学，后两者属于地方督学。

对于国民教育总督学的选拔要求较高，须具有博士学位，具备大学教师职称或研究生导师资格、中学高级教师职称等，而且必须从年满 45 周岁的正式公务员中挑选，必须以公务员身份在教育相关行业服务 10 年以上，其中 5 年必须从事教育工作。国民教育行政总督学的选拔和录用方式与国民教育总督学稍有不同，其更侧重行政能力，主要从教育系统内具有相当资历的行政人员、高校行政管理人员、省教育局局长等公务员中选拔。地方一级的地区—学区督学和国民教育督学的录用条件不像国家一级那么严格。他们可以是具有一定职称的大学教师，也可以是中学高级教师，但必须年满 40 周岁，并在学校或者教育管理部门服务至少 5 年。

（三）法国教育督导的内容和范围

中央一级的国家教育教学总督导团督导的重点是中等教育，而国民教育行政总督导团面对的是小学至大学的各类教育机构。另外，国民教育总督导团还会参与教学大纲的制定。学区一级的督导工作主要是对中央的工作进行补充。在学区方面，主要有地区教学督学和学区督学。前者负责教学方面的工作，后者负责行政方面的工作。学区一级的督导机构可以说是对中央一级机构的补充。地区教学督学弥补了总督学不能深入各基层的不足，往往负责一个或多个学区的相关学科督导工作，然后将结果汇报给总督学。学区督学的职能体现在行政方面，不介入教学工作。省一级的督导机构，督导内容更加复杂、琐碎和细化，如定期听课，定期检查学校工作和考核校长、教师，常常与学生和家长接触。

三　美国的教育督导

（一）美国教育督导的产生和演进

1. 教育督导的产生阶段

1800年，马萨诸塞州正式授权地方教育委员会鉴定和聘请教师，并负责视察指导学区所属学校的工作，这标志着美国教育督导制度的建立。这个时期的督导往往由非专业人员进行，视察指导往往流于空泛，对改进教学并无重大意义。

2. 专职教育督导人员的产生

19世纪至20世纪初，美国工业革命蓬勃发展，经济的发展进一步促进学校的繁荣发展，新的课程、新的教学内容、新的教学方法等对教育督导工作提出了新的要求，专职教育督导人员取代了非教育人士对学校进行督导。这一时期出现了学监、校长，其作为教育督导员、学科监督员等专业的督导人员，促进了督导工作的专业化。

3. 现代教育督导制度的发展

20世纪早期，社会学和管理学等科学成为开展督导工作的理论基础。督学工作主要包括安排和规定教学材料，关注教师和教学的效率与水平，使用标准化测验、测量、评估教学，以改善教师的教学行为和效率。20世纪50年代，“临床督导”产生并成为主流。督导人员与教师之间的关系和距离被拉近，强调面对面的接触。临床督导因其较强的指导功能，受到教师普遍欢迎，成为20世纪50年代到21世纪初教育督导领域的一种主流方式。

4. 21世纪以来的新发展

进入21世纪，美国教育督导迎来新的发展：督学资格培训和认证标准化，教育督导进入专业化时代；督学被赋予新角色，被期待成为学校教学和教育变革的领导者。另外，在这一时期，有学者提出了新的督导范式——同伴督导，这种方式强调教师和督学共享领导权，教师和督学是同伴关系而不是层级关系，二者分享教学技能和经验，并相互提供反馈和支持。

（二）美国教育督导的机构和人员

1. 督导机构

美国是一个高度分权的联邦制国家，没有全国统一的教育督导制度和督导机构。督导机构由联邦、州、学区三级督导机构组成，这三个级别的督导机构相互独立，各级别督学履行各自职责，各个级别之间并不相互介入、相互干涉。

联邦级教育督导机构为联邦政府，它属于第一级督导机构，主要通过组织有意义的教育活动项目，并为这些教育项目划拨所需资金，调配活动经费等来进行督导工作。联邦督导机构仅仅起到总领全国教育督导工作的作用，其督导工作大多被划归到州督导机构和学区督导机构中，由它们来承担教育督导工作。

州级教育督导机构为教育厅，其负责人是厅长，厅长下面有一支督学队伍，这些督学对各自所负责的初等教育、中等教育、职业教育、高等教育、师资鉴定、就业辅导和教育经费等部门进行对口督导，并定期将各部门督导情况上报到厅长处，以便对整个州的督导工作进行汇总和指导。

学区（县、市）级教育督导机构由于其学区性质的不同而有所不同。县级学区的教育督导机构主要由县级教育行政部门承担，该部门主要由一名教育督导长和一定数量的督学组成。市级学区的教育督导机构主要由市中心教育督导办公室承担，该办公室由一名督导长和在其领导下的助理督导长、指导员、督学、方案专家、评价员、咨询员组成一支督导队伍。随着教育督导机构的发展，有些学区的教育督导工作已深入学校，其教育督导机构则由学校董事会构成。

2. 督导人员

美国的教育督导人员主要有两类：一类是教育行政人员兼任督学，另一类是专职督导人员。兼职督导员资格视其工作职责要求而定，兼任督学的行政人员一般是学监、副学监和校长等，各州一般在此类行政人员之下设置若干专职督导员，代行其督导责任。专职督导人员的资格要求一般包括学历、经验、专业和年龄四个基本方面。

（三）美国教育督导的内容和范围

美国教育督导的内容包含三方面：一是对教育行政工作的督导，二是对课堂教学的督导，三是对教师的督导。

行政性督导一般采用由学区督导机构定期或不定期组织督导工作组到有关地区或学校督察的方式进行，目的在于了解情况，发现问题。督导工作组根据其性质，由某一方面的教育专家、教育官员、社会人士、教师代表、家长代表和督学人员组成。

课堂教学督导，旨在提高教师教学水平。通过定期或不定期地寻访学校，针对教师的课堂教学活动进行相互交流与互动，帮助教师解决工作中的实际问题，设计课程，改进教学。

教师的督导包括教师资格鉴定、教师评价和教师在职培训。教师资格鉴定为教师的准入提高了门槛，保证了教师的专业素质水平。教师评价关注教师专业成长，发现教师教学生涯中存在的问题。教师培训则针对评价过程中出现的问题进行辅导。这一教师督导体系相辅相成，关注教师整个教学生涯，有效提高了教师的教学水平。

四　德国的教育督导

（一）德国教育督导的产生和演进

德国教育督导制度正式始于1919年的魏玛宪法。该宪法的第144条规定：“所有的学校接受国家监督，学校监督由作为专家培养的专任公务员来实施。”

1949年，德意志联邦共和国成立。现行的督学制度基本上是以1949年的《德意志联邦共和国基本法》为依据建立的。该宪法规定学校监督由教育行政当局进行，它包括三个方面的内容：一是对教育活动的专业监督；二是对教师的业务监督；三是对学校设置者的法律监督。可以看出，这一时期内的德国教育督导重“督”轻“导”。

“二战”后，在世界教育民主化思潮的推动下，教育督导中重“督”不重“导”的做法开始受到质疑，“民主视导”备受青睐。在这种国际潮流之下，德国的教育督导改革也努力将督导人员从过去的令人生厌的“检察官”

角色向能够调解各种纠纷和提供各种咨询服务的“专家”角色转变，并采取了适当的措施加以调整。20 世纪 70 年代后，德国在教育审议会的建议下对督导进行了改革，即以 1973 年的《劝告》为准绳，使学校监督与学校、督学与教师的关系从原来的命令关系向协作关系转变。

进入 21 世纪，德国教育督导的定位继续朝着民主和服务方向发展，督导系统逐渐趋于完善。2000 年，德国联邦教育与科学部部长布尔曼（Bulman）组织了一个以教育改革为议题的教育论坛，并于 2002 年提出了“十二条教改建议”，指出要调整国家监督的方式方法，增强督学对教师工作的咨询能力，加强教育质量的内部与外部评估工作。为此，教育论坛提出调整、改进学校督学工作方式的建议。

（二）德国教育督导的机构和人员

1. 督导机构

德国的教育督导机构与教育行政部门紧密结合，没有设立单独的教育督导系统。各级教育行政机构也是教育督导机构，而且教育行政机构的从属关系也就是督导组织的从属关系。德国各级教育行政机构的设置为中央一级是联邦教育局；州一级是教育部或州文化部、州教育局等；地方教育行政机构分区和县市两级，区政府设教育厅，县市设教育局。州以下各级教育行政机构均设有督导人员。通常而言，初等教育的督导由县市教育局负责；中等教育的督导由州教育部负责；联邦教育局对联邦教育则主要起协调规划、建议、咨询等作用。

2. 督导人员

在德国，联邦一级没有督导机构和相应的督导人员，联邦以下的各级教育行政机构即教育督导机构，相应的教育行政长官即教育督导的负责人，下设人数不等的督学长，分别管理负责各自的区域、学校和学科教学。在督学长之下按学校和学生人数的多少，设若干名督学。

德国教育督导人员的选拔实行招聘制，由州教育部发布公告，公开招聘。申请人要求具有多年的执教经验，具有大学文凭，学过教育类专业，担任过学校管理或新教师培训等方面的职务。招聘程序是，本人提出申请并参加规范性的考核，包括上一次公开课、做一次有关教育的学术报告、接受一次面试，考核工作在不少州是由区级考核委员会组织进行的；考核结束后由区教育厅向州教育部提出候选人名单，经审查通过后由州教育部或县市教育局任命。新聘任的教育督导员不需要经过专门的培训和见习，但可自愿参加由地方举办的、在现任督导员指导下的进修，还可以通过集会、听课、参加学术讨论及参观考察等方式达到进修提高的目的。

（三）德国教育督导的内容和范围

德国督导人员的督导主要涉及三个方面：业务督导、工作督导、权力督导。在实际督导工作中，三者常常有所交叉，但核心是业务督导。业务督导是指督导人员在视察学校时，每个督导人员完全有资格和义务检查校长、教师和非授课教育人员或技术人员所采取的决定及措施的合理性和实用性。有时也可对此提出异议，以及给有关人员一些业务上的指示。工作督导通常是对正式教师的工作行为进行督导和评估。督导人员在其具体工作范围内有时很难将业务督导和工作督导分开。权力督导是对国家的、多半是对地方办学单位的督导，比如检查办学单位采取的决定和措施有无违法行为等。

德国教育督导的具体工作内容涉及以下几个部分：视察学校，听课，对教育方法、教学方法和教学组织进行视导，还要视导中学的毕业考试；就学校组织、学校发展建设问题上和办学部门经常进行磋商；对教师的资格考试和在职进修进行督导；有时还须参加有关学校的规划、资金、教师、学生、教学、课程等工作的研究，对一些教育领域内的问题进行深入的理论分析，以提高本身的业务水平。此外，督导人员还要经常参加学校的工作会议。

五　日本的教育督导

（一）日本教育督导的产生和演进

1. “二战”前的教育督导制度

日本近代教育产生的标志是1872年颁布规范教育问题的第一部教育法典——《学制》，这也标志着日本教育督导制度的建立。《学制》中规定，在日本中央集权的教育行政管理体制下，将全国按学区分区进行管辖，所有教育行政统一由文部省管辖。

1874 年，日本文部省颁布了《督学局职制及事务章程》，建立起了系统的督导制度，其中规定督学局下设大、中、小三级督学，监督各大学区的教育。此外，督学局还设立大、中、小视学，负责巡视各大学区，监察学事。随后，各中学区设置督学 10~13 人，每人分管 20~30 个小学区。由此，日本在明治初期，就建立起了中央督学、视学及地方学监组成的教育督导系统[①]。

1877 年，文部省撤销督学总局，改由文部书记官掌管中央视学行政事务。在此后较长的一段时期内，文部省没有设立督学。直至 1886 年颁布的《文部省官制》规定，文部省设视学官，由其负责各学区学务。地方上也设置了视学人员。1893 年，日本新设立郡一级教育督导机构，设郡视学一名。此后，虽然中央视学和地方视学人员在机构设置或名称上有所变动，但中央到地方的视学系统已经建立起来，并保证了中央集权视学制度的完善。

2. “二战”后的教育督导制度

第二次世界大战结束后，日本在美国教育使节团的建议下，废除了自 1872 年建立并发展起来的督导体制，建立了提供专业化的教育指导、咨询、建议的教育督导制度，建立起中央的视学官、视学委员制度和地方的指导主事制度[①]。

（二）日本教育督导的机构和人员

1. 督导机构

日本的教育督导机构分为两个层次三个级别。两个层次指中央和地方，即文部科学省的视学官和地方教育委员会的指导主事。中央的视学官注重对全国教育的宏观调控和对地方教育行政的指导；地方的指导主事则侧重于微观指导，对学校各个方面的事务提出建议。三个级别是指与日本行政划分相一致的教育督导分类，即文部科学省、都道府县、市町村。在文部科学省的初等、中等教育局下设有视学官，在都道府县、市町村的教育委员会下属的事务局内设有指导主事，指导主事是教委事务局的核心职员，对教育行政的质量负有重要责任。

2. 督导人员

督学人员分为专职和兼职两类。指导主事可以由大学以外的公立学校教员担任，其日常工作须与指导主事的工作内容有密切关系。这类指导主事的工作是非常务性的，属于兼职，因而，其编制是在学校中，而专职指导主事的编制则在教育委员会中。当须开展指导主事工作的时候，他们暂停在学校的工作，保留其在学校的职位，工作结束后返回学校继续学校工作。地方的指导主事属于公务员。

督导人员的选拔注重选择对象的内在条件而不是其外在条件，即注重选择对象对教育的建议和指导能力。文部科学省规定，视学官和视学委员必须是学科专家，选拔对象必须通过国家公务员考试，其任免和解聘均由文部大臣批准。文部科学省对指导主事的知识结构提出相当高的要求，指导主事应当具有广博的知识，对教育具有真知灼见，对课程、教学及其他有关学校教育的专门事项具有经验等。

（三）日本教育督导的内容和范围

日本的教育督导分为中央和地方两个方面。中央的文部科学省视学官主要负责设置教育机构，管理及整顿学校、课程、教学、学生工作、教科书、学校办学等工作。视学官进行实地考察，通过地方教委，对上述内容进行宏观协调和指导。地方督导——指导主事，则主要负责督导教委事务局内的工作、学校教育实际的督导和组织进修。

六 俄罗斯的教育督导

（一）俄罗斯教育督导的产生和演进

1. 教育督导的产生阶段

从俄国历史上看，中央和地方各级教育机关对教育系统的监督、检查早有传统。1869 年，沙俄就已经设置了国民学校检查机构，作为沙皇专制御用工具的国民学校检查机构实际上是执行督导职能的部门。十月革命后，旧的督导制度被废除，取而代之的是新的苏维埃教育督导制度。1945 年，俄罗斯联邦人民委员会批准颁布了《学校督导条例》，随后，苏联的教育督导不断完善。

2. 专职教育督导人员的产生

1923 年和 1926 年，先后在俄罗斯联邦教育人民委员部（相当于后来的教育部）和一些国民教育局设置了第一批学校督导员。1945 年，俄罗斯联邦人民委员会第一次颁布了《学校督导员条例》。其规定，学校督导员是各级国民教育机关对普通学校实行国家监督的工作人员。学校督导员主要从具有高等师范教育或综合大学教育程度的优秀教师、中学校长中委任。担任市、区一级的督导员，其教育工龄不得少于5年；担任州和自治共和国一级的督导员，其教育工龄不得少于7年；担任加盟共和国一级的督导员，其教育工龄不得少于10年。

3. 教育督导机构的框架

1972年苏联颁布的《苏联教育部系统普通教育学校督导机构条例》成为随后一直指导苏联教育督导实施的依据，条例中确立了苏联时期督导机构的基本框架。第一级是中央教育部。苏联教育部内设有国民教育视导总局，负责检查各加盟和自治共和国、边疆区和州的教育行政机关对国家有关教育的政策、教育决议和指示的执行情况。视导总局的视导员负有重大督察职责并享有一定的权力。他们对教育教学工作和教学法工作问题所做的指示，下面是必须执行的，只有教育部的领导或视导总局局长才可以撤销这些指示。第二级是各加盟共和国教育部的学校督导机构。第三级是边疆区、州的学校督导机构。第四级是市、区的学校督导机构。二、三、四级的督导机构分别负责对管辖范围内的学校和教育机构进行监督、检查。一般来说，中央和加盟共和国一级主要是对下属国民教育机构和学校进行督导，而州和市一级主要是对各类教学和教育机构的工作进行督导，其中州一级偏重对完全中学（十年制）的督导，市、区一级偏重对八年制学校和小学进行督导。

（二）俄罗斯现行教育督导体制

1. 教育督导机构

从苏联解体至今，俄罗斯联邦层次上的教育督导机构设置发生了两次变化。第一次是在刚解体后，把苏联期间直属于教育部的国民教育视导总局改为俄联邦教育部下设的国家教育评定督导署、评定委员会、高等评定委员会等部门。第二次是在2004年6月成立了联邦教育与科学督察署，该署由认证、评估和评定管理局、教育质量监督局、行政法律管理局、俄联邦教育法律监督局、国家评估科学教育工作者管理局5个管理局组成。除了上述执行权力机关之外，督察署还配有联邦教育测评研究所、联邦测验中心、国家教育评价总鉴定中心、国家教育鉴定代表处、教育组织评估信息教学法中心5个直属研究机构。此外，俄罗斯从联邦到地方设立了三级教育督导机构：联邦教育与科学督察署；各联邦主体共和国、边疆区、州和联邦直辖市教育局中的督察机构；地区和市教育行政管理局中的督察机构。

2. 教育督导机构的职责和权限

联邦教育与科学督察署的主要职责在基础教育阶段主要体现在四个方面。第一是检查和监督，包括俄罗斯联邦法律在教育、科学、科技活动、青年政策、科研和科教干部考核等领域中的执行情况，教育机构完成每个教育阶段的教育质量和毕业生的培养质量；第二是依据俄罗斯联邦法律并按其规定的程序为教育机构及其分校办理许可证、考评书和认证书；第三是为最高鉴定委员会提供组织上和技术上的保障；第四是组织本署人员的职业培养、再培训、业务提高和进修。

新规定的督导权限为，对在规定活动领域进行检查和监督所发现的问题开展必要的调查、试验、鉴定、分析、评价和研究；向法人和自然人解释属于本署活动领域的问题；按规定程序吸引科学组织和其他组织、学者、专家参与研究属于本署规定活动领域的问题；制止在规定活动领域违反俄罗斯联邦法律的事件；依据俄罗斯联邦法律所规定的限制性、预警性、预防性采取措施，以便抵制和消除因法人和公民违反规定活动领域的要求所造成的后果；成立规定活动领域的咨议会和鉴定机构（理事会、委员会、工作小组、协议会）。

3. 教育督导实施程序

为了提高俄罗斯国民教育的质量，保证居民享受优质的教育，教育督导机构主要通过对学校颁发办学许可证、对学生培养质量进行鉴定和对学校进行国家认证三个方面来实现对学校教育质量的监控。俄罗斯教育与科学督察署以及相应教育机构对学校质量进行评估的主要途径就是进行许可证发放、学校质量鉴定和国家认证。督导委员会颁发许可证的评估，主要是对学校的基本办学条件进行控制，主要检查校舍教室、设备设施等的建筑和卫生标准、师资保障情况等。学校质量鉴定主要是对学校的毕业生培养质量进行控制，主要通过国家统考、专门测试等途径检查学生的知识、技能、技巧和整体文明素养水平。国家认证，主要是对学校办学的综合水平进行等级评定，不但评估鉴定更全面，而且标准更高。一般来说，只有获得教育活动许可证才可以进行学校质量鉴定，而学校质量鉴定又是进行国家认证的前提，各个步骤环环相扣，前一个条件达不到就无资格申请更高一级的认证。

4. 国家教育督察署颁发办学许可证的职能

首先，对办学条件的监督包括监督办学地点、师资力量、教材、生源等是否符合办学条件。其次，对办学质量的监督包括两部分，一是要看教学内容是否符合国家标准，二是要看高校的各种活动是否符合国家标准，主要包括教授及具有博士学位的教师数、教学科研水平，以及德育和智育结合的情况。

综合以上六个国家教育督导情况，其总体概况归纳如附录表1所示。

附录表1　教育督导域外代表国家简况

国家	督导机构	督导人员	督导的内容和范围
英国	中央：教育标准局（Ofsted） 地方：郡（市）视导处（视导团）	一线督导：注册督学、督学小组成员、外行督学 二线督导：女王总督学、女王督学、补充督学	学校督导、地方政府教育工作督导、专项或专题督导
法国	中央：总督导局 学区：督导处 省：督导组	国家督学：国民教育总督学、国民教育行政总督学 地方督学：地区—学区督学、国民教育督学	学校教学工作督导、学校行政工作督导
美国	联邦：联邦政府 州：教育厅 学区（县、市）：县级教育行政部门、市中心教育督导办公室 学校：学校董事会	教育行政人员兼任督学，兼任督学的行政人员一般是学监、副学监和校长等 专职督导人员	教育行政工作督导、课堂教学督导、教师督导
德国	中央：联邦教育局 州：教育部或州文化部、州教育局等 区县：区政府设教育厅，县市设教育局	教育行政长官 督学长 督学	业务督导、工作督导、权力督导
日本	中央：视学官 地方：指导主事	公立学校教师 公立学校行政人员	学校教育教学督导、地方政府教育工作督导
俄罗斯	联邦：联邦教育与科学督察署 各联邦主体共和国、边疆区、州和联邦直辖市：教育局中的督察机构 地区和市：教育行政管理局中的督察机构	普通学校领导者 学校教师 其他优秀教育工作者	学校教育教学督导、学校考评和认证

后　记

时维九月，序属三秋，正是礼赞丰收的季节！对福建省“两项督导”经验总结思考的书稿终于完成并即将付梓，这既是对这项历经三轮共15年的福建教育督导品牌成果的礼赞，也展现了闽南师范大学教育督导研究院踔厉奋发、笃行不怠的奋斗之姿。

2019年11月26日，习近平总书记主持召开中央全面深化改革委员会第十一次会议，审议通过《关于深化新时代教育督导体制机制改革的意见》。闽南师范大学认真学习深入贯彻党中央决策部署精神，敏锐领悟、迅速响应，以教育学学科获批福建省高原学科建设学科为基础，抢抓机遇、乘势而上，在全国高校中率先于2020年1月9日正式成立教育督导研究院，组织力量投身教育督导的科学研究与专业服务，努力锻造学科特色，服务好国家和福建教育高质量发展战略。2020年2月，中共中央办公厅、国务院办公厅印发了《关于深化新时代教育督导体制机制改革的意见》，为我校教育督导研究进一步明确了方向和路径。2020年6月，在福建省教育厅、福建省人民政府教育督导办公室的直接指导下，研究院组织专家团队，接过对福建省“两项督导”十五年经验进行总结的重任，力求在总结“两项督导”成效和经验基础上，为福建省健全优化逐级全覆盖、跨级重抽查、本级促协同的“分级督政”体系，扎实推进深化教育督导体制机制改革的各项工作贡献智慧。此项工作得到了福建省教育厅、福建省人民政府教育督导办公室领导的高度重视，他们亲自厘定书稿框架，确保内容客观真实、材料翔实具体，提供大量原始的素材、一手研究资料和实践数据，经常通过线上线下方式指导创作团队，一道深入探讨；多批次组织多位亲历“两项督导”的督学专家审阅书稿，提出宝贵的建议和意见。

两年多来，“两项督导”高挂研究院热词榜。参与研究的学科队伍脚踏实地，克服自身“两项督导”实践、研究前期经验欠缺的重重困难，出色地为我国教育督导增添了一份丰收硕果。品味这一份丰收的喜悦，我们将追随着创作团队的笔触，切实感受“办好人民满意教育”的追求是如何得以层层落实；各级政府如何抓住不同时期教育的主要矛盾和矛盾的主要方面，切实履行教育职责；教育督导战线的工作者们如何敬业、专业、负责、细致地工作，实现改变教育落后面貌、促进县域高质量教育体系建设的情怀。

在礼赞福建“两项督导”丰收硕果时，我们特别感谢福建省教育厅、福建省人民政府教育督导办公室林和平、李迅、李绚、黄建顺等领导同志高屋建瓴且切实具体的指导，感谢省教育厅教育督导处沈国才、黄木林、蔡伟斌等同志在本研究实施乃至书稿形成过程中给予的强力支持。深情感谢审阅本书的各位福建省“两项督导”实践的资深亲历者，他们是陈瑞迈（国家特约教育督导员、三明市教育局原副局长）、郭红（国家特约教育督导员、宁德市人民政府教育督导室原主任）、朱瑞虹（省政府督学、龙岩市教育局原局长）、黄恒柏（省政府督学、三明市教育局原调研员）、赖辉煌（省政府特约督学、泉州市丰泽区教育局原局长）、梁璋琦（省政府特约督学、福州市仓山区教育局党组成员）、苏明该（省政府特约督学、泉州市人民政府教育督导室副主任）、曾晓东（省政府特约督学、漳州市教育评估研究中心副主任）等。他们不厌其烦地多次参与书稿的讨论、审阅，他们对教育督导的满怀深情透过屏幕感染着创作团队，他们对教育督导体制机制改革的真知灼见提升了创作团队的认识。尤其是赖辉煌督学全程深度参与了本书的修订、统稿和审阅工作，其中的辛苦自不待言。正因为有教育督导“亲友团”“智囊团”严谨细致的指导工作，本书的创作团队就具备了教育督导纯正的血统和强大的基因，本书才敢在历经 15 次修改后“正妆”面世。

本书是研究院创作团队通力合作的成果，我们需要感谢这支优秀的创作团队！各章主要创作者分别是，第一章（曾鸣、杨李娜、郭丹丹）、第二章（蔡勇强、刘磊、王伶俐）、第三章（吴莉霞、罗先锋、何谐）、第四章（陈志铅、杨小玲、李云淑）、第五章（汪敏、索磊、赖辉煌）。郑琼、魏蕾、曹珊、魏红心等老师参与了初稿的撰写工作，罗先锋、赖辉煌承担了本书繁重的统稿任务。林致远、郑文海、陈顺森等同志为本项工作的开展默默地倾注了大量心血。

感谢社会科学文献出版社张建中、崔晓璇编辑为本书的出版发行所倾注的大量心血！

回首教育督导研究院成立近三年的光景，在持续开展本项研究的同时，我们获批为首批福建教育督导智库项目建设单位，承办了首届、第二届福建教育督导高峰论坛，承办了第十四届省政府督学培训，连续三年承办了省中小学幼儿园责任督学示范班，承办了“对市督导”评估相关专业支撑和服务工作，开展了大量有关教育督导的研究和实务，努力发挥福建教育督导智库参谋助手作用，倾心铸就富有闽南师范大学教育学学科特色的金字招牌。

当前，我国教育督导事业蓬勃发展，很多理论和实践课题亟待研究。“一年好景君须记，最是橙黄橘绿时。”我们相信，对福建“两项督导”丰收景象的礼赞，是我们深耕教育督导研究与实务沃土的起手式，研究院将认真学习贯彻落实党的二十大精神，围绕教育督导制度建设课题，有组织地开展深入系统研究，建成名副其实的教育督导智库。虽然我们努力展示出福建“两项督导”这一品牌饱满的风貌，但囿于理论与实践经验的欠缺，仍有不足之处，恳请教育督导行家里手不吝赐教。

吴彬镪　研究员
国家特约教育督导员
中共闽南师范大学委员会 书记
教育督导研究院 院长
2022 年 10 月

图书在版编目（CIP）数据

教育督导助力县域高质量教育体系建设：福建省“两项督导”研究 / 吴彬镪等编著. -- 北京：社会科学文献出版社，2022.11

ISBN 978-7-5228-0813-0

Ⅰ. ①教… Ⅱ. ①吴… Ⅲ. ①教育视导-研究-福建 Ⅳ. ①G526.4

中国版本图书馆 CIP 数据核字（2022）第 179130 号

教育督导助力县域高质量教育体系建设
——福建省“两项督导”研究

编　　著 / 吴彬镪 等

出 版 人 / 王利民
责任编辑 / 崔晓璇
文稿编辑 / 李帅磊
责任印制 / 王京美

出　　版 / 社会科学文献出版社·政法传媒分社（010）59367156
地址：北京市北三环中路甲 29 号院华龙大厦　邮编：100029
网址：www.ssap.com.cn
发　　行 / 社会科学文献出版社（010）59367028
印　　装 / 三河市龙林印务有限公司

规　　格 / 开 本：787mm × 1092mm　1/16
印 张：12.5　字 数：204 千字
版　　次 / 2022 年 11 月第 1 版　2022 年 11 月第 1 次印刷
书　　号 / ISBN 978-7-5228-0813-0
定　　价 / 79.00 元

读者服务电话：4008918866